Le Routard

Budapest et ses environs

Cofondateurs : Philippe GLOAGUEN et Michel DUVAL

Directeur de collection et auteur
Philippe GLOAGUEN

Rédacteurs en chef adjoints
Amanda KERAVEL
et Benoît LUCCHINI

Directrice de la coordination
Florence CHARMETANT

Directrice administrative
Bénédicte GLOAGUEN

Directeur du développement
Gavin's CLEMENTE-RUIZ

Conseiller à la rédaction
Pierre JOSSE

Responsable voyages
Carole BORDES

Direction éditoriale
Élise ERNEST

Rédaction
Isabelle AL SUBAIHI
Emmanuelle BAUQUIS
Mathilde de BOISGROLLIER
Thierry BROUARD
Marie BURIN des ROZIERS
Diane CAPRON
Véronique de CHARDON
Laura CHARLIER
Fiona DEBRABANDER
Anne-Caroline DUMAS
Éléonore FRIESS
Géraldine LEMAUF-BEAUVOIS
Olivier PAGE
Alain PALLIER
Anne POINSOT
André PONCELET

2019/20

hachette

TABLE DES MATIÈRES

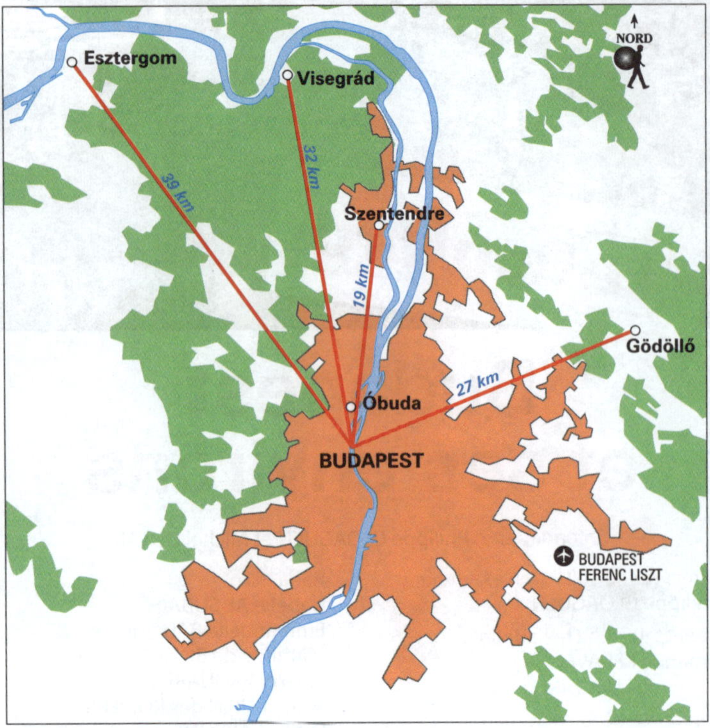

PRÉAMBULE

COMMENT Y ALLER ? 36

BUDAPEST UTILE 42

Important : dernière minute

Sauf rares exceptions, *Le Routard* bénéficie d'une parution annuelle à date fixe. Entre deux dates, des événements fortuits (formalités, taux de change, catastrophes naturelles, conditions d'accès aux sites, fermetures inopinées, etc.) peuvent modifier vos projets de voyage. Pour éviter les déconvenues, nous vous recommandons de consulter la rubrique « Guide » par pays de notre site • *routard.com* • et plus particulièrement les dernières ***Actus voyageurs.***

☎ **112 :** c'est le numéro d'urgence commun à la France et à tous les pays de l'UE, à composer en cas d'accident, d'agression ou de détresse. Il permet de se faire localiser et aider en français, tout en améliorant les délais d'intervention des services de secours.

Le bastion des Pêcheurs

© René Mattes

Tours de la Grande Synagogue

LA RÉDACTION DU ROUTARD

(sans oublier nos 50 enquêteurs, aussi sur le terrain)

© R. Delalande et E. Dessons

Olivier, Mathilde, Alain, Gavin's, Éléonore
Anne-Caroline, André, Laura, Florence, Véronique, Isabelle, Géraldine, Fiona
Amanda, Benoît, Emmanuelle, Bénédicte, Philippe, Carole, Diane, Anne, Marie

La saga du *Routard* : en 1971, deux étudiants, Philippe et Michel, avaient une furieuse envie de découvrir le monde. De retour du Népal germe l'idée d'un guide différent qui regrouperait tuyaux malins et itinéraires sympas, destiné aux jeunes fauchés en quête de liberté. 1973. Après 19 refus d'éditeurs et la faillite de leur première maison d'édition, l'aventure commence vraiment avec Hachette. Aujourd'hui, Le *Routard*, c'est plus d'une cinquantaine d'enquêteurs impliqués et sincères. Ils parcourent le monde toute l'année dans l'anonymat et s'acharnent à restituer leurs coups de cœur avec passion.

Merci à tous les Routards qui partagent nos convictions : liberté et indépendance d'esprit ; découverte et partage ; sincérité, tolérance et respect des autres.

NOS SPÉCIALISTES BUDAPEST

André Poncelet : Bruxellois biberonné aux aventures de *Tintin* et de *Bob Morane*, il trace la route dès ses 17 ans. Après une carrière dans le livre, il participe au premier *Routard* consacré à son pays. Ciseleur de mots et arpenteur de méridiens, il n'a de cesse de communiquer ses coups de cœur tant pour les cités au riche patrimoine que pour les grands espaces.

Fabrice de Lestang : il s'est longtemps levé bien tard puis a subitement réalisé, à 22 ans, que la vie c'est le mouvement. Régisseur sur les plateaux de tournage 7 jours sur 7, il est passé avec bonheur des décors de studio aux paysages réels. Au *Routard* depuis plus de 20 ans, il se lève désormais très tôt et affiche plus de 130 voyages au compteur.

David Giason : rédacteur assoiffé de découverte, baroudeur à gros godillots, amateur de vieilles pierres, de bonne chère et de coins paumés, adepte d'échanges fructueux entre gens que tout devrait opposer. Pour lui, la curiosité est le plus indispensable des défauts. Mais surtout, il est convaincu qu'il faut savoir dépasser les bornes. Car être voyageur, c'est être libre.

UN GRAND MERCI À NOS AMI(E)S SUR PLACE ET EN FRANCE

Pour cette nouvelle édition, nous remercions particulièrement :

- **Lilla Szervatiusz,** de l'office de tourisme de Budapest ;
- **Zoltán Lengyel.**

Pictogrammes du Routard

Établissements

- Hôtel, auberge, chambre d'hôtes
- Camping
- Restaurant
- Terrasse
- Boulangerie, sandwicherie
- Pâtisserie
- Glacier
- Café, salon de thé
- Café, bar
- Bar musical
- Club, boîte de nuit
- Salle de spectacle
- Boutique, magasin, marché

Infos pratiques

- Office de tourisme
- Poste
- Accès Internet
- Hôpital, urgences
- Adapté aux personnes handicapées

Sites

- Présente un intérêt touristique
- Point de vue
- Plage
- Spot de surf
- Site de plongée
- Recommandé pour les enfants
- Inscrit au Patrimoine mondial de l'Unesco

Transports

- Aéroport
- Gare ferroviaire
- Gare routière, arrêt de bus
- Station de métro
- Station de tramway
- Parking
- Taxi
- Taxi collectif
- Bateau
- Bateau fluvial
- Piste cyclable, parcours à vélo

Tout au long de ce guide, découvrez toutes les photos de la destination sur • *routard.com* • Attention au coût de connexion à l'étranger, assurez-vous d'être en wifi !

Le *Routard* est imprimé sur un papier issu de forêts gérées.

I.S.B.N. 978-2-01-706730-6

NORD
Bains Lukács
ÎLE MARGUERITE
Margitsziget
MARGIT HÍD
Csanády u.
Gyula
ÚJLIPÓTVÁROS
Bimbó
Tombeau de Gül Baba
út
körút
rakpart
Szent István körút
Hegedűs
Váci
NYUGATI TÉR
Musée de la Fonderie
Bains Király
Margit
Pesti alsó rakpart
LIPÓTVÁROS
Teréz
Bajcsy - Zsilinszky út
Bem
Csalogány u.
KOSSUTH LAJOS TÉR
Alkotmány u.
BATTHYÁNY TÉR
Országház Parlement
VÍZIVÁROS
Musée Art nouveau
Maison Körösy
Musée d'Histoire de la musique
Ancienne Caisse d'épargne de la Poste
Hajós
Duna
Banque nationale
SZABADSÁG TÉR
Bastion des Pêcheurs
Chaussures au bord du Danube
Széchenyi rakpart
Nádor u.
Október 6 u.
Église Mathias
Basilique St-Étienne
BELVÁROS
VÁRHEGY
Hôpital dans la Roche
SZÉCHENYI TÉR
Palais Gresham
József A. u.
SZÉCHENYI LÁNCHÍD (PT DES CHAÎNES)
CLARK Á. TÉR
Palais royal
Funiculaire
Király
Károly
VÖRÖSMARTY TÉR
BUDA
Alagút u.
Krisztina
Attila
Belgrád rakpart
Becsi u.
SZERVITA TÉR
Musée d'Histoire de Budapest
Mairie
Galerie nationale hongroise
Váci u.
Varkert
Corso
FERENCIEK TERE
Kossuth
Mészáros
út
körút
rakpart
MÁRCIUS 15. TÉR
Ferences templom
Erzsébet
Váci u.
Hegyalja út
Église Université
Szent Gellért rakpart
SZABADSÁG HÍD
GELLÉRT-HEGY
site inscrit au Patrimoine mondial de l'Unesco
les incontournables

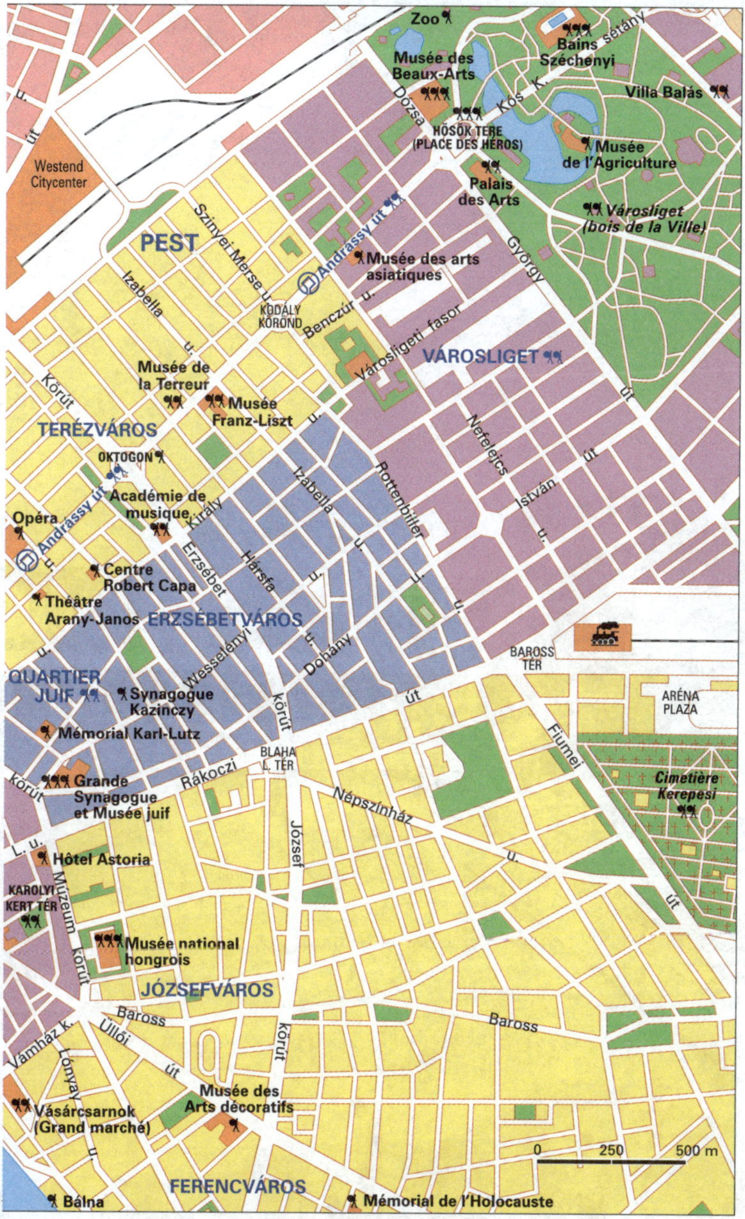
Zoo
Bains Széchenyi
sétány
Musée des Beaux-Arts
Dózsa
Kós K.
Villa Balás
HŐSÖK TERE (PLACE DES HÉROS)
Musée de l'Agriculture
Westend Citycenter
út
u.
Palais des Arts
Városliget (bois de la Ville)
PEST
Szinyei Merse u.
Andrássy út
Musée des arts asiatiques
György
Izabella
KODÁLY KÖRÖND
Benczúr u.
Városligeti fasor
VÁROSLIGET
Musée de la Terreur
Musée Franz-Liszt
Körút
TERÉZVÁROS
OKTOGON
Nefelejcs
István
Rottenbiller
Izabella
Académie de musique
Király
Opéra
Andrássy út
Erzsébet
Hársfa
Centre Robert Capa
Théâtre Arany-Janos
ERZSÉBETVÁROS
Wesselényi
Dohány
BAROSS TÉR
QUARTIER JUIF
Synagogue Kazinczy
körút
ARÉNA PLAZA
Mémorial Karl-Lutz
BLAHA L. TÉR
Fiumei
Rákóczi
Cimetière Kerepesi
Grande Synagogue et Musée juif
Népszínház u.
József
L. u.
Hôtel Astoria
KAROLYI KERT TÉR
Múzeum körút
Musée national hongrois
JÓZSEFVÁROS
Baross
Üllői út
Vámház k.
Lónyay u.
Musée des Arts décoratifs
Vásárcsarnok (Grand marché)
0
250
500 m
FERENCVÁROS
Bálna
Mémorial de l'Holocauste

BUDAPEST

Les bains Gellért

« Ce n'est pas toujours la plume, mais souvent les armes, qui rédigent la loi. »
Proverbe hongrois

Avec plus de 1 000 ans d'une histoire à la fois splendide et douloureuse, cette grande cité de la Mitteleuropa a beaucoup à offrir au visiteur. Au XIXe siècle, lorsqu'on demandait aux Hongrois si l'Orient commençait à Budapest, ils rétorquaient qu'au contraire, c'était l'Occident qui finissait chez eux !
Ville **cosmopolite** autrefois prospère, elle a vu le XXe siècle et ses conflits meurtriers semer le désordre et la terreur. Abîmée par les guerres, asservie par le nazisme, appauvrie par le communisme, la grande dame a retrouvé toute sa fierté à l'occasion de son entrée dans l'Union européenne (UE). Aujourd'hui, à la suite de l'effondrement du bloc de l'Est, tournant le dos aux années de plomb, Budapest présente le visage d'une **capitale bouillonnante,** jeune et pleine de vie.
Grâce aux investissements étrangers, les immeubles de **style Sécession** ont retrouvé une seconde jeunesse, et de nouvelles architectures ont surgi du sol. Le renouveau s'est traduit aussi par la construction de **nouvelles infrastructures,** comme la ligne 4 du métro financée à 90 % par l'UE.
Un vaste chantier de rénovation des quartiers officiels, entrepris par le gouvernement national-conservateur depuis 2010, restaure le **prestige de la capitale** tel qu'il rayonnait à la fin du XIXe siècle. Mais, passé le centre touristique de Belváros et ses bâtiments officiels, la Budapest des banlieues a encore de la peine à masquer les cicatrices de son passé.
Qu'à cela ne tienne, désormais desservie par les **compagnies aériennes *low-cost,*** la « perle du Danube » est en passe de prendre le relais de Prague ou de Berlin, en ce qui concerne les **« lieux où il faut être »** en ce début de XXIe s, grâce à des atouts indéniables : on y danse et on assiste au **festival de Sziget** sur les bords du Danube au plus fort de l'été, on vient y prendre les eaux au son de la techno dans des bains somptuaires et on y tourne de vrais films à tour de bras.
Avec ses musées d'art, ses restos pour tous les goûts et ses *ruin pubs* où l'on écluse des bières jusqu'au bout de la nuit, Budapest est désormais bien sur l'orbite des capitales **« tendance »** !

Théâtre János Arany

NOS COUPS DE CŒUR

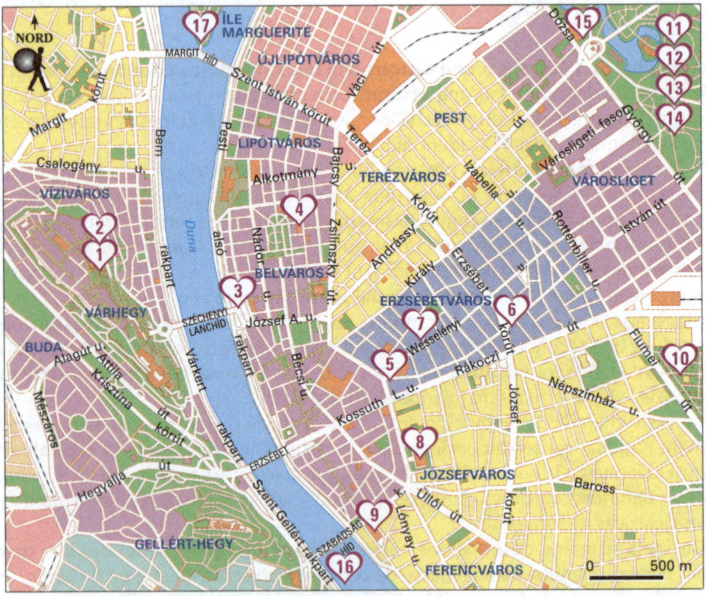

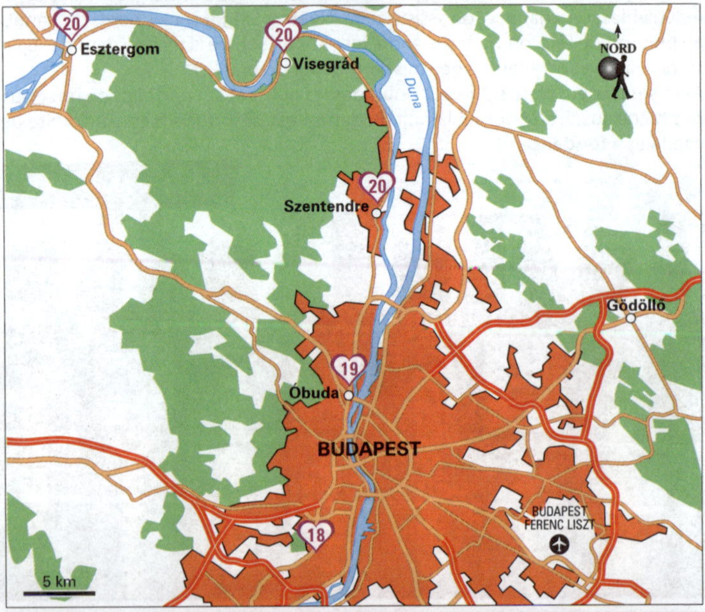

1 **Admirer la beauté de l'église Mathias, sur la colline du Château.**
Elle domine la ville de son haut clocher ajouré, et frappe par son toit couvert de magnifiques tuiles vernissées qui contraste si bien avec la blancheur de ses pierres. Le roi Mathias Corvin eut l'audace de s'y marier 2 fois ! Par la suite, plusieurs souverains hongrois et empereurs d'Autriche-Hongrie y ont reçu la couronne de saint Étienne, symbole de légitimité hongroise. *p. 125*
Bon à savoir : *du temps de l'occupation turque, l'église fut transformée en mosquée mais conservée, car elle suscitait l'admiration de Soliman le Magnifique.*

© René Mattes

2 Contempler le Parlement depuis le bastion des Pêcheurs sur la colline de Buda.

Achevé en 1904 et bordant le fleuve sur 270 m, il est l'un des emblèmes de Budapest, aux allures de palais vénitien – surtout l'hiver, quand il est noyé dans la brume. Il est inspiré du Parlement de Londres et mêle les styles byzantin et néogothique. Plus grand parlement du monde au début du XXe s, il ne compte pas moins de 691 salles. Qui dit mieux ? *p. 89, 125*

***Bon à savoir :** hors sessions parlementaires, visites pour y admirer les joyaux de la Couronne. • latogatokozpont.parlament.hu/en •*

© Image Source/hemis.fr

3 À la nuit tombée, embrasser d'un même regard, depuis le pont des Chaînes, Buda la Romaine et Pest la Barbare fusionnant grâce aux eaux du Danube.

Construit entre 1839 et 1849, suspendu entre les arcs de triomphe des 2 piles et gardé par 2 lions de pierre, il est le 1er à avoir enjambé le Danube. Pendant la Seconde Guerre mondiale, il fut détruit par les bombes, puis reconstruit à l'identique en 1949 pour son centenaire. C'est l'un des monuments qui représentent le mieux Budapest, telle une agrafe historique reliant les rives longtemps rivales, mais aujourd'hui réunies. *p. 122*

© Mattes René /hemis.fr

4 **S'émerveiller des mille et un détails de style Art nouveau ornant les bâtiments de la ville, une architecture dénommée « Sécession », comme à Vienne.**

L'ancienne caisse d'épargne de la Poste, au toit de tuiles multicolores avec un splendide travail floral, porte la signature d'Ödön Lechner, le « Gaudí hongrois », qui a habillé l'édifice de céramiques vernissées conférant à l'ensemble un petit air des *Mille et Une Nuits*. p. 91, 92

*Bon à savoir : la maison Bedő, aménagée en musée de l'Art nouveau, constitue une belle introduction à la découverte de ce style en vogue à Budapest au début du XX*e *s.*
• magyarszecessziohaza.hu •

5 Se balader dans le quartier juif, autour de la Grande Synagogue, et découvrir derrière les portes cochères de magnifiques cours, ceintes de coursives...

C'est dans le lacis de ruelles que résidait une grande partie de la communauté juive avant 1940. Arpenter les rues au hasard, le nez en l'air, pour admirer les façades, melting-pot de styles allant du néoclassique à l'Art nouveau en passant par l'Art déco et l'éclectisme le plus débridé. p. 105

Bon à savoir : *pour les visites guidées du quartier, voir les détails sur • getyourguide.fr •*

6 À Pest, prendre un café sous un lustre de cristal dans l'un des cafés où flotte encore un parfum Belle Époque, comme le *New York Café*.

Inauguré en 1894 par une compagnie d'assurances américaine, c'était, disait-on, le plus beau café du monde ! Touches Renaissance, baroques et éclectiques se mêlent dans une profusion de moulures, de lustres vénitiens en cristal, de marbres et d'incroyables colonnes torsadées. Autrefois, poètes et écrivains s'y retrouvaient. Converti en entrepôt dans les années 1930, il a retrouvé de nos jours toute sa splendeur. *p. 102*

Bon à savoir : • *newyorkcafe.hu* •

7 Errer de *ruin pub* en *ruin pub*, ces cafés alternatifs de Budapest qui ont éclos dans des immeubles ou cours abandonnés *(kerts)*.

En hiver, on se serre sous terre dans les anciennes caves reconverties. En été, au contraire, les taupes sortent dans les cours ou investissent les anciens entrepôts désaffectés transformés en bars. Ces *ruin pubs* font la réputation actuelle de la Budapest jeune et branchée, notamment dans le quartier juif. Idéal pour faire des rencontres. Suivez les habitués, la jeunesse alternative ne cesse de trouver de nouveaux lieux ! *p. 51*

Bon à savoir : *les bons plans du moment se trouvent sur* • *ruinpubs.com* •

8 Au Musée national, remonter le cours de l'histoire. Une visite IN-DIS-PEN-SA-BLE pour comprendre un tant soit peu l'histoire mouvementée du pays.

C'est l'un des 1rs musées au monde : du Paléolithique à nos jours en passant par la période romaine, l'invasion des Huns, des Germains et des Avars, la dynastie Arpád, les rois d'Anjou, la guerre d'indépendance contre les Turcs et les Habsbourg, la révolution de 1848, le traité de Trianon, la Seconde Guerre mondiale et, enfin, la période communiste. *p. 113*

Bon à savoir : • hnm.hu •

9 Découvrir la richesse des produits hongrois au Vásárcsarnok, le Grand Marché couvert, avec une toiture de tuiles vernissées et une halle tout en brique et métal, dont l'architecture a été inspirée par les réalisations de Gustave Eiffel.

Le rez-de-chaussée est réservé aux produits de bouche : saucissons, fromages, fruits et légumes, dont des chapelets de poivrons séchés qui courent d'étal en étal. Au sous-sol, une grande surface, des petites échoppes et des étals de poissons et légumes marinés (oh ! tous ces beaux bocaux !). *p. 110, 116*

Bon à savoir : on peut aussi y manger au niveau supérieur. Lun 6h-17h, mar-ven 6h-18h, sam 6h-15h. Fermé dim.

© peter.forsberg/Alamy/Hemis

10 Déambuler dans le grand cimetière Kerepesi, avec ses recoins secrets et ses mausolées à l'architecture grandiloquente.

Le Père-Lachaise de Budapest… avec la dernière demeure des Hongrois célèbres. Ouvert en 1847, c'est le plus ancien cimetière de la ville encore en activité. En plus des héros nationaux, Lajos Kossuth, Ferenc Deák et le poète József Attila, on y trouve les sépultures monumentales de nombreuses familles opulentes de la ville. Tombeaux et mausolées sont disséminés dans de vastes espaces arborés, ce qui fait aussi de cette plongée dans l'art funéraire une véritable balade à la campagne. *p. 117*

© Tibor Bognar/Photononstop

11 Embrasser du regard la place des Héros, majestueuse esplanade semi-circulaire, illuminée le soir.

Grand monument érigé pour célébrer le millième anniversaire de la conquête du pays par les Magyars (1896). Sur la colonne, haute de 36 m, une statue de l'archange Gabriel aux ailes déployées, couronne de la Hongrie en main (prix d'or à l'Exposition universelle de Paris en 1900). À ses pieds, le prince Árpád et lesdits conquérants, chefs des 7 tribus, impressionnants avec leurs têtes de Vikings. *p. 107*

En hiver, glisser de bonheur sur la patinoire Városligeti Műjégpálya du parc du Bois-de-la-Ville.

Cette immense patinoire en plein air fut la 1re d'Europe (elle date de 1926 ; avant, les Budapestois patinaient sur le lac gelé). On vient y jouer au hockey, patiner ou danser en musique le soir. Restauration sur place. *p. 107*

Bon à savoir : *ouverte une centaine de jours par an, de mi-nov à fin fév.*

13 **Dans le Bois-de-la-Ville, s'offrir un petit circuit Art nouveau.**
Passer, entre autres, par la Villa Balás bâtie par l'incontournable Ödön Lechner, avec sa superbe verrière en demi-lune, ses tourelles courtes et sa cheminée de fée, la Villa Zala avec son fastueux balcon orné de naïades bien dévêtues ou encore l'Institut de géologie avec son élégant portail bleu et, au faîte de l'édifice, 4 personnages supportant le monde. *p. 109*

14 Se baigner, même en hiver, dans la piscine extérieure des bains Széchenyi.

C'est le plus grand complexe thermal d'Europe, dans un palais de style néo-Renaissance construit au début du XXe s. Sous le dôme, une fantastique mosaïque Art nouveau joue avec la lumière. Dans une immense piscine de plein air, les habitués s'adonnent à la passion des échecs, même en hiver ! On fait trempette dans une eau vaporeuse à 38 °C, et on va mariner dans l'un des bassins et saunas intérieurs. Magique ! p. 107

Bon à savoir : certains soirs d'été, les bains se transforment en grande soirée techno, et on danse en maillot… • *fr.szechenyifurdo.hu* •

15 **Se régaler d'un goulasch, la plus connue des soupes hongroises.**
Il ne faut jamais oublier que le goulasch, au départ, est un potage. Il contient de la viande, des poivrons, des haricots, des oignons, des pommes de terre et du paprika. Quand il est bien fait, c'est un incontournable de la gastronomie ! *p. 106*
Bon à savoir : *une bonne adresse,* Bagolyvár, *pour déjeuner au sortir des bains Széchenyi.*

16 **Faire la fête dans un bateau sur le Danube.**
Par exemple à l'*A38 Hajó,* une ancienne barge ukrainienne, jadis affectée au transport de pierres, devenue *the place to be* de la Budapest branchée. Côté musique, un éventail large de tempos et de DJs : rythmes rock, groovy, jazzy, électro, il y en a pour tous les goûts. *p. 112*
Bon à savoir : *pour y aller, il faut traverser le pont Petőfi (côté Buda).*

17 Se promener sur l'île Marguerite, longue de 2,5 km et large au maximum de 500 m, et profiter des pelouses et des piscines pour une bronzette ou un plongeon.

Au programme : footing, petit train touristique, balade à vélo ou en voiturette à pédales (ou électrique), promenade dans la roseraie ou détente. p. 118

Bon à savoir : *en été, concerts de rock, théâtre en plein air • szabadter.hu • et fontaine musicale qui joue, à chaque heure tapante, de petits concerts mis en lumière. Grand show gratuit en soirée (21h-22h).*

© posztos/Shutterstock

18 Se perdre dans le passé soviétique au Memento Park, où sont rassemblées les statues du communisme qui occupaient autrefois les places de Budapest.

On y voit bien sûr les camarades Marx, Engels et Lénine figés dans l'austérité de la pierre massive. Prolétaires triomphants, énergiques soldats de l'Armée rouge, bureaucrates au visage terne… Petites ou énormes, en pierre, en bronze ou en métal, les statues et les sculptures se détachent nettement sur le ciel, silhouettes fantomatiques d'une époque révolue. Surréaliste ! p. 130

Bon à savoir : *prendre le Memento Park Busz, qui s'y rend directement. Départ tlj à 11h de Deák Ferenc tér. Retour 2h15 plus tard (soit env 1h30 sur place).*

© Andrew Bell/Alamy/Hemis

19 **Participer, fin août, au festival de Sziget, sorte d'« Eurowoodstock » version Est, au milieu de 400 000 fans.**

C'est le plus grand festival de musique *outdoor* du coin : 7 jours, 18 scènes, du métal au jazz en passant par le rock avec une scène tzigane très appréciée. Pour l'occasion, l'île d'Óbuda, ancien terrain militaire au nord de l'île Marguerite, se transforme en camping géant dans un cadre verdoyant. Le son y est tellement amplifié que le maire du 4e arrondissement de Pest prétend que ses administrés ne peuvent pas dormir ! *p. 73*

***Bon à savoir :** résa des tickets sur • szigetfestival.com • Du 7 au 13 août 2019.*

20 **Remonter la boucle du Danube en bateau.**

Découvrir les petites églises baroques, maisons colorées et ateliers d'artistes du village serbe de Szentendre, continuer jusqu'à Visegrád avec les ruines du château fort du roi Mathias Ier, une citadelle perchée comme un nid d'aigle dans les nuages, et terminer par Esztergom, la ville natale de saint Étienne, qualifiée de « Rome hongroise », et dominée par l'imposante basilique baroque Saint-Adalbert. *p. 141*

***Bon à savoir :** pour les croisières d'été, • mahartpassnave.hu/en •*

Vue sur le Parlement

Le château des Nuages de Visegrád

ITINÉRAIRES CONS

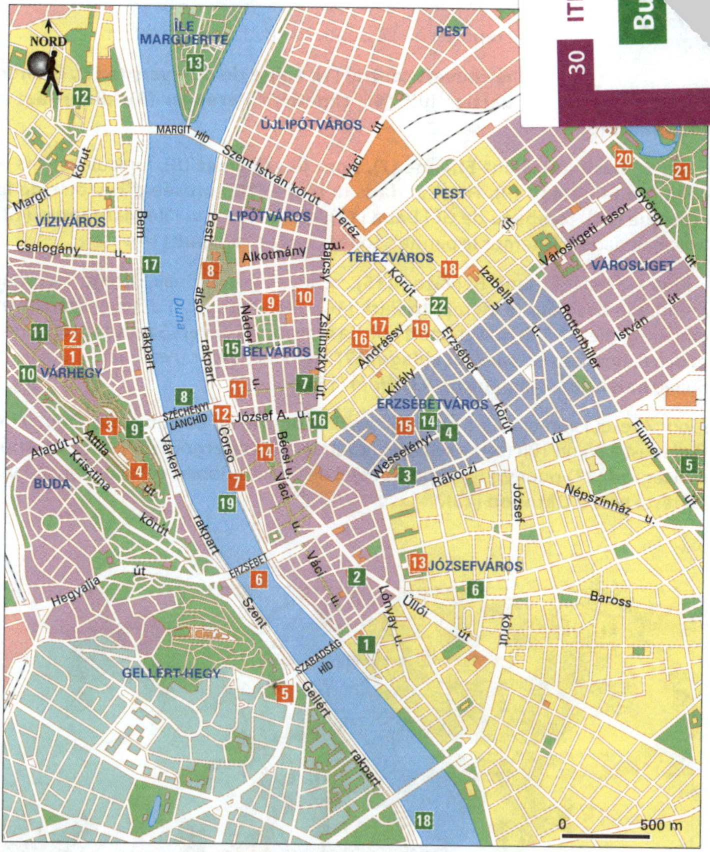

L'essentiel de Budapest en 3 jours

- Jour 1 : Buda, visite de **l'église Mathias (1),** du **bastion des Pêcheurs (2)** et promenade dans le **quartier du Château (3)** ; **Galerie nationale et musée d'Histoire de Budapest (4).** En fin de journée, **trempette aux bains Gellért (5),** et retour sur Pest par le **pont Erzsébet (6).** Dîner en **front de Danube (7).**
- Jour 2 : **Parlement (8), musée de l'Art nouveau (9),** déjeuner au **marché couvert de la Hold utca (10), palais Gresham (11),** balade sur le **Corso (12), Musée national (13),** et retour par Váci utca pour un **goûter chez *Gerbeaud* (14).** Soirée dans un **resto du quartier juif (15).**
- Jour 3 : balade sur **Andrássy út** et le **quartier de l'Opéra (16), maison de la Photographie (17), musée de la Terreur (18),** déjeuner sur la **place Franz-Liszt (19), palais des Arts (20),** balade dans le **bois de la Ville (21),** coup d'œil au **zoo (22).** En soirée : **bains Széchenyi (23).**

…apest et les environs en 1 semaine

• Budapest : 3 jours. Se reporter à « L'essentiel de Budapest » ci-avant.

• Jour 4 : **Grand Marché couvert central (1), église de l'Université (2), Grande Synagogue (3)** et **quartier juif (4), cimetière Kerepesi (5), dîner-jazz** à **Józefváros (6).**

• Jour 5 : **basilique Saint-Étienne (7), pont des Chaînes (8),** funiculaire vers la **colline du Château (9), Hôpital dans la roche (10), musée d'Histoire de la musique (11), tombeau de Gül Baba (12),** promenade sur l'**île Marguerite (13)** avec baignade si le temps le permet. Soirée dans un ***ruin pub* (14).**

• Jour 6 : balade dans **Belváros (15),** rendez-vous à Deák Ferenc Tér pour prendre le bus pour le **Memento Park (16).** Retour pour un déjeuner rapide et embarquement à 14h (juillet-août) pour la **croisière (17) vers Szentendre.** Après-midi à flâner dans les **rues du village (17).** Retour en bus ou en train à Budapest. Soirée musicale sur la **péniche *A38 Hajó* (18).**

• Jour 7 : excursion-croisière pour découvrir la **boucle du Danube (19).** Départ de Budapest à 9h ou 10h (selon saison), retour depuis **Esztergom (20)** à 16h30. Arrêt à **Visegrád (21)** pour visiter le palais royal de Charles-Robert d'Anjou. Dîner dans un resto près d'**Oktogon (22).**

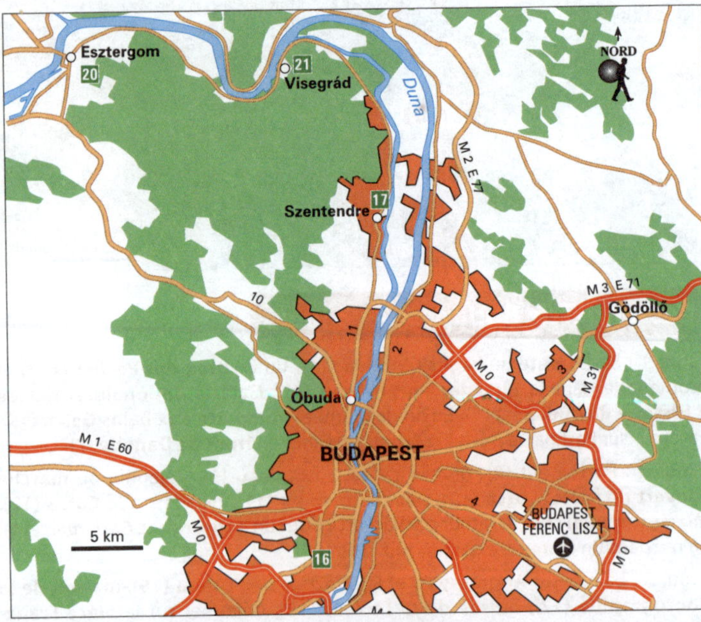

Le pont des Chaînes et la basilique Saint-Étienne

SI VOUS AIMEZ…

Le thermalisme : les sources chaudes abondent en Hongrie, et le succès des bains remonte à la période turque. Budapest en maintient plusieurs en activité.

L'Art nouveau : vous serez gâté(e) ; Budapest n'a rien à envier à Bruxelles, Vienne ou Nancy. L'Art nouveau y a fait florès : le palais Gresham, l'ancienne Caisse d'épargne de la Poste.

La grande Histoire : le site romain d'Aquincum, l'incontournable Musée national hongrois, la place des Héros, le musée d'Histoire de Budapest, le Parlement.

Les souvenirs ottomans : pour replacer l'histoire dans son contexte, le tombeau de Gül Baba et les bains Rudas et Király.

Les années de plomb : le musée de la Terreur, la citadelle et les statues soviétoïdes du Memento Park.

La musique : des airs tziganes à Franz Liszt et son musée, en passant par Béla Bartók et le festival rock de Sziget, les occasions d'aborder et de profiter de la créativité musicale des Hongrois ne risquent pas de faire défaut.

Les croisières : vous aborderez le pays par la voie fluviale depuis Vienne ou Bratislava en découvrant les coteaux sur les berges du Danube et en terminant en majesté par Budapest entre château et Parlement.

Avec des enfants : le zoo, le chemin de fer pour enfants et le télésiège dans les collines de Buda, les attractions de l'île Marguerite et l'aire de jeux du Millenáris Park.

Le Parlement de Hongrie

© René Mattes

Interview #experienceroutard

Par la rédaction du Routard

En quoi cette destination est-elle unique ?

Même si la vie est encore parfois difficile, surtout après une histoire tourmentée et la chape de plomb de 40 ans de communisme, le dégel est impressionnant. Ce qui frappe d'emblée, c'est la belle énergie que dégagent les Budapestois. Comme s'ils voulaient rattraper le temps perdu, ils offrent au visiteur une vraie spontanéité et un enthousiasme que l'on ne montre plus guère à l'Ouest, ou en tout cas moins facilement.

Quelle expérience ne faut-il surtout pas rater ?

Les bains. À Budapest, on compte 123 sources thermales, certaines connues depuis les Romains, et un siècle et demi d'occupation ottomane. Le bain est un lieu de détente et de soins (encore remboursé par la Sécurité sociale hongroise !), mais aussi un lieu de socialisation. Dans un décor oriental, Art nouveau ou moderne, on côtoie toutes les couches de la population. Rien de plus agréable que de passer de la piscine frisquette aux bains les plus chauds et de suer à grosses gouttes au hammam tout en papotant avec son voisin ou sa voisine. Nec plus ultra, on peut se baigner dans des bassins extérieurs en plein hiver et même s'y trémousser en été au son de la techno !

Un quartier préféré ?

Pas facile car il y a un fort éclectisme architectural, entre néogothique, baroque, Art nouveau, Art déco... Cela dit, pour des raisons historiques, on plébiscite le quartier juif, appelé Ersébetváros, soit « la ville d'Élizabeth » (la fameuse Sissi). Car il est impossible d'ignorer les pages sombres de la Seconde Guerre mondiale. Il y avait 725 000 Juifs dans le pays avant la guerre, on n'en compte plus que 125 000 aujourd'hui... Il faut déambuler entre les différents lieux de culte, visiter la grande synagogue (la plus vaste d'Europe) et pousser les portes cochères du quartier pour découvrir les cours intérieures, avant d'aller manger un houmous ou boire une bière... Car, paradoxalement, c'est aussi le quartier le plus vivant et le plus nocturne de la ville.

Un moment à partager ?

Sans hésiter le festival de Sziget, un Woodstock à la sauce goulasch devenu le plus grand festival en plein air d'Europe. Au mois d'août, plus de 400 000 fêtards, venus de partout, dansent et fraternisent. L'île devient une sorte de grande communauté libertaire, le temps d'un festival, au cœur d'une Hongrie redevenue très conservatrice.

LES QUESTIONS QU'ON SE POSE AVANT LE DÉPART

➢ Quels sont les documents nécessaires pour aller en Hongrie ?

La Hongrie a intégré l'espace Schengen en 2007. Pour les membres de l'UE et pour les Suisses, une ***carte d'identité*** non périmée suffit. Les Canadiens doivent se munir de leur passeport, mais sans demander de visa.

Les ***mineurs*** doivent être munis de leur propre pièce d'identité (carte d'identité ou passeport). Pour l'autorisation de sortie du territoire lorsque les enfants ne sont pas accompagnés par un de leurs parents, chaque pays a mis en place sa propre régulation. Ainsi, pour ***les mineurs français,*** une loi entrée en vigueur en janvier 2017 a ***rétabli l'autorisation de sortie du territoire.*** Pour voyager à l'étranger, ils doivent être munis d'une pièce d'identité (carte d'identité ou passeport), d'un formulaire signé par l'un des parents titulaire de l'autorité parentale et de la photocopie de la pièce d'identité du parent signataire. Renseignements auprès des services de votre commune et sur • *service-public.fr* •

➢ Quelle est la meilleure saison pour aller dans le pays ?

Budapest se visite en toute saison. L'hiver peut y être froid, mais c'est l'occasion de patiner sur glace ou de prendre un bain thermal à 38 °C en plein air. Pour le reste du pays, le printemps et le début de l'automne sont les plus agréables. Mieux vaut éviter d'aller au lac Balaton en été : il y fait très chaud et le lac est surpeuplé. Autour du 20 août, ne pas manquer les réjouissances de la Saint-Étienne à Budapest.

➢ Quel budget prévoir ? Et comment se loger à l'économie ?

À Budapest, le prix de l'hébergement se rapproche de celui des grandes villes européennes et le confort s'est nettement amélioré. Dans le reste du pays, cela reste très abordable. Ce poste mis à part, on peut considérer que le coût de la vie reste encore, en moyenne, de 15 à 20 % moins élevé qu'en Europe occidentale, et même de 30 à 40 % moins élevé pour les restaurants !

On logera à l'économie dans les campings, mais surtout dans les nombreuses AJ privées qui ont fleuri ces dernières années à Budapest. Les *panzió* (chambres d'hôtes) permettent aussi de s'en sortir à moindre coût.

➢ Quel est le meilleur moyen pour se déplacer dans la capitale ?

À pied, à vélo et avec les transports en commun.

➢ Y a-t-il des problèmes de sécurité ?

Précautions d'usage, comme partout, mais plus particulièrement à Budapest où sévissent parfois des pickpockets et où il vaut mieux se méfier des propositions aguicheuses pour « boire un verre » dans un bar.

➢ Y a-t-il un décalage horaire ?

Aucun : la Hongrie vit à l'heure européenne.

➢ Quel est le temps de vol ?

Compter env 2h de vol pour Budapest depuis Paris ou Bruxelles, 1h30 depuis Genève.

➢ Côté santé, quelles précautions ?

Rien de particulier, sinon d'être attentif à la présence de tiques dans les forêts hongroises et d'éviter de consommer de la viande de gibier mal cuite.

➢ Peut-on y aller avec des enfants ?

Budapest les enchantera avec ses balades en bateau, ses piscines en plein air, son zoo, son Millenáris Park... C'est aussi une très bonne destination pour les initier à l'architecture. Repérez nos meilleurs sites grâce au symbole 👨‍👧.

➢ Quel est le taux de change ? Les cartes de paiement sont-elles acceptées ?

L'***unité monétaire*** est le *forint (Ft)*, divisé en 100 *fillérs*. Reste que pas mal de prix sont libellés en euros – particulièrement ceux des hébergements. Fin 2018 : 100 Ft = environ 0,31 €, 0,35 Fs et 0,46 $Ca, et 1 € = env 320 Ft. Nos conversions en euros sont arrondies. On peut facilement retirer de l'argent dans les ***distributeurs automatiques*** avec les cartes *MasterCard*, *Visa* et *Maestro*. Mais comme la Hongrie ne fait pas partie de la zone euro, l'opération comporte des frais (dépendant de votre banque) ; mieux vaut donc retirer une grosse somme d'un coup...

➢ Quelle langue parle-t-on ?

Apprendre quelques mots de cette curieuse langue magyare sera un effort très apprécié par les Hongrois. À Budapest et dans les sites touristiques, l'anglais est parlé ; dans les campagnes, on parle plutôt l'allemand. Le français est quasi inexistant.

➢ Qu'est-ce qui n'est vraiment pas comme chez nous ?

Les bains : voilà une tradition bien ancrée en Hongrie. Ils sont fréquentés depuis l'Antiquité pour prévenir ou guérir les maladies, mais également pour se détendre entre amis. Certains sont ouverts la nuit, d'autres se transforment en discothèque.

➢ Qu'évoquent le goulasch et le paprika ?

Ce sont les 2 piliers de la cuisine hongroise. Le paprika est une variété de poivron rouge ; quant au goulasch – *gulyás*, mot qui signifie « gardien de troupeau » –, c'est le terme générique pour désigner une soupe. Voilà qui donne le ton, une cuisine souvent rustique et roborative mais toujours généreuse !

COMMENT Y ALLER ?

EN AVION

Les lignes régulières

▲ AIR FRANCE

Rens et résas au ☎ 36-54 (0,35 €/mn – tlj 6h30-22h), sur ● airfrance.fr ●, dans les agences Air France et dans ttes les agences de voyages. Fermées dim.

➢ Au départ de Paris-Roissy-Charles-de-Gaulle, Air France propose 3 directs/j. pour Budapest.

Air France propose à tous des tarifs attractifs toute l'année. Pour consulter les meilleures offres du moment, allez directement sur la page « Nos meilleurs tarifs » sur ● *airfrance.fr* ● *Flying Blue,* le programme de fidélité gratuit d'Air France-KLM, permet de gagner des miles en voyageant sur les vols Air France, KLM, Hop et les compagnies membres de *Skyteam,* mais aussi auprès des nombreux partenaires non aériens *Flying Blue*... Les *Miles* peuvent ensuite être échangés contre des billets d'avion ou des services (surclassement, bagage supplémentaire, accès salon...) ainsi qu'auprès des partenaires. Pour en savoir plus, rendez-vous sur ● *flyingblue.com* ●

▲ BRUSSELS AIRLINES

● *brusselsairlines.com* ●

➢ La compagnie, membre de *Skyteam,* assure 3 liaisons/j. pour Budapest en partage de codes avec Lufthansa au départ de *Brussels Airport.*

Les compagnies *low-cost*

Plus vous réservez vos billets à l'avance, plus vous aurez des tarifs avantageux. Attention, les pénalités en cas de changement de vols peuvent être importantes. Certaines compagnies facturent les bagages en soute (vérifier le poids autorisé) et la réservation des sièges. En cabine également, le nombre de bagages est strictement limité (attention : même le plus petit sac à main est compté comme un bagage à part entière). À bord, c'est service minimal et tous les services sont payants (boissons, journaux). Attention également au moment de la résa par Internet à décocher certaines options qui sont automatiquement cochées (assurances, etc.). Au final, même si les prix de base restent très attractifs, il convient de prendre en compte les frais annexes pour calculer le plus justement son budget.

▲ EASYJET

● *easyjet.com* ●

➢ La compagnie assure les liaisons Paris-CDG, Bâle-Mulhouse et Genève pour Budapest.

▲ RYANAIR

● *ryanair.com* ●

➢ Vols directs vers Budapest à partir de Paris-Beauvais et Bruxelles-Sud (Charleroi).

▲ WIZZ AIR

● *wizzair.com* ●

➢ Départ de Bruxelles-Sud (Charleroi) et Genève. Arrivée à Budapest à l'aéroport Ferenc-Liszt, terminal 2B. Les bus de la compagnie assurent la liaison entre Budapest et l'aéroport. Leurs horaires suivent ceux des vols de Wizz Air.

Conservez dans votre bagage cabine vos médicaments, vos divers chargeurs et appareils, ainsi que vos objets de valeur (clés et bijoux). Et, on ne sait jamais, ajoutez-y de quoi vous changer si vos bagages n'arrivaient pas à bon port avec vous.

LES ORGANISMES DE VOYAGES

▲ **AMSLAV TOURISME**

– Paris : 60, rue de Richelieu, 75002. ☎ 01-44-88-20-40. • amslav.com • Ⓜ Bourse ou Pyramides. Lun-ven 9h-18h ; sam 10h-12h, 14h-17h.
Tour-opérateur et créateur de voyages, Amslav Tourisme est spécialiste de l'Europe centrale et de l'Est, dont la Hongrie. L'équipe, composée d'un personnel expérimenté connaissant parfaitement le terrain pour y avoir vécu ou pour y être né, réunit son expérience et son savoir-faire pour proposer une gamme variée de produits : week-ends, voyages à la carte, séjours libres ou organisés, autotours, circuits culturels, circuits combinés dans plusieurs pays d'Europe centrale et de l'Est.

▲ **VOYAGEURS EN RUSSIE ET EN EUROPE CENTRALE**

– Voyageurs en Russie et en Europe centrale (Allemagne, Autriche, Belgique, Hongrie, Pays baltes, Pays-Bas, Pologne, République tchèque, Russie, Slovénie, Ukraine) : ☎ 01-42-86-17-60. • voyageursdumonde.com •
– Paris : La Cité des Voyageurs, 55, rue Sainte-Anne, 75002. ☎ 01-42-86-16-00. Ⓜ Opéra ou Pyramides. Lun-sam 9h30-19h. Avec une librairie spécialisée dans les voyages.
– Également des agences à Bordeaux, Grenoble, Lille, Lyon, Marseille, Montpellier, Nantes, Nice, Rennes, Rouen, Strasbourg et Toulouse. Ainsi qu'à Bruxelles et Genève.
Le spécialiste du voyage en individuel sur mesure.
Parce que chaque voyageur est différent, que chacun a ses rêves, et ses idées pour les réaliser, Voyageurs du Monde conçoit, depuis plus de 30 ans, des projets sur mesure. Les séjours proposés sur 120 destinations sont élaborés par leurs 180 conseillers voyageurs. Spécialisés par pays et même par régions, ils vous aideront à personnaliser les voyages présentés à travers une trentaine de brochures d'un nouveau type et sur le site internet, où vous pourrez également découvrir les hébergements exclusifs et consulter votre espace personnel. Au cours de votre séjour, vous bénéficiez des services personnalisés Voyageurs du Monde, dont la possibilité de modifier à tout moment votre voyage, l'assistance d'un concierge local, la mise en place de rencontres et de visites privées, et l'accès à votre carnet de voyage via une application iPhone et Android. Voyageurs du Monde est membre de l'association ATR (Agir pour un tourisme responsable) et a obtenu sa certification Tourisme responsable AFAQ AFNOR.

> Voir aussi au sein du guide les agences locales que nous avons sélectionnées.

Comment aller à Roissy et à Orly ?

Toutes les infos sur notre site • *routard.com* • à la rubrique suivante : • *bit.ly/aeroports-routard* •

En Belgique

▲ **CONNECTIONS**

Rens et résas : ☎ 070-233-313. • connections.be •
Fort d'une expérience de plus de 20 ans dans le domaine du voyage, Connections dispose d'un réseau de 32 *travel shops,* dont un à Brussels Airport. Connections propose des vols dans le monde entier à des tarifs avantageux et des voyages destinés à des voyageurs désireux de découvrir la planète de façon autonome et de vivre des expériences uniques. Connections propose une gamme complète de produits : vols, hébergements, locations de voitures, autotours, vacances sportives, excursions, assurances « protection »...

▲ **TAXISTOP**

Pour ttes les adresses Taxistop : ☎ 070-222-292. • taxistop.be •
– Bruxelles : rue Thérésienne, 7a, 1000.
– Gent : Maria-Hendrikaplein, 65b, 9000.
– Ottignies : bd Martin, 27, 1340.

Taxistop propose un système de covoiturage, ainsi que d'autres services comme l'échange de maisons ou le gardiennage.

▲ VOYAGEURS DU MONDE

– Bruxelles : chaussée de Charleroi, 23, 1060. ☎ 02-543-95-50 (0,45 €/mn).
• voyageursdumonde.com •
Voir texte dans la partie « En France ».

En Suisse

▲ STA TRAVEL

☎ 058-450-49-49. • statravel.ch •
– Fribourg : rue de Lausanne, 24, 1701. ☎ 058-450-49-80.
– Genève : rue Pierre-Fatio, 19, 1204. ☎ 058-450-48-00.
– Genève : rue Vignier, 3, 1205. ☎ 058-450-48-30.
– Lausanne : bd de Grancy, 20, 1006. ☎ 058-450-48-50.
– Lausanne : à l'université, Anthropole, 1015. ☎ 058-450-49-20.
Agences spécialisées notamment dans les voyages pour jeunes et étudiants. 150 bureaux STA et plus de 700 agents du même groupe répartis dans le monde entier sont là pour donner un coup de main *(Travel Help).*
STA propose des voyages avantageux : vols secs *(Blue Ticket),* hôtels, écoles de langues, *work & travel,* circuits d'aventure, voitures de location, etc. Délivre la carte internationale d'étudiant et la carte Jeune.

Au Québec

▲ TOURS CHANTECLERC

• tourschanteclerc.com •
Tours Chanteclerc est un tour-opérateur qui publie différentes brochures de voyages : Europe, Amérique du Nord, Amérique du Sud, Asie et Pacifique sud, Afrique et le Bassin méditerranéen, en circuits ou en séjours. Il s'adresse aux voyageurs indépendants qui réservent un billet d'avion, un hébergement (dans toute l'Europe), des excursions ou une location de voiture. Également spécialiste de Paris, le tour-opérateur offre une vaste sélection d'hôtels et d'appartements dans la Ville lumière.

EN TRAIN

Budapest est reliée à 15 capitales européennes. Depuis la France, compter 18-19h de trajet via Munich et Vienne.

Renseignements et réservations

– ***Internet :*** *• oui.sncf.com •*
– ***Téléphone :*** *☎ 36-35 (0,40 € TTC/mn).*
– Également dans les gares, les boutiques SNCF et les agences de voyages agréées.

Les *passes* internationaux

Avec les ***passes InterRail,*** les résidents européens peuvent voyager dans 30 pays d'Europe, dont la Hongrie. Plusieurs formules et autant de tarifs, en fonction de la destination et de l'âge. Noter que le *pass InterRail* n'est pas valable dans votre pays de résidence. Cependant, l'*InterRail Global Pass* offre une réduction de 50 % de votre point de départ jusqu'au point frontière en France.
• interrailnet.eu •
– Pour les grands voyageurs, l'***InterRail Global Pass*** est valable dans l'ensemble des 30 pays européens concernés : intéressant si vous comptez parcourir plusieurs pays au cours du même périple. Il se présente sous 7 formes au choix.
Tarifs 2018 :
4 formules flexibles : utilisable 5 j. sur une période de validité de 15 j. ou bien 7, 10, ou 15 j. sur une période de validité de 1 mois (269-472 € selon âge et formule).
3 formules « continues » : *pass* 15 j., 22 j. et 1 mois (421-637 € selon âge et formule).
Ces formules existent aussi en version 1re classe ! Les voyageurs de plus de 60 ans bénéficient d'une réduction

sur le tarif de l'*InterRail Global Pass* en 1re et 2e classes (tarif Senior). Également des tarifs 4-11 ans et 12-27 ans.
– Si vous ne parcourez que la Hongrie, le ***One Country Pass*** vous suffira. D'une période de validité de 1 mois et utilisable, selon les formules, 3, 4, 6 ou 8 jours en discontinu ; tarif selon pays et formule. Là encore, ces formules se déclinent en version 1re classe (mais ce n'est pas le même prix, bien sûr).
Pour voyager dans 2 pays, vous pouvez combiner 2 *One Country Pass*. Au-delà, il est préférable de prendre l'*InterRail Global Pass*.
InterRail offre également la possibilité d'obtenir des réductions ou avantages à travers toute l'Europe avec ses partenaires bonus (musées, chemins de fer privés, hôtels, etc.).
Tous ces prix ne sont qu'indicatifs. Pour plus de renseignements, adressez-vous à la gare ou boutique SNCF la plus proche de chez vous.

EN VOITURE

Budapest est à 1 480 km de Paris, et son accès est très aisé par les autoroutes allemandes gratuites. L'itinéraire le plus rapide passe par Sarrebruck, Mannheim, Nuremberg, Passau, puis Linz et Vienne. Prévoir 2 jours de voyage avec les arrêts. Budapest se trouve à 570 km de Prague et à 250 km de Vienne (moins de 3h de route).
***Attention, quel que soit l'itinéraire choisi, via l'Allemagne, l'Autriche, la République tchèque ou la Slovaquie,* pour emprunter les autoroutes, il est impératif de s'acquitter d'une vignette, valable selon les pays pour 1 semaine, 1 mois ou 1 an.** Elles sont en vente à la frontière, dans les stations-services, bureaux de poste et certains tabacs. Mais, et ça évite de faire la queue, on peut aussi se les procurer sur Internet (● *tolltickets.com/fr* ●) ou sur le site de l'Automobile Club Association (● *automobile-club.org* ●) à la rubrique *Boutique/vignettes autoroutières*.

Pour la Hongrie, la vignette en papier a été remplacée par une vignette électronique. L'avantage de cette technologie est que l'on peut l'acheter en ligne et qu'elle est immédiatement valable en cas de besoin. Il n'est plus nécessaire de la coller sur le pare-brise. Toutes les données nécessaires à l'identification, telles que la validité et les données du véhicule, sont mémorisées de manière centrale et sont à la disposition immédiate des autorités à des fins de contrôle. Des caméras enregistrent votre passage à chaque entrée d'autoroute. Les vignettes sont à acheter en ligne à la société de péage autoroutier : ● *toll-charge.hu* ● (site avec traduction française), ou au passage de la frontière. Pour une voiture jusqu'à 7 passagers, compter 2 975 Ft (moins de 10 €) pour 10 jours et 4 780 Ft (un peu plus de 15 €) pour 1 mois (tarifs en vigueur fin 2018).

EN BUS

Compter 23h de voyage depuis Paris.

Les compagnies en France

Le réseau de bus longue distance s'étant intensifié ces dernières années, le plus pratique est de consulter le comparateur de billets d'autocars ● *comparabus.com* ● qui regroupe les compagnies présentes en France : *Ouibus, Eurolines/Isilines, Flixbus*. À vous de voir en temps réel les liaisons existantes. Un lien vers les compagnies permet d'acheter ses billets en direct.

▲ **EUROLINES**
● *eurolines.fr* ●
☎ *0892-89-90-91 (0,34 €/mn + prix d'appel ; lun-sam 8h-21h, dim 10h-17h). Agences à Paris, et dans toute la France.*
– Gare routière internationale à Paris : 28, av. du Général-de-Gaulle, 93541 Bagnolet Cedex. Ⓜ *Gallieni.*
Vous trouverez également les services d'Eurolines sur ● *routard.com* ●

Eurolines propose 10 % de réduc pour les jeunes (12-25 ans) et les seniors. 2 bagages gratuits/pers en Europe et 40 kg gratuits pour le Maroc.
1re *low-cost* par bus en Europe, Eurolines permet de voyager vers plus de 500 destinations en Europe et au Maroc avec des départs quotidiens depuis 90 villes françaises. Eurolines propose également des hébergements à petits prix sur les destinations desservies.
– *Pass Eurolines :* pour un prix fixe valable 15 ou 30 jours, vous voyagez autant que vous le désirez sur le réseau entre 51 villes européennes. Également un mini-*pass* pour visiter 2 capitales européennes (7 combinés possibles).

▲ **FLIXBUS**
Billets en vente sur • flixbus.fr • Liaisons directes vers Vienne au départ de Paris (connectée à une quarantaine de villes de France), Bruxelles et Zurich.

▲ **POP VOYAGES**
• popvoyages.com • Rens et résas : ☎ 0899-18-94-79 (1,35 € l'appel + 0,34 €/mn ; lun-ven 10h-12h, 14h-19h).
Spécialiste des voyages en autocar à destination de toutes les grandes cités européennes. Week-ends, séjours et circuits en bus toute l'année, grands festivals et événements européens, dont le festival de Sziget. Formules pour tout public, individuel ou groupe, au départ de toutes les grandes villes de France.

En Belgique

▲ **EUROLINES-EUROPABUS**
– Bruxelles : Coach Station CCN, gare du Nord, 1000. ☎ 02-274-13-50. • eurolines.be •
➢ Départs quotidiens depuis 8 villes de Belgique pour Budapest.

EN HYDROGLISSEUR

Liaison régulière entre Vienne et Budapest via Bratislava. Magnifiques paysages, surtout de la courbe du Danube à Budapest. Pour les détails, voir à Budapest « Arriver – Quitter. En bateau ».

Renseignements et réservations

■ ***MAHART PassNave Passenger Shipping Ltd :*** *• mahartpassnave.hu • Belgrád rakpart (à Pest),* ***Budapest.*** *☎ 484-40-13 (pour un interlocuteur en anglais).*

BUDAPEST UTILE

ABC de Budapest

- ***Population :*** 1 733 000 habitants (Budapestois).
- ***Superficie :*** 525 km² organisés en 23 arrondissements.
- ***Densité :*** 3 301 hab./km².
- ***Bourgmestre principal :*** István Tarlós (Fidesz-KDNP), depuis 2014.

AVANT LE DÉPART

Adresses utiles

En France

Office de tourisme : il n'y a plus d'office de tourisme hongrois en France. Consulter • *fr.gotohungary.com* • Téléchargement de brochures.

Consulat de Hongrie : *9, sq. Vergennes, 75015 Paris. ☎ 01-56-81-02-30. • parizs.mfa.gov.hu/fra • Ⓜ Vaugirard. Lun, mer et ven 9h-12h, mar 14h-16h30, seulement sur rdv.*

Ambassades à l'étranger

– ***En Belgique*** *(Bruxelles) : ☎ 02-348-18-00.*
– ***En Suisse*** *(Berne) : ☎ 371-13-55.*
– ***Au Canada*** *(Ottawa) : ☎ (613) 230-27-17.*

Assurances voyage

Routard Assurance : *c/o AVI International, 40-44, rue Washington, 75008 Paris. ☎ 01-44-63-51-00. • avi-international.com • Ⓜ George-V.*
Enrichie année après année par les retours des lecteurs, Routard Assurance est devenue une assurance voyage incontournable. Tout est compris : frais médicaux, assistance rapatriement, bagages, responsabilité civile...
Vous avez besoin d'un médecin, d'un conseil médical ou d'une prise en charge dans un hôpital ? Appelez simplement le plateau AVI Assistance disponible 24h/24, leur réseau est l'un des plus complets actuellement. Vous avez eu des frais de santé en voyage ? Envoyez les factures à votre retour, AVI vous rembourse sous une semaine. Avant votre départ, n'hésitez pas à les appeler pour des conseils personnalisés.
Et téléchargez l'appli mobile pour garder le contact avec l'assistance 24h/24 et disposer de l'un des meilleurs réseaux médicaux à travers le monde.

AVA : *25, rue de Maubeuge, 75009 Paris. ☎ 01-53-20-44-20. • ava.fr • Ⓜ Cadet.*
Un autre courtier fiable pour ceux qui souhaitent s'assurer en cas de décès-invalidité-accident lors d'un voyage à l'étranger, mais surtout pour bénéficier d'une assistance rapatriement, perte de bagages et annulation. Attention, franchises pour leurs contrats d'assurance voyage.

Pixel Assur : *18, rue des Plantes, BP 35, 78601 Maisons-Laffitte. ☎ 01-39-62-28-63. • pixel-assur.com • RER A : Maisons-Laffitte.* Assurance de matériel photo et vidéo tous risques (casse, vol, immersion) dans le monde entier. Devis en ligne basé sur le prix d'achat de votre matériel. Avantage : garantie à l'année.

Formalités

Pensez à scanner passeport, visa, carte bancaire, billet d'avion et *vouchers* d'hôtel. Ensuite, adressez-les-vous par e-mail, en pièces jointes. En cas de perte ou de vol, rien de plus facile pour les récupérer dans un cybercafé. Les démarches administratives en seront bien plus rapides. Merci, tonton Routard !

Les ***mineurs*** doivent être munis de leur propre pièce d'identité (carte d'identité ou passeport). Pour l'autorisation de sortie de territoire lorsque les enfants ne sont pas accompagnés par un de leurs parents, chaque pays a mis en place sa propre régulation. Ainsi, pour ***les mineurs français,*** une loi entrée en vigueur en janvier 2017 a ***rétabli l'autorisation de sortie du territoire.*** Pour voyager à l'étranger, ils doivent être munis d'une pièce d'identité (carte d'identité ou passeport), d'un formulaire signé par l'un des parents titulaire de l'autorité parentale et de la photocopie de la pièce d'identité du parent signataire. Renseignements auprès des services de votre commune et sur • *service-public.fr* •

Carte internationale d'étudiant (carte ISIC)

Elle prouve le statut d'étudiant dans le monde entier et permet de bénéficier de tous les avantages, services et réductions dans les domaines du transport, de l'hébergement, de la culture, des loisirs, du shopping...
La carte ISIC permet aussi d'accéder à des avantages exclusifs (billets d'avion spécial étudiants, hôtels et auberges de jeunesse, assurances, cartes SIM internationales, location de voitures...).

Renseignements et inscriptions

– ***En France :*** • *isic.fr* • *13 € pour l'année scolaire.*
– ***En Belgique :*** • *isic.be* •
– ***En Suisse :*** • *isic.ch* •
– ***Au Canada :*** • *isiccanada.com* •

Carte d'adhésion internationale aux auberges de jeunesse (carte FUAJ)

Cette carte vous ouvre les portes des 4 000 auberges de jeunesse du réseau *HI-Hostelling International* en France et dans le monde. Vous pouvez ainsi parcourir 90 pays à des prix avantageux et bénéficier de tarifs préférentiels avec les partenaires des auberges de jeunesse *HI.* Enfin, vous intégrez une communauté mondiale de voyageurs partageant les mêmes valeurs : plaisir de la rencontre, respect des différences et échange dans un esprit convivial. Il n'y a pas de limite d'âge pour séjourner en auberge de jeunesse. Il faut simplement être adhérent.

Renseignements et inscriptions

– ***En France :*** • *hifrance.org* •
– ***En Belgique :*** • *lesaubergesdejeunesse.be* •
– ***En Suisse :*** • *youthhostel.ch* •
– ***Au Canada :*** • *hihostels.ca* •
Si vous prévoyez un séjour itinérant, vous pouvez réserver plusieurs auberges en une seule fois en France et dans le monde : • *hihostels.com* •

ARGENT, BANQUES, CHANGE

Un conseil : pour un bref séjour à Budapest, venez plutôt avec des euros en liquide. À condition d'être prudent, bien sûr, cela vous évitera une ou plusieurs commissions bancaires élevées et un mauvais taux de change dans certains distributeurs.

– ***Taux de change :*** fin 2018, on obtenait environ 320 Ft pour 1 €.

– ***Change :*** c'est souvent dans les bureaux de change omniprésents à Budapest, qu'on trouve les meilleurs taux. Notez que les banques font aussi le change, ainsi que certaines agences de voyages. En revanche, un règlement interdit aux hôtels d'effectuer l'opération, même pour leurs clients. Enfin, au cas où l'on vous le proposerait, ne changez pas dans la rue ni dans les gares, surtout si l'on vous propose 50 % de plus que le cours du jour... Arnaque garantie.

– Les ***banques*** sont ouvertes généralement du lundi au vendredi de 8h à 16h, parfois aussi le samedi matin. Mais la plupart des distributeurs sont ouverts 24h/24. ***Attention, évitez les distributeurs Euronet ou affichant la mention « EUR-HUF », aux taux désavantageux.*** On vous demandera aussi si vous souhaitez la transaction en forints ou en euros. Il semblerait que la transaction en euros soit plus intéressante puisqu'elle n'entraîne pas de commission de votre banque.

– En attendant une hypothétique adhésion à l'euro, ***attention aux billets sans bande métallique*** : ils n'ont plus cours et ne peuvent être échangés qu'à la Banque centrale.

L'ARGENT FAIT PARFOIS LE BONHEUR

Chaque année, la Banque centrale hongroise récupère pour 200 milliards de forints en billets usagés (environ 800 millions d'euros). Ces 50 t de papier ne partent pas en fumée : compressées en briquettes, elles servent à chauffer des institutions sociales déshéritées.

Cartes de paiement

Quand vous partez à l'étranger, pensez à téléphoner à votre banque pour relever le plafond de retrait aux distributeurs et pour les paiements par carte, quitte à le faire rebaisser à votre retour.

Avant de partir, notez bien le numéro d'opposition propre à votre banque (il figure souvent au dos des tickets de retrait, sur votre contrat ou à côté des distributeurs de billets), ainsi que le numéro à 16 chiffres de votre carte. Bien entendu, conservez ces informations en lieu sûr et séparément de votre carte.

Par ailleurs, l'assistance médicale se limite aux 90 premiers jours du voyage et l'assistance véhicule aux cartes haut de gamme (renseignez-vous auprès de votre banque). Et, surtout, n'oubliez pas aussi de VÉRIFIER LA DATE D'EXPIRATION DE VOTRE CARTE DE PAIEMENT avant votre départ !

En cas de perte, de vol ou de fraude, quelle que soit la carte que vous possédiez, chaque banque gère elle-même le processus d'opposition et le numéro de téléphone correspondant.

Il existe un serveur interbancaire d'opposition qui en cas de perte ou de vol vous met en contact avec le centre d'opposition de votre banque : en France : *☎ 0892-705-705 (prix d'un appel + 0,35/mn) ; depuis l'étranger : ☎ (00-33) 442-605-303.*

– **Carte Visa :** numéro d'urgence (Europ Assistance) ☎ (00-33) 1-41-85-85-85 (24h/24). ● visa.fr ●
– **Carte MasterCard :** numéro d'urgence ☎ (00-33) 1-45-16-65-65. ● mastercardfrance.com ●
– **American Express :** numéro d'urgence ☎ (00-33) 1-47-77-72-00. ● americanexpress.com ●

Petite mesure de précaution : si vous retirez de l'argent dans un distributeur, utilisez de préférence les distributeurs attenants à une agence bancaire. En cas de pépin avec votre carte (carte avalée, erreurs de code secret...), vous aurez un interlocuteur dans l'agence, pendant les heures ouvrables du moins.

Besoin urgent d'argent liquide

Vous pouvez être dépanné en quelques minutes grâce au système ***Western Union Money Transfer*** présent dans les bureaux de change *Forex.* L'argent vous est transféré en moins d'une heure. La commission, assez élevée, est payée par l'expéditeur. Possibilité d'effectuer un transfert auprès d'un des bureaux *Western Union* ou, plus rapide, en ligne, 24h/24 par carte de paiement (*Visa* ou *MasterCard*).
Même principe avec d'autres organismes de transfert d'argent liquide comme ***MoneyGram, PayTop*** ou ***Azimo.*** Transfert en ligne sécurisé, en moins d'une heure. Dans tous les cas, se munir d'une pièce d'identité. Toutefois, en cas de perte/vol de papiers, certains organismes permettent de convenir d'une question/réponse-type pour pouvoir récupérer votre argent. Chacun de ces organismes possède aussi des applications disponibles sur téléphone portable. Consulter les sites internet pour connaître les pays concernés, les conditions tarifaires (frais, commission) et trouver le correspondant local le plus proche :
● westernunion.com ● moneygram.fr ● paytop.com ● azimo.com/fr ●
– Autre solution, envoyer de l'argent par ***la Poste*** : le bénéficiaire, muni de sa pièce d'identité, peut retirer les fonds dans n'importe quel bureau du réseau local. Le transfert s'effectue avec un mandat ordinaire international (jusqu'à 3 500 €) et la transaction prend 4-5 jours en Europe (8-10 jours vers l'international). Plus cher, mais plus rapide, le mandat express international permet d'envoyer de l'argent (montant variable selon la destination – 34 pays au total) sous 2 jours maximum, 24h lorsque la démarche est faite en ligne. *Infos :* ● labanquepostale.fr ●

ACHATS

– Côté ***alimentation,*** rapportez du ***paprika,*** bien sûr, mais aussi de la charcuterie (salami) ou du foie gras d'oie *(libamáj).*
– On trouve tout cela sur les marchés ou dans les grandes surfaces. Pensez aussi aux ***vins,*** si vous n'êtes pas trop chargé : tokaj et vins rouges (*Egri bikavér,* par exemple) et à l'inévitable bouteille ronde d'*Unicum,* sans oublier l'eau-de-vie locale, la ***pálinka.***
– Côté ***artisanat,*** de nombreux ***objets en bois,*** plateaux, boîtes en balsa, couverts, spatules et même des... crucifix ! Également des ***poteries*** et des ***céramiques,*** des ceintures en cuir, des objets en métal (épées et haches médiévales ou encore des ouvre-bouteilles !), etc.
– ***Pour les enfants,*** des jouets en bois pas très chers et des habits folkloriques très colorés pour se déguiser.
– ***Broderies colorées*** à motifs floraux, robes, nappes, blouses.
– Plus chères, les ***porcelaines traditionnelles de Herend,*** à motifs floraux. Également des ***œufs peints.***

– Les ***matriochkas.*** Rue Váci à Budapest, de nombreux magasins de souvenirs proposent, entre autres, ces poupées gigognes « traditionnelles » en bois rouge. Pas très hongrois quand même...
– Enfin, à Budapest surtout, ***attention aux revendeurs de faux téléphones*** (faux iPhone surtout) et autres contrefaçons, arnaque garantie !

AVERTISSEMENT

Tout bouge très vite en Hongrie. C'est encore un peu l'ère d'un certain « capitalisme sauvage », surtout à Budapest. Alors ne nous en voulez pas si, en téléphonant pour réserver une table, vous tombez sur un garage... Autre sujet de controverse : un nombre croissant de restaurants, en particulier dans la capitale, imposent d'office le montant du pourboire sur l'addition, et ce quelle que soit la qualité du service. C'est souvent écrit en petits caractères au bas du menu. Ce n'est pas trop grave lorsqu'ils se contentent des 10 % d'usage, mais à 18-20 %, on râle et c'est normal... S'il n'est pas inclus, pensez à l'ajouter sinon le serveur le prendra mal. L'usage veut qu'on ne le laisse pas sur la table, mais qu'on l'englobe en augmentant soi-même son addition. On communique alors le « nouveau prix » au serveur. Pour le reste, les arnaques sur les notes sont très rares. Et on retrouve presque toujours les objets perdus, même s'ils sont de valeur.

BUDGET

Les restos sont relativement bon marché et les assiettes souvent copieuses. On visite les musées pour un prix assez modique en général. En revanche, les hôtels à Budapest pratiquent, à peu de chose près, des prix équivalants au reste de l'Europe. Quant aux transports, ils sont moins chers qu'en Europe de l'Ouest.

Hébergement

On trouve toutes sortes d'hébergements, de la chambre universitaire au palace, en passant par le fringant hôtel de tourisme avec spa, la pension de famille ou l'AJ branchée. Pensions mises à part, les chambres ne sont pas le poste où vous ferez de grosses économies. Les petits déj peuvent être compris dans le prix ou en supplément.
Le barème de nos prix d'hébergement est 20-25 % plus élevé à Budapest que dans le reste de la Hongrie.
– ***Bon marché :*** moins de 12 000 Ft (37,50 €) à Budapest. Dans cette catégorie, on trouve les campings, les dortoirs dans les universités pendant les vacances d'été (et parfois à Noël), ainsi que les AJ *(hostels).* Mais attention aux réservations faites par Internet ! Certaines de ces AJ, très belles en photos prises au grand angle, sont de véritables cages à lapins. Évitez de réserver pour la semaine, réservez pour 1 ou 2 nuits, ça vous laissera de choix de changer d'adresse si vous avez passé votre 1re nuit blanche à cause du bruit. Certains campings disposent de « bungalows » dans les 7 000-8 000 Ft (22-25 €). C'est aussi le prix des pensions les plus sommaires.
– ***Prix moyens :*** de 12 000 à 25 000 Ft (37,50 à 78 €) à Budapest, pour une chambre double privée, avec salle de bains, TV et souvent un frigo. L'air conditionné est rarement disponible, et, s'il l'est, c'est parfois en supplément. Les petits hôtels de confort intermédiaire sont peu nombreux dans la capitale mais on arrive à se loger dans cette fourchette de prix en réservant les chambres doubles que proposent certaines AJ privées (dans les 50-60 €) ou les chaînes internationales type *Ibis*, selon la période...
– ***Chic :*** à partir de 25 000 Ft (78 €) à Budapest. Ce sont généralement des hôtels au standard international, avec parfois la bonne surprise, côté architecture, de

tomber sur une ancienne demeure de style Art nouveau. Attention, plus on monte en gamme, plus les tarifs grimpent vite, avec des disparités d'un endroit à l'autre pour le même type de prestation.
Précisons enfin qu'une taxe de séjour est perçue : elle oscille généralement entre 350 et 450 Ft (1,10 et 1,40 €), par jour et par personne.

Restaurants

La Hongrie s'est ouverte aux chaînes de fast-food, tout en maintenant ses anciens bistrots de cuisine populaire à des tarifs à peine plus élevés. N'oubliez toutefois pas les 10 à 15 % de service, parfois ajoutés d'office, mais pas systématiquement. Les prix que nous vous indiquons valent pour un plat de résistance, souvent très copieux. Notez qu'à Budapest beaucoup de restos proposent un menu le midi du lundi au vendredi, avec 3 plats, à des prix défiant toute concurrence, de l'ordre de 1 000-1 500 Ft (3,10 - 4,70 €) !

- ***Bon marché :*** moins de 2 000 Ft (6,20 €) le plat.
- ***Prix moyens :*** de 2 000 à 3 500 Ft (6,20 à 11 €) le plat.
- ***Chic :*** de 3 500 à 5 000 Ft (11 à 15,50 €), voire plus, le plat.
- ***Très chic :*** plus de 5 000 Ft (15,50 €) le plat.

Musées

Le prix des musées a pas mal augmenté ces dernières années, mais il reste abordable, surtout quand on obtient des réductions comme c'est le cas à Budapest avec la *Budapest Card.* Les petits musées proposent des entrées à partir de 500 Ft (1,60 €). Les plus grands peuvent demander jusqu'à 5 000 Ft (15,50 €), mais cela reste exceptionnel. Le prix moyen est d'environ 1 000-1 500 Ft (3,10-4,70 €), donc rien de bien méchant. L'immense majorité des musées et grands sites touristiques offre des ***réductions jusqu'à 50 % pour les moins de 26 ans, les étudiants et les seniors (de 62 à 70 ans). Les musées d'État sont en général gratuits pour les résidents de l'UE*** (Union européenne) ***de moins de 6 ans et de plus de 70 ans*** (avoir un document pour le prouver), ainsi que pour les profs. Même chose pour les personnes handicapées et la personne qui les accompagne. Qui plus est, il y a toujours un samedi, un dimanche ou un jour férié dans le mois où l'entrée du musée est gratuite pour les moins de 26 ans et/ou pour les moins de 18 ans accompagnés par 2 adultes.

Hungary Card

Cette carte permet de bénéficier de réductions dans de nombreux hôtels et certains restaurants, musées et attractions. Elle existe en deux versions : la *Hungary Card Basic* à 6 000 Ft (19 €) et la *Hungary Card Plus* à 12 000 Ft (37,50 €). Toutes 2 sont valides pour l'année en cours et jusqu'à la fin du mois de janvier de l'année suivante. Certaines réductions sont offertes un nombre de fois illimité, d'autres ne le sont qu'une seule fois : dans ce cas, en général, il vous faudra détacher du carnet qui vous sera remis le coupon *(voucher)* approprié. Pour l'heure, intéressant surtout pour les hôtels et pensions, qui offrent couramment 10 à 15 % de réduction. Également pour les croisières sur le Danube avec *MAHART PassNave* (- 20 %), les voyages en bus avec *Volánbusz* (- 50 % sur 3 trajets), etc. Pour vous assurer de l'utilité de la carte avant de l'acheter, consultez la liste des établissements qui l'acceptent sur le site • *hungarycard.hu* •

CLIMAT

Protégée du froid sibérien par les Carpates, la Hongrie bénéficie d'un climat continental modéré. Les hivers sont néanmoins rigoureux (moyenne : - 1 °C) et enneigés ; les étés, longs, orageux, peuvent être très chauds. Il pleut beaucoup en mai-juin et en octobre-novembre. L'ensoleillement annuel (environ 200h à Budapest) est l'un des plus élevés d'Europe. Vive la douceur de septembre, idéale pour voyager !

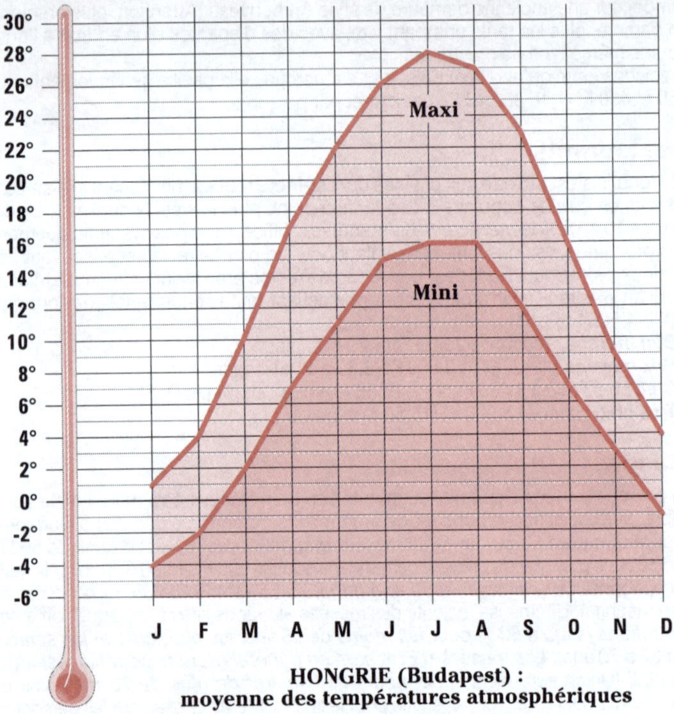

HONGRIE (Budapest) :
moyenne des températures atmosphériques

DANGERS ET ENQUIQUINEMENTS

– Comme un peu partout, il est recommandé de faire preuve de vigilance (pickpockets et vols à l'arraché), surtout dans les sites touristiques et dans les transports en commun. Il est recommandé de laisser son passeport ou sa carte d'identité à l'hôtel (et de circuler avec une autre pièce d'identité, ou une photocopie, généralement tolérée).

– Avant toute transaction dans un bureau de change, s'assurer auprès de l'employé du montant exact qui sera obtenu en monnaie locale, frais et commission compris, et recompter.

– Il vaut mieux garer son véhicule dans un parking surveillé. Pour les taxis, privilégier les taxis jaunes affichant le logo de leur compagnie (et non pas un simple « Taxi »), qui possèdent un compteur et affichent leurs tarifs. Des vols réalisés par de faux policiers sous prétexte de « contrôle de l'argent liquide » ont également été signalés. Ceux-ci n'ont pas lieu d'être en dehors des locaux de police.

– ***AVERTISSEMENT :*** même si vous êtes assez grand pour savoir ce que vous faites, n'accordez pas trop de confiance aux filles à l'allure d'étudiantes sages qui peuvent vous accoster sous un prétexte futile dans la rue (dans l'avenue Andrássy, Váci utca et le passage Gozsdu-udvar notamment) et vous proposer de les accompagner pour boire un verre. Cela finit généralement dans une boîte ou même un pub avec mousseux facturé au prix du lingot de platine. Et gare à celui qui refuse de casquer... ces fleurs de pavé sont en cheville avec des gros bras... pas très commodes, qui

adorent escorter le pigeon jusqu'au distributeur le plus proche et lui faire retirer une grosse liasse de billets, pendant que son copain est retenu dans l'établissement. Certains night-clubs de la rue Andrássy ont été fermés par les autorités pour de tels comportements. En principe, les ambassades disposent d'une liste noire des établissements à risque. Un peu de bon sens suffit : consultez attentivement les prix affichés (en principe) avant de commander et ne quittez jamais votre verre des yeux – dans certains cas, une fiole de GHB désinhibant y est subrepticement ajoutée, vous risqueriez de perdre tout discernement et de vous retrouver allégé de 500 € ou même 1 000 €. Si, si... des témoignages figurent sur le forum de • routard.com •
– Par ailleurs, la vente et la consommation de stupéfiants sont sévèrement réprimées (sur le papier, entre 2 et 8 ans de prison ferme pour un simple joint, et cela dès l'âge de 15 ans ; le consommateur étant d'office catalogué comme toxicomane, ça ne rigole pas).

DÉCALAGE HORAIRE

Il n'y a aucun décalage avec l'Europe occidentale, mais vu son positionnement à 1 500 km plus à l'est, le soleil se lève et se couche un peu plus tôt qu'à Paris ou à Bruxelles.

FÊTES ET JOURS FÉRIÉS

– ***1er janvier :*** Jour de l'an.
– ***15 mars :*** fête nationale (anniversaire de la révolution de 1848). Tout est fermé, même le Danube !
– ***Lundi de Pâques.***
– ***1er mai :*** fête du Travail.
– ***Lundi de Pentecôte.***
– ***20 août :*** Saint-Étienne, fondation de l'État hongrois et naissance de la Constitution (superbe feu d'artifice à Budapest).
– ***23 octobre :*** fête de la République et anniversaire de l'insurrection de 1956.
– ***1er novembre :*** Toussaint.
– ***25 et 26 décembre :*** Noël.

LES HONGROIS SE SOUVIENNENT

Le 22 juillet a été déclaré jour de commémoration nationale. C'est à cette date que, en 1456, une armée chrétienne de 40 000 hommes, composée de paysans et de croisés, a repoussé les envahisseurs turcs. Pour commémorer la victoire, le pape Calixte III décréta que les cloches des églises sonneraient ce jour-là à 12h précises dans l'ensemble de la chrétienté. Les Hongrois, qui ont le sens du souvenir, les font sonner tous les jours.

HÉBERGEMENT ET RESTAURATION

Il est facile de trouver une chambre à Budapest, sauf en août, lors du ***festival Sziget*** et du ***Grand Prix de Formule 1*** (où les prix s'envolent), et pendant les fêtes de fin d'année. Vu les fluctuations du forint, les tarifs des hôtels, notamment dans les catégories supérieures, sont souvent affichés en euros.

Campings

Budapest possède quelques campings à prix doux. La plupart se trouvent sur la rive droite, dans les collines de Buda ou vers Óbuda.

Auberges de jeunesse

En juillet et août, certaines résidences étudiantes de Buda, au sud de la colline du Château et du mont Gellért, se transforment en AJ. Ce sont souvent des bâtiments sans grand charme dotés d'un équipement rudimentaire. Ces auberges de jeunesse sont généralement bon marché (réduc avec la carte *Hostelling International*) et peuvent dépanner les petits budgets mais elles sont un peu loin de tout.

Hostels

Plus pratiques : les *hostels* privés. Ces AJ se sont multipliées à vitesse grand V ces dernières années (surtout dans le quartier juif, où se concentre l'activité nocturne), et le choix est désormais... déroutant (la ville en compte au moins 100 !). Il s'agit souvent de grands appartements plus ou moins rénovés, avec des pièces spacieuses et hautes de plafond, dans des immeubles datant de la Belle Époque. Accessibles à tous (pas de carte d'adhésion ni de limite d'âge), ils disposent généralement de dortoirs et/ou de chambres doubles, ainsi que d'un coin cuisine, d'un poste internet, parfois d'une laverie. Mais mieux vaut les avoir visités avant de réserver, car certaines adresses frisent l'arnaque en entassant les voyageurs dans des dortoirs où il est impossible de dormir la nuit en raison du barouf qui monte de la rue. Certains *party hostels* font même leur beurre sur des séjours totalement festifs avec bar-boîte intégrée, histoire de ne pas dormir de la nuit...
Infos : • *hostels.com* • *hostelworld.com* • Descriptifs détaillés, photos et commentaires de voyageurs.

Appartements et pensions

En général, les hôtels du centre de Budapest ont investi des immeubles anciens (souvent rénovés), et les pensions sont des maisons situées sur les collines de Buda, avec ou sans jardin. Bien qu'assez éloignées du centre pour la plupart d'entre elles, les pensions sont idéales pour ceux qui séjournent plusieurs nuits et qui veulent garer leur voiture sans casser leur tirelire.

■ ***Comme chez vous à Budapest :*** *Domaháza u. 55. 📱 06-30-243-52-40 (József) ou 06-30-296-13-05 (Elvira).* • *commechezvousabudapest.com* • *Doubles 30-45 €, avec petit déj, en chambre d'hôtes ; apparts 35-65 €.* Elvira et József parlent couramment le français. Ils proposent à la fois des chambres d'hôtes chez eux (une maison moderne dans le 15e arrondissement) et 2 appartements en location à la journée, ainsi qu'au lac Balaton.

■ ***Souper Apartments :*** *Király u., 38. 📱 06-30-628-22-86.* • *souperapartments.com* • *Apparts dès 34 €.* Cette société de location offre un très grand choix : plus de 60 studios, F1 et F2 (et même plus), tous très bien situés en centre-ville et fort bien entretenus. On peut voir leurs descriptifs et photos sur le site internet. La fine équipe pourra aussi vous aider à peaufiner vos vacances.

Restaurants, bars, *sparties* et *pub crawls*

Restaurants

La ville regorge de restos, la plupart moins chers qu'en Europe de l'Ouest. En général, les cuisines des restaurants ferment entre 21h et 22h mais il existe des adresses plus nocturnes. Le pourboire est parfois ajouté d'autorité pour les clients étrangers : il correspond normalement à 10 %, mais on voit parfois des 12 %, des 15 %, des 18 %... Si ce n'est pas le cas, ne l'oubliez pas. L'usage veut qu'on ne le laisse pas sur la table, mais qu'on l'englobe dans l'addition. On communique alors le « nouveau prix » au serveur.

Cafés, bars

Budapest compte d'innombrables *söröző* (bars à bières) et *borozó* (bars à vins). Ces établissements, en général situés en sous-sol, sont des bistrots populaires par excellence – même si les bars à vins prennent des allures de plus en plus branchées. Dans les *borozó,* le garçon puise à l'aide d'une louche (tailles différentes) dans des cuves à vin en aluminium – une pour le blanc, une pour le rouge, etc. Pour boire plus et plus longtemps, beaucoup de consommateurs coupent leur vin avec de la limonade (c'est le blanc limé tombé en désuétude en France). C'est dans ces bistrots que les employés viennent boire un coup avant ou après le travail. Pendant l'époque communiste, les *söröző* et les *borozó* constituaient des espaces de liberté à l'abri des regards indiscrets, et l'on pouvait y refaire le monde autour d'un verre. Certains Hongrois regrettent que ces bars obscurs aient tendance à céder la place à des cafés et des bars « à l'occidentale ».

CAFÉ DES SPORTS

Tout comme Vienne, Budapest avait sa tradition des cafés littéraires. À la fin des années 1940, sous le régime communiste, ils furent transformés en bureaux de poste, self-services ou magasins de sport. En 1954, à la réouverture du New York Café *(datant de 1894), un consommateur facétieux commanda : « Garçon ! Une paire de baskets, s'il vous plaît ! »*

– ***Cafés de jour :*** on trouve une grande variété de cafés et de bars à Budapest. Cela va du petit café-salon de thé peinard avec déco de magazine et produits plus ou moins bio et/ou sans gluten au *lounge* branché.

– ***Bars en plein air :*** ils ne sont ouverts qu'en été. Très agréables quand ils donnent directement sur le Danube, comme c'est le cas du côté de la « baleine », ou quand on peut profiter d'une cour ceinte de beaux bâtiments Art nouveau ou d'un jardin ombragé.

– ***Bars de nuit :*** bars musicaux souvent et pubs dansants. Peu d'ambiance avant minuit-1h du matin.

– **Ruin pubs :** ce sont eux qui font aujourd'hui la réputation de la Budapest jeune et branchée. Souvent d'anciens entrepôts, bâtiments publics désaffectés ou simples cours d'immeubles *(kerts)* transformés en bars. Certains marchands de biens et promoteurs, en attendant les travaux de rénovation ou de démolition, louent également des immeubles pour en faire des lieux de nuit. Voilà des endroits remarquables et abordables, parfaits pour faire des rencontres. L'usage consiste à en butiner plusieurs au fil de vos papillonnages nocturnes. Mais attention, les adresses ont une durée de vie parfois très brève.

Sparties *et pub* crawls

– Épisodiquement, des soirées sont organisées dans certains bains. Ce sont les célèbres ***sparties*** de Budapest, un néologisme regroupant les termes « spa » et « party ». Les *sparties* des bains Széchenyi sont les plus courues. On y danse en maillot au cours de soirées électro endiablées (rassurez-vous, on vous refile un petit sac étanche pour votre carte de paiement, votre montre et votre portable). Ça dure facilement jusqu'à 3-4h du matin, puis, quand on a la peau comme celle d'une tortue, il ne reste plus qu'à rejoindre les bras de Morphée. D'autres bains, comme les Rudas, proposent également des sessions nocturnes. Très agréables en hiver.

– Entre avril et octobre, de nombreux *hostels* et plusieurs compagnies organisent des ***pub crawls*** dignes des grandes virées anglo-saxonnes. Au programme : au moins 4 bars à la mode, avec l'une ou l'autre pinte de bière ou shot de *pálinka* incluse dans le prix... Contacter, par exemple, *Absolute Walking Tours* • absolutetours.com • ou *Budapest Bikes* • budapestbike.hu • Coût très variable de 7 000 à 15 000 Ft environ. Gare aux excès de boisson quand même !

HORAIRES

– ***Boutiques et magasins :*** la plupart sont fermés les samedi après-midi et dimanche. Épiceries ouvertes du lundi au vendredi de 6h ou 7h à 19h, jusqu'à 13h le samedi ; grands magasins et boutiques ouverts du lundi au vendredi de

10h à 18h (20h le jeudi dans certains cas) et le samedi de 9h à 13h. Magasins de la chaîne *Tesco* ouverts tous les jours, 24h/24.
– ***Banques :*** voir la rubrique « Argent, banques, change » plus haut.
– ***Postes :*** voir la rubrique « Poste » plus loin.
– ***Musées :*** généralement fermés le lundi. Horaires les plus répandus : 10h-18h.
– ***Restaurants :*** ouverts en général en continu de 11h à 22h. Attention, les horaires indiqués correspondent le plus souvent aux heures d'ouverture du resto et non aux heures de service. Il faut donc arriver au moins 30 mn à 1h avant l'heure de fermeture. Dans le centre de Budapest, certains restos servent un peu plus tard, mais ce n'est pas la règle non plus !
Attention à certains week-ends fériés, comme celui de Pâques, où tout est fermé.

LANGUE

La langue hongroise appartient à la famille atypique des langues finno-ougriennes, comme l'estonien, le lapon et le finnois. Même si ses voisins de la Mitteleuropa l'ont enrichie au cours des siècles, c'est l'une des rares langues d'Europe à n'avoir aucune origine indo-européenne, et les Hongrois n'en sont pas peu fiers. Elle est parlée par près de 14 millions de locuteurs : les ¾ en Hongrie, le reste dans les pays voisins qui faisaient partie de la Hongrie d'avant le traité du Trianon de 1920. Les linguistes la qualifient de « langue agglutinante à harmonie vocalique », et elle s'écrit de manière quasi phonétique en caractères latins.
Le hongrois est une langue difficile, mais quelques mots-clés facilitent la communication. Votre interlocuteur vous sera reconnaissant d'avoir fait cet effort... Pourtant, on ne veut pas vous décourager : ce n'est pas en 1 semaine que vous maîtriserez les subtilités de cette langue aux sonorités plaisantes mais qui ne nous laisse, à nous, que peu de repères.
Les Hongrois plus âgés parlent souvent l'allemand. Les plus jeunes l'anglais, pratiqué désormais par la plupart d'entre eux à Budapest, mais aussi dans les grandes villes de province. Le français est d'usage nettement moins courant. Pour la prononciation, n'oubliez pas les quelques règles suivantes : *s* ou *ss* = ch, *sz* = s, *cz* = ts, *zs* = j et *gy* = dy ou dye.

Quelques éléments de base

Hongrois	*Magyar* [madjaer]
France	*Franciaország* [frantziaorsaag]
Français	Francia
Anglais	Angol
Allemand	Német
Bonjour (le matin)	*jó reggelt kivánok* [yo régelt kivanok]
Bonjour (dans la journée)	*jó napot kivánok* [yo nâpôte kivanok]
Bonsoir	*jó estét kivánok* [yo aichtét kivanok]
Au revoir	*viszontlátásra* [vissontlatachra]
Au revoir (abrégé)	*viszlat* [visslat]
S'il vous plaît	*kérem* [kérême]
Merci	*köszönöm* [keûsseûneûme]
Oui	*igen* [iguenne]
Non	nem
Et	ès
Parlez-vous le français ?	*beszél franciáùl ?* [baissél franciaoule]
Parlez-vous l'anglais ?	*beszél angol ?* [baissél angole]
Excusez-moi	*bocsánat* [botchanotte] ou *elnézést* [ailnezechtte]
Je ne comprends pas	*nem értem* [nem értème]

Combien coûte... ?	*mennyi... ?* [mainnïi]
Où est... ?	hol van... ?
Truc, machin, chose	*izé* (vous verrez, c'est très pratique !)

Administrations, magasins

Ticket	*jegy* [yedge]
Timbre	*bélyeg* [béïègue]
Enveloppe	boriték
Passeport	*utlevél* [outlaivéle]
Entrée	*bejárat* [baiyarote]
Sortie	*kijárat* [kiyarote]
Interdit	*tilos* [tiloche]
Caisse	*pénztár* [pénstaar]
Argent	penz
Défense de fumer	*dohányozni tilos* [dohaanyoznitilos]
Ouvert	nyitva
Fermé	*zárva* [zaarva]

Chiffres

1	*egy* [aidye]	7	hét
2	*kettö* [kaitteû]	8	*nyolc* [nioltse]
3	*hàrom* [harom]	9	*kilenc* [kilintse]
4	*négy* [nedye]	10	tíz
5	*öt* [hôt]	100	*száz* [çaze]
6	hat	1 000	*ezer* [aizair]

Le temps

Jour	*nap*
Week-end	*hétvége* [étvégen]
Semaine	*hét* [ét]
Mois	*hónap* [oonep]
À quelle heure ?	*hány órakor ?* [hannï orakor]
Aujourd'hui	*ma* [mâ]
Demain	*holnap* [hôlnap]
Lundi	*hétfö* [hétfeu]
Mardi	*kedd*
Mercredi	*szerda* [cerdâ]
Jeudi	*csütörtök* [tchûteurteuk]
Vendredi	*péntek* [pénítèk]
Samedi	*szombat* [sombate]
DImanche	*vasárnap* [vocharnope]
Férié	*ünnep* [unnep]
Janvier	*január* [yanuaar]
Février	*február* [februaar]
Mars	*marcius* [martzius]
Avril	*aprilis* [aaprilis]
Mai	*május* [maayus]
Juin	*június* [yunius]
Juillet	*július* [yulius]
Août	*augusztus*
Septembre	*szeptember* [september]
Octobre	*október* [oktoober]
Novembre	*november* [november]
Décembre	*december* [detsember]

Se déplacer

À gauche	*balra* [bolra]
À droite	*jobbra* [yobbra]
Place	*tér*
Rue	*utca* [outsa]
Avenue	*út* [iout]
Boulevard	*körút* [keurut]
Église	*templom*
Police	*rendörség* [rennedeurchégue]
Gare	*pályaudvar* [païo-oudvare]
Départs	*indulás* [indoulàche]
Arrivées	*érkezés* [érkaizéche]
Toilettes	*mosdó* [mochdô], *véce* [vétsé]
Théâtre	*színház* [sinaas]
Musée	*múzeum* [mouzeoum]
Ville	*varós* [varoos]
Hôtel de ville	*városháza* [varoosaaza]
Palais	*palota*
Basilique	*bazilika*
Synagogue	*zsinagógá* [sinagoogaa]
Monument	*muemlek*
Docteur	*orvos* [orvôche]
Essence	*benzin* [bienízine]

Boire, manger

Eau	*viz* [viz]
Eau plate	*csap viz* [tchoppe viz]
Eau minérale pétillante	*ásvány viz* [achvagne viz]
Vin	*bor* [bôr]
Sel	*só* [cho]
Bière	*sör* [chëur]
Pain	*kenyér* [quainniére]
Addition	*szàmla* [samlo]
Beurre	*vaj* [vaïe]
Sucre	*cukor* [tsoukor]
Œufs	*tojás* [toyâche]
Poisson	*hal* [holle]
Fromage	*sajt* [choïte]
Restaurant	*étterem* [étterem]
Café (lieu)	*kávézó* [kâbezô]
Hôtel	*hotel*
Bar à bières	*söröző* [seureuzeu]
Bar à vins	*borozó* [borozoo]
Magasin, supermarché	*aruh áz* [arouhaaz]
Centre commercial	*centerben* [tsenteurben]

LIVRES DE ROUTE

Auteurs hongrois

– ***Imre Kertész*** *(1929-2016)* **:** Prix Nobel de littérature en 2002. Son expérience des camps de concentration, dans sa jeunesse, l'a terriblement marqué et il en a tiré la substance de son œuvre. Journaliste antistalinien à Budapest, il est renvoyé du quotidien qui l'emploie en 1951. Il traduit alors des auteurs allemands et s'installe à Berlin, où il finit sa vie. La plupart de ses livres ont été publiés chez Actes Sud : *Être sans destin* (1998 ; adapté au cinéma), *Kaddish pour l'enfant qui ne naîtra pas* (2001), *Le Refus* (2001), *Le Drapeau anglais* (2005).

– ***Péter Esterházy** (1950-2016)* **:** le plus anticonformiste des romanciers hongrois. Prof de maths puis footballeur, il est l'auteur d'une quinzaine de romans, d'un scénario et d'une pièce de théâtre. Les éditions Gallimard ont traduit une partie de son œuvre, dont *Trois anges me surveillent* (1989) et *Harmonia Caelestis* (2004). *Revu et corrigé* raconte sa découverte du passé d'indic de son père pendant la période communiste.

– ***Péter Nádas** (1942)* **:** l'auteur hongrois le plus lu en France. Il s'est fait remarquer avec *Le Livre des mémoires* (Plon, 1998), un roman qui relate librement, 30 ans après les événements, les journées de l'insurrection d'octobre 1956 à Budapest.

– ***Sándor Márai** (1900-1989)* **:** opposé à toute forme de totalitarisme, il lutte contre le fascisme et est mis au ban par les communistes ; journaliste réputé, il vit en Allemagne, puis en France, avant de s'exiler aux États-Unis en 1948. On le compare à Zweig et à Schnitzler. Parmi ses livres : *Les Braises, Confessions d'un bourgeois, Divorce à Buda, Un chien de caractère, Mémoires de Hongrie...*

– ***Magda Szabó** (1917-2007)* **:** auteur apprécié en Hongrie. Lire *La Ballade d'Iza* et *La Porte,* qui a obtenu le prix Femina étranger en 2003.

Essais, documents, romans

– ***Libération,*** de Sándor Márai (Le Livre de Poche, 2009). Le récit étouffant d'un groupe de Hongrois réfugiés dans les caves pour échapper aux bombardements durant la Seconde Guerre mondiale. Un huis clos où, au fil des jours, l'atmosphère devient de plus en plus lourde, les masques tombent : la solidarité et la courtoisie cèdent la place à l'agressivité, à la méfiance et à l'angoisse. Tandis que la situation au-dehors évolue, on ne sait ce qu'il faut redouter le plus : les libérateurs de l'Armée rouge ou les derniers sursauts de cruauté des nazis acculés...

– ***Histoire de Budapest,*** de Catherine Horel (Fayard, 1999). Des Romains à Attila, des Magyars aux envahisseurs turcs en passant par les cavaliers mongols, sans oublier les libérateurs historiques devenus des puissances tutélaires, l'Empire austro-hongrois et l'Union soviétique. Nulle capitale européenne n'a connu autant d'invasions, de ravages, de destructions et de reconstructions que Budapest. C'est cette mémoire longue et splendide, douloureuse et violente, que ce livre reconstitue de manière claire et passionnante.

– ***Le Livre noir du communisme,*** ouvrage collectif (Pocket, coll. « Agora » nº 325, 2009). Même si l'ouvrage a soulevé des polémiques à sa sortie en 1997, il s'efforce de décrire comment une idéologie égalitaire née d'un idéal de justice et de fraternité au XIXe s a pu, au siècle suivant, engendrer l'une des plus effroyables organisations totalitaires et une machine à broyer les individus et les consciences. De Lénine à Staline, de Mao à Ho Chi Minh, de Pol Pot à Castro, cette somme (avec un chapitre consacré à la Hongrie) de plus de 1 100 pages dresse l'inventaire abondamment chiffré des massacres, des persécutions, des famines et des déportations organisés au nom du peuple.

POSTE

– Les ***bureaux de poste*** sont (généralement) ouverts du lundi au vendredi de 8h à 18h (ou 19h) et le samedi de 8h à 13h – quoique pour faire des économies de budget la tendance soit partout à la réduction des horaires. Les bureaux de poste situés dans les gares ferroviaires ouvrent plus tôt et ferment plus tard, quand ils ne sont pas ouverts 24h/24.

– Quant à l'envoi du ***courrier,*** compter au minimum 3 ou 4 jours de délai pour l'Europe. Pour une carte postale ou une lettre, compter environ 375 Ft.

POURBOIRE

Se reporter à la rubrique « Avertissement » plus haut.

SANTÉ

La carte européenne d'assurance maladie

Appelez votre centre de Sécurité sociale (ou connectez-vous à son site internet), qui vous l'enverra sous environ 15 jours. Cette carte fonctionne dans tous les pays membres de l'Union européenne et dans les pays associés. C'est une carte plastifiée bleue du même format que la carte Vitale. Elle est valable 2 ans, gratuite et personnelle (chaque membre de la famille doit avoir la sienne, y compris les enfants). Elle permet la prise en charge des soins médicaux nécessaires dans les établissements publics. Attention, la carte n'est pas valable pour les soins délivrés dans les établissements privés.

Prendre un bain

Il fait froid ? Prenez un bain chaud. Budapest compte pas moins de 123 sources thermales jaillissant à des températures comprises entre 21 et 76 °C, aux eaux riches en calcium, magnésium, soufre et autres minéraux... Certaines d'entre elles ont été aménagées par les Romains, d'autres ont été découvertes et utilisées par les Turcs. Un bon remède naturel pour rhumatisants, cardiaques et autres anxieux, dans des décors orientaux ou Art déco. Les Budapestois ne s'en privent pas et y vont souvent le matin. Variez les plaisirs curatifs : piscine froide, puis bain chaud suivi de quelques allers-retours au hammam avant de céder à un massage ou à des soins esthétiques. Vous en sortirez sur les genoux mais rajeuni(e) de 10 ans !

Soins dentaires

Budapest et la Hongrie sont réputées pour offrir des soins dentaires de qualité à des prix défiant toute concurrence : 2 à 3 fois moins élevés qu'en Europe occidentale. Pour ceux qui seraient intéressés par une pose de bridge tout en séjournant dans la capitale... • *tourisme-dentaire.com* • Tous les tarifs des interventions sont en euros.

SITES INTERNET

Pour les sites spécifiques sur Budapest, voir la rubrique « Adresses et infos utiles » dans le chapitre sur la capitale hongroise.

• ***routard.com*** • Le site de voyage nº 1, avec plus de 800 000 membres et plusieurs millions d'internautes chaque mois. Pour s'inspirer et s'organiser, près de 300 guides destinations actualisés, avec les infos pratiques, les incontournables et les dernières actus, ainsi que les reportages terrain et idées week-end de la rédaction. Partagez vos expériences avec la communauté de voyageurs : forums de discussion avec avis et bons plans, carnets de route et photos de voyage. Enfin, vous trouverez tout pour vos vols, hébergements, voitures et activités, sans oublier notre sélection de bons plans, pour réserver votre voyage au meilleur prix.

• ***hellohungary.com/fr*** • Site officiel de l'office de tourisme hongrois en français. Bon aperçu du pays avec, pour chaque région, une fiche de présentation.

• ***hu.ambafrance.org*** • Site de l'ambassade de France en Hongrie. À consulter avant de partir. Une mine de renseignements pour ceux qui veulent s'installer en Hongrie.

• ***hu-lala.org*** • Site en français, créé par 3 journalistes, qui analyse la situation politique, économique et sociale en Hongrie et dans les pays limitrophes. Pas piqué des hannetons et bien informé.
• ***jfb.hu*** • Site en français du *Journal francophone de Budapest.* Très régulièrement mis à jour, il vous donne les dates des expos, le dernier resto à la mode de la capitale hongroise, l'actu politique, etc.

TABAC

La culture du tabac est absolument libre en Hongrie – pays inventeur de l'allumette (János Irinyi) – et constitue même l'une des richesses du pays. Avec un taux 2 fois supérieur à la moyenne des pays de l'UE, la Hongrie comptabilise le nombre le plus élevé de décès causés par le cancer du poumon. Les hommes fument donc beaucoup mais les femmes aussi. Le gouvernement a pourtant légiféré : outre l'interdiction de fumer dans les lieux publics, y compris restos et bars (sauf espaces réservés), les bureaux de tabac sont interdits aux moins de 18 ans. Et les responsables de l'*Hungaroring* (circuit de F1) se sont mis au diapason de la législation européenne sur l'interdiction de publicité faite aux grandes marques de cigarettes. Seulement, il y a polémique : nombre de concessions de débits de tabac auraient été attribuées à des sympathisants de *Fidesz,* le parti au pouvoir...

TÉLÉPHONE

Internet

Il y a des cafés internet partout, et pratiquement tous les hôtels, restos et cafés proposent l'accès wifi gratuit. En revanche, beaucoup de sites internet s'avèrent régulièrement défaillants, alors ne vous étonnez pas de faire parfois chou blanc...

Indicatifs téléphoniques et infos pratiques

– ***France → Hongrie :*** pour appeler un fixe, composez le 00 + 36 + indicatif de la ville et le numéro du correspondant. À Budapest, les numéros ont 7 chiffres et commencent tous par 2, 3 ou 4. Ailleurs, ils n'en ont que 6.
– ***Hongrie → étranger :*** composez le 00, attendez la tonalité, puis faites le 33 (France), le 32 (Belgique), le 41 (Suisse), puis le numéro de votre correspondant, sans le 0 initial. *Pour appeler en PCV en France : ☎ 00-80-00-33-11 ; au Canada : ☎ 00-36-11-11.*
– ***Budapest → province :*** composez le 06, attendez la tonalité, puis faites le code local à 2 chiffres puis le numéro à 6 chiffres.
– ***Province → Budapest :*** composez également le 06, puis le 1 suivi des 7 chiffres.

Des appels internationaux peuvent être passés depuis une ligne privée ou par téléphone public. Une pièce ou une carte téléphonique doit être introduite pour initier l'appel. Les *téléphones publics* qui restent fonctionnent avec des pièces ou des télécartes vendues dans les kiosques, dans les grands magasins, dans les hôtels et aux bureaux de poste. Les cartes *NeoPhone* • *neophone.hu* •, vendues pour 1 000, 2 000 ou 5 000 Ft, offrent les meilleurs tarifs.
– Renseignements téléphoniques internationaux : ☎ *199.*
– Renseignements téléphoniques nationaux : ☎ *198.*

Téléphones portables

Pour appeler un téléphone portable hongrois, composez d'abord le 06 (ou le + 36 si vous appelez avec votre portable français, maintenant que cela ne coûte pas plus cher !), suivis des 9 chiffres commençant toujours par 20, 30 ou 70 en fonction de la compagnie téléphonique choisie par votre correspondant.

Le téléphone portable en voyage

Depuis 2017, un voyageur européen titulaire d'un forfait dans son pays d'origine peut utiliser son téléphone mobile ***au tarif national*** dans les 28 pays de l'Union européenne, sans craindre de voir flamber sa facture. Des plafonds sont néanmoins fixés par les opérateurs pour éviter les excès... Cet accord avantageux signé entre l'UE et ses opérateurs télécoms concerne aussi la consommation de ***données internet 3G ou 4G,*** dont le volume utilisable sans surcoût dépend du prix du forfait national (se renseigner). Par ailleurs, si le voyageur réside plusieurs mois en dehors de son pays, des frais peuvent lui être prélevés... Dans ces pays, donc, plus besoin d'acheter une carte SIM locale pour diminuer ses frais.

La connexion internet en voyage

Dans l'Union européenne, et en Hongrie en particulier, de plus en plus d'hôtels, de restos, de bars, et mêmes certains espaces publics disposent du wifi. Mieux que la connexion 3G et 4G qui peut entraîner des frais en usage intensif, le wifi permet aussi de profiter d'un débit parfois supérieur.
Une fois connecté au wifi, vous avez accès à tous les services de la ***téléphonie par Internet. WhatsApp, Messenger*** (la messagerie de *Facebook*), ***Viber*** et ***Skype*** permettent d'appeler, d'envoyer des messages, des photos et des vidéos aux 4 coins de la planète, sans frais. Il suffit de télécharger – gratuitement – l'une de ces applis sur son smartphone. Elle détecte automatiquement dans votre liste de contacts ceux qui utilisent la même appli.

Urgence : en cas de perte ou de vol de votre téléphone portable

Suspendre aussitôt sa ligne permet d'éviter de douloureuses surprises au retour du voyage ! Voici les numéros des 4 opérateurs français, accessibles depuis la France et l'étranger :

– ***Free :*** *depuis la France : ☎ 3244 ; depuis l'étranger : ☎ + 33-1-78-56-95-60.*
– ***Orange :*** *depuis la France : ☎ 0800-100-740 ; depuis l'étranger : ☎ + 33-969-39-39-00.*
– ***SFR :*** *depuis la France : ☎ 1023 ; depuis l'étranger : 📱 + 33-6-1000-1023.*
– ***Bouygues Télécom :*** *depuis la France comme depuis l'étranger : ☎ + 33-800-29-1000.*

Vous pouvez aussi demander la suspension de votre ligne depuis le site internet de votre opérateur.
Avant de partir, notez (ailleurs que dans votre téléphone portable !) votre numéro IMEI, utile pour bloquer à distance l'accès à votre téléphone en cas de perte ou de vol. Comment avoir ce numéro ? Il suffit de taper sur votre clavier *#06# puis reportez-vous au site • *mobilevole-mobilebloque.fr* •

TRANSPORTS

Carte ou plan de la ville

Pour s'orienter, le plan fourni par le Tourinform et ceux de votre guide préféré peuvent amplement suffire.

Tarification des transports publics

Les transports publics (bus, trams, trolleys et métros) utilisent le même ticket. On l'achète dans les stations de métro, où les machines automatiques

proposent une version en français et acceptent cartes de paiement, billets et pièces de monnaie, et dans certains kiosques à journaux.
Notez que les transports en commun sont gratuits avec la* Budapest Card** (voir « Adresses et infos utiles. Infos touristiques »), ***ainsi que pour les enfants de moins de 6 ans et les ressortissants de l'Union européenne et de Suisse âgés de plus de 65 ans, document à l'appui. Qu'on se le dise !
– Le billet de base ***(Vonaljegy)*** : valable pour un seul voyage, il coûte 350 Ft, et le carnet de 10 voyages 3 000 Ft.
– Billet avec transfert (cas d'un trajet vers ou depuis l'aéroport) : 530 Ft. Attention, il doit être recomposté lors du transfert (sauf entre 2 lignes de métro).
– Carte valable 24h *(Napijegy)* : 6 490 Ft.
– Carte valable 72h *(Turistajegy)* : 12 990 Ft.
– Carte valable 1 semaine *(Hetijegy)* : 18 990 Ft.
Pour ceux qui restent plus longtemps, il existe des cartes pour 30 jours, ou même à l'année. Dans ce cas, prévoir une photo d'identité.

Infos et recommandations

– Dans le métro, *vonal* signifie « ligne », *béjárat* « entrée », *kijárat* « sortie » et *felé* « vers ». Une bande sonore annonce à chaque fois la station suivante.
– À l'entrée des stations de métro, ce sont des employés qui contrôlent manuellement la validité de votre billet ou de votre *Budapest Card*. Garder son billet jusqu'à la sortie.
– Sur les vieilles lignes de tram et de bus, pas de machine à composter automatique, mais un antique système où il faut introduire le ticket et tirer le composteur vers soi. Demandez à un passager si vous n'y parvenez pas...
– ***ATTENTION : à chaque correspondance (sauf pour le métro), il est obligatoire de valider un nouveau ticket !***
– ***AMENDES EN CAS DE FRAUDE :*** 8 000 Ft si vous payez tout de suite et le double si vous payez plus tard... Attention, les contrôles sont très fréquents ; si ce n'est pas dans la rame elle-même, c'est avant l'accès au quai ou en sortant de la station.

Les différents transports en commun

Héritier du collectivisme, le réseau de transports en commun est dense et permet de se rendre partout. Les transports en commun fonctionnent en gros de 4h30 à 23h, mais chaque ligne a ses horaires propres. On vous invite donc à les consulter directement, sur le quai ou à l'arrêt, ou à vous renseigner sur le site • *bkk.hu/en* • (quand il fonctionne...), notamment en ce qui concerne les transports nocturnes (bus et tram).

Le métro

4 lignes seulement, dont 3 se croisent au centre de Pest à Deák tér (les lignes 1, 2 et 3). La ligne 4, la plus récente, croise la ligne 3 à Kalvin tér et s'arrête pour le moment à la station Keleti Pályaudvar (gare de l'Est)... en attendant une hypothétique prolongation au nord-est. Chacune a sa couleur : le bleu pour la ligne 3, la plus longue, du nord au sud ; le rouge pour la ligne 2, d'ouest en est ; le jaune pour la ligne 1, le *Kis Métro*, soit le 1er métro d'Europe continentale et le plus croquignolet ; et le vert pour la ligne 4, dans l'axe nord-est – sud-ouest, la plus moderne, entièrement automatisée, avec des stations de béton brut et murs de mosaïques.
Attention, des travaux importants sur la ligne 3 devraient durer jusque courant 2019. Des bus de remplacement sont mis en service.
Travaux également sur le Grand boulevard près du Pont Margaret, pouvant perturber la circulation.

Le bus

Attention aux significations des couleurs. Chiffre noir : s'arrête partout. Chiffre rouge : express (moins d'arrêts).
Ils prennent toute leur importance à Buda, où le métro se résume à 4 lignes. N'oubliez pas de composter votre billet. Les lignes principales sont desservies par des bus de nuit dont les numéros sont tous compris entre 901 et 999. Renseignez-vous, les fréquences sont très variables selon les lignes (ttes les 15 à 90 mn).

Le tramway

Les tramways *(villamos)* existent à Budapest depuis plus d'un siècle. Ils sillonnent les grands boulevards.
La ligne 2, qui longe le Danube du côté Pest, ***permet de découvrir la ville du sud au nord,*** via le Parlement, avec une belle vue sur les 2 rives et leurs ponts. Elle s'avère un excellent moyen d'entrer en contact avec la ville. La ligne 6, elle, traverse le centre de Pest par les grands boulevards. Les vendredi et samedi, elle fonctionne 24h/24 (min ttes les 15 mn). Si personne n'attend à l'arrêt après minuit, méfiance, c'est sans doute la fin du service ! À cette heure, les trams sont parfois remplacés par des bus.

Le trolleybus

On rappelle qu'il s'agit de bus fonctionnant à l'électricité sur le principe du tramway. Peu de lignes de *trolibusz* utiles pour le touriste, à l'exception de la n° 78, qui conduit à Keleti Pályaudvar (gare de l'Est) vers Kossuth Lajos tér (via l'avenue Andrássy), et de la n° 79, qui dessert la place des Héros, à l'orée du bois de la Ville *(plan E3).* La n° 73 relie la gare de Keleti à celle de Nyugati via le bord du quartier juif.

CADEAU D'ANNIVERSAIRE

À Budapest, tous les trolleys sont rouges, et leur numérotation commence à partir de 70. La raison ? C'est pour « faire plaisir » à Staline, le « Petit Père des Peuples », à l'occasion de son 70e anniversaire en 1949 que les Hongrois, qui venaient de mettre en service leur 1re ligne de trolley, ont commencé leur numérotation ainsi.

Le train HÉV

Similaire à un RER. Circule env 4h-00h00, bien que cela varie légèrement d'une ligne à l'autre. La ligne la plus intéressante est celle au départ de Batthyány tér (Ⓜ ligne n° 2 ; *zoom B3*) en direction de ***Szentendre*** (voir la rubrique « Arriver – Quitter » à cette ville). Trains ttes les 20-30 mn (en journée) à 30 mn ; compter 40 mn de trajet. Même tarif que pour le métro dans les limites administratives de la ville, soit 350 Ft – par exemple pour aller voir les ruines romaines d'Aquincum. Au-delà de la station Békásmegyer, on paie un supplément. L'autre ligne intéressante est celle qui relie la gare de Nyugati (station de métro éponyme) à ***Esztergom*** (voir la rubrique « Arriver – Quitter » au chapitre « La Boucle du Danube »).

Service *hop on hop off*

Ceux qui disposent de peu de temps peuvent utiliser ces bus desservant les principaux sites touristiques. La compagnie la plus connue est *Giraffe Hop on Hop off (● citytour.hu ●).* On paie pour 24h, 48h ou 72h sur 5 circuits différents selon le prix et la durée, on descend et on remonte à loisir à une cinquantaine d'arrêts définis (Deák Ferenc tér, avenue Andrássy, bois de la Ville, Grande Synagogue, colline du Château, citadelle, Parlement...). *Fonctionne avr-oct, départs ttes les 30 mn env, 9h-17h ou 17h30. Tarif : 6 000-8 000 Ft selon durée ; réduc étudiants ;*

gratuit jusqu'à 6 ans. Audioguide en plus de 20 langues, dont bien sûr le français (commentaires assez pauvres, cela dit). La compagnie propose aussi un bus de nuit (départ 19h45 de Vigado tér ; 5 arrêts en 1h30) et un *hop on hop off* en bateau sur le Danube. Il existe d'autres compagnies comme *Budapest Sightseeing Hop on Hop off* (*• programcentrum.hu •*) et *Legenda* (*• legenda.hu •*), qui propose des dîners à bord avec chandelles, orchestre et tout le tralala, mais on n'a pas testé. Sans compter les *party bus* et les *party boats* qui, comme leurs noms l'indiquent, proposent de faire la fête à bord...

Excursions sur le Danube

Budapest possède une flotte de « bateaux-mouches », de style et de taille variés, pour découvrir la ville depuis le fleuve. Des audioguides sont distribués aux passagers, avec commentaires en 30 langues ! Certes, c'est très touristique, mais on recommande tout de même la croisière nocturne pour prendre contact avec la ville et admirer les principaux ponts et édifices, fort élégants la nuit.

– Pour des excursions de jour, on recommande le ***Duna Bella*** *(zoom B4)* : *☎ 317-22-03. • legenda.hu • Janv-fév, 2 départs/j. à 14h et 15h30 ; mars et oct 5 départs/j. 11h-17h ; avr-sept, 6 départs/j. 11h-18h30 ; nov-déc, 4 départs/j. 11h-15h30. Durée : 1h10 (ajouter 1h30 pour la promenade sur l'île en option sur certains bateaux). Son alter ego, le* ***Danube Legend,*** *navigue de nuit : mars-oct, 4 départs/j. 18h30-22h15 ; nov-fév, 1 à 2 départs/j., 17h-18h30 ; durée 1h. Tarifs : 3 900 Ft pour le Duna Bella, 5 500 Ft pour le Danube Legend ; dîner à bord 9 300 Ft (départ à 19h45 ; 19h nov-fév) ; réduc étudiants et de 10 à 20 % avec la* Budapest Card *; gratuit jusqu'à 9 ans. 1 boisson incluse. Résa conseillée en saison.* Part de Vigadó tér (embarcadère nº 7 ; *zoom B4*), côté Pest, descend le fleuve jusqu'aux abords du pont Petőfi, puis remonte jusqu'à l'île Marguerite, où il fait escale, avant de revenir en passant devant le Parlement.

– La compagnie fluviale nationale ***MAHART*** propose aussi diverses excursions sur le Danube, à commencer par une balade de 1h. *Rens : ☎ 484-40-13. • mahartpassnave.hu/en • Départ de Vigadó tér (zoom B4), embarcadère nº 5 (bâtiment jaune). Mai-fin oct, tlj ttes les heures 11h-21h (10h-22h juil-août) ; jusqu'à 19h ou 20h fin oct-avr. Tarifs : 3 000 Ft ; réduc de 40 % avec la* Budapest Card *et 50 % avec la* Hungary Card. *Organise aussi mai-sept des croisières vers la boucle du Danube (Szentendre, Visegrád, Esztergom) ; selon les formules et les bateaux, départ au plus tôt à 9h, retour au plus tard à 20h. Compter 3470 Ft l'A/R pour Szentendre et 5 200 Ft l'A/R jusqu'à Esztergom (2h30 d'escale à destination) ; réduc de 20 % avec la Budapest Card et 50 % avec la* Hungary Card. *Le prix double presque en hydrofoil mais 6h d'escale à destination.*

Encore un moyen de faire trempette dans le beau Danube bleu : le ***River Ride,*** un bus-mouche (1er du genre en Europe !)... en d'autres termes, un bus amphibie qui allie en 2h le tour classique des monuments à terre et une plongée dans le Danube. Original et ça plaira aux enfants, mais un peu cher et surtout très lent en navigation ; en plus de ça, il est obligé de sortir de l'eau à l'endroit même où il est entré, si bien qu'on voit 2 fois la même chose ! *Départs de Széchenyi István tér, face au pont des Chaînes. Rens : ☎ 332-25-55. • riverride.com • Avr-oct, 4 fois/j. 10h-17h ; nov-mars, 3 fois/j. 11h-15h. Compter 2h. Tarif : 9 000 Ft ; réduc.*

Taxis

Les taxis officiels se reconnaissent à leur couleur jaune canari ; ils sont équipés d'un compteur (qui ne doit démarrer qu'au départ de la course, même si on le commande par téléphone). Cela dit, il est recommandé de héler seulement les taxis jaunes qui affichent le logo de leur compagnie (voir leurs noms plus bas ; n'hésitez pas à les appeler directement, ça fonctionne bien). Si vous disposez d'un smartphone avec accès internet, chargez l'application de *City Taxi,* par exemple, et vous aurez même la localisation des taxis libres. En revanche, gare aux taxis (jaunes, toujours) qui n'affichent qu'un simple « taxi » sans logo : ils sont en maraude et ont souvent un compteur trafiqué ou adorent faire un détour pour faire grimper la note... La prise en charge est de 450 Ft et le prix au kilomètre de 280 Ft (tarifs identiques de jour comme de nuit). Une course moyenne dans le centre-ville coûte entre 2 500 et 5 000 Ft. Il est d'usage de laisser un petit pourboire (d'environ 10 %) ou d'arrondir le montant. Quelques compagnies, dans notre ordre de préférence :

City Taxi : ☎ *2-111-111.* ● *citytaxi.hu* ● Opératrices parlant anglais.
Főtaxi : ☎ *222-2-222.* ● *fotaxi.hu* ● Parfois en anglais.
Tele 5 Taxi : ☎ *5-555-555.* ● *tele5taxi.hu* ●
6X6 Taxi : ☎ *6-666-666.* ● *6x6taxi.hu* ●

Moto-taxi

Motortaxi : *06-20-266-67-66.* ● *motortaxi.hu* ● Un jeune Hongrois du nom d'Attila a eu l'idée de monter la 1re compagnie de motos-taxis qui propose des courses dans Budapest sur un gros scooter. Il fournit le casque. Tarification selon 3 zones, ou courses à la carte (à l'heure ou à la journée). Pour ceux qui veulent éviter les embouteillages...

Location de bicyclettes et de scooters

■ ***Bikebase*** *(zoom C3,* ***34****) : Podmaniczky u. 19.* *06-70-625-85-01.* ● *bikebase.hu* ● *À 2 pas de Nyugati Pályaudvar (gare de l'Ouest). Tlj 9h-19h. Compter 3 600 Ft pour 24h, 2 900 Ft en rendant le vélo le j. même et 2 200 Ft pour 5h ; tarifs dégressifs les j. suivants.* Imre est un jeune Hongrois dynamique qui a vécu en France et parle couramment notre langue. Il loue des bicyclettes en très bon état, avec casque et antivol. Pas de caution, la photocopie d'un document d'identité suffit.

■ ***Budapest Bike*** *(zoom D4,* ***22****) : Wesselényi u. 13.* *06-30-944-55-33.* ● *budapestbike.hu* ● *Tlj 9h-18h. De 3 000 Ft pour 9h à 4 000 Ft pour 24h. Caution de 15 000 Ft (euros acceptés) et passeport requis. CB refusées.* Vélos et tandems. Organise également des *bike tours* sur résa *(possible en français selon dispo, sinon en anglais)* et même un *pub crawl* (tournée des bars)... Vend aussi d'originales sacoches à vélo en matériaux recyclés. Bon accueil.

■ ***Yellow Zebra*** *(zoom C4,* ***6****) : Lázár u. 16, près de l'Opéra.* ☎ *269-38-43.* ● *yellowzebrabikes.com* ● *yellowzebratours.com* ● *Tlj 9h-20h (19h, voire 18h30, nov-mars). À partir de 3 500 Ft la demi-journée et 4 500 Ft pour 24h ; tarifs dégressifs les j. suivants.* Organise aussi des excursions dans Budapest. Loue également des segways mais ça coûte les yeux de la tête.

■ ***Budapest Bike Rentals Free Delivery :*** *06-20-293-27-03 (Thomas) ou 06-20-293-29-07 (Janosh).* ● *budapestbikerentals.hu* ● *De 3 900 Ft la journée jusqu'à 18h à 4 500 Ft pour 24h. Caution de 15 000 Ft (ou 50 €). CB refusées.* Vélos et tandems. C'est plus cher qu'ailleurs mais l'intérêt, c'est qu'on vous livre et qu'on vous reprend le vélo à l'adresse de votre choix dans le centre-ville. Fait aussi des *party rickshaw* en musique...

– On peut aussi louer des vélos à l'entrée de l'île Marguerite pour s'y balader. *Compter env 900 Ft/h.*

Vélos en libre-service

■ ***Molbubi :*** ☎ *325-52-55.* ● *molbubi.bkk.hu* ● *Prise en charge 500 Ft pour 24h (on achète son forfait à la borne, CB acceptées), 1 000 Ft pour 72h et 2 000 Ft pour 7 j. Caution 25 000 Ft.* C'est le Vélib' de Budapest, soit 76 stations et 1 100 vélos. Après avoir réglé le forfait de prise en charge, les 30 premières minutes étant gratuites, si on compte visiter la ville à moindres frais, le but du jeu est de changer de monture le plus souvent possible.

■ ***Donkey Republic :*** *• donkey.bike • Compter env 500 Ft les 30 mn, 1 850 Ft les 2h ou encore 3 700 Ft la journée.* C'est le nouveau fournisseur de vélos archi-connecté, qui ringardise Molbubi, le Vélib' de la ville, sauf au niveau des prix. Plus cher, mais les vélos sont plus légers (et bien plus élégants !). Grâce à l'application maison, possibilité de géolocaliser immédiatement un vélo et de le rendre n'importe où...

Location de voitures

■ ***Avis*** *(zoom C4,* ***36****) : Szabadság tér 7, mais entrée par Arany János u. (angle Hercegprímás). ☎ 318-41-58 ou 42-40. • avis.hu/en • Lun-ven 8h-18h (14h ven). Au terminal 2B de l'aéroport : ☎ 296-64-21. Tlj 8h-21h (19h sam). Au terminal 1 : ☎ 296-86-80. Tlj 8h-20h.* La voiture peut être laissée dans n'importe quel bureau de location en Hongrie *(0,27 €/km)* ou à l'étranger (beaucoup plus cher).

■ ***Budget*** *(plan D2,* ***37****) : Kassák Lajos u. 19-25. ☎ 887-14-01. • budget.hu • Tlj 8h-18h (14h sam). Au terminal 2B de l'aéroport : ☎ 931-81-01. Tlj 8h-20h.*

■ ***Europcar*** *(zoom C4,* ***29****) : Erzsébet tér 7-8, accolé à l'hôtel Kempinski Corvinus. ☎ 505-44-00. • europcar.hu • Lun et ven 8h-18h, mar-jeu 8h-16h30, sam 8h-12h. Aux terminaux 2B et 1 de l'aéroport : ☎ 421-83-70. Lun-sam respectivement 8h-20h et 8h-21h.*

■ ***Hertz*** *(zoom C5,* ***39****) : dans la galerie commerciale latérale à l'hôtel Marriott, Apáczai Csere János u. 4. ☎ 266-43-61. • hertz.hu • Tlj 8h-17h (parfois plus tard en été). Également au terminal 1 de l'aéroport (☎ 296-84-66) et au terminal 2B (☎ 296-71-71). Tlj 8h-22h.*

URGENCES LOCALES

- ***Police :*** *☎ 107.*
- ***Pompiers :*** *☎ 105.*
- ***Ambulances :*** *☎ 104.*

BUDAPEST

• Pour se repérer, voir le plan d'ensemble de la ville, le zoom et le plan du métro sur le plan détachable en fin de guide.

PRÉSENTATION

« PARIS DE L'EST »

Parfois appelée aussi « le Paris de l'Est », Budapest présente 2 tempéraments opposés. *Buda* la résidentielle, très verte, siège de l'autorité impériale et de la puissance historique, accueille sagement les visiteurs dans le vieux quartier baroque rénové perché sur une colline qui domine le fleuve. *Pest,* plate comme une galette, industrielle au large, commerçante au cœur, constitue le centre affairé de la capitale. Les instruments du pouvoir s'y sont peu à peu déplacés. C'est aussi là que se concentre la vie nocturne. On y trouve des théâtres, des cabarets, et ces fameux immeubles délabrés transformés en cafés, les célèbres *ruin pubs* si nombreux dans le quartier juif. Mais les 2 sœurs inversent parfois les rôles, quand Buda swingue sur un air de jazz et que Pest s'enorgueillit de ses élégantes villas bourgeoises. La diversité architecturale est partout surprenante. Tous les styles cohabitent dans un ensemble parfois cacophonique : notamment baroque, mais également néoclassique, Art nouveau, Bauhaus... sans compter l'architecture stalinienne née sous le régime communiste dont les tristes réalisations de béton gris ou de gravillons lavés endeuillent encore aujourd'hui certains quartiers historiques. Bref un melting-pot de styles qui ne laisse personne indifférent mais qui confère néanmoins à la ville un charme ineffable. Celui de la nostalgie ? Du voyage dans le temps ? Budapest est une ville dont on se sent vite complice.

TOPOGRAPHIE BUDAPESTOISE

Budapest, que l'on devrait prononcer « Boudapecht » en bon hongrois, comprend en fait 3 villes, et au milieu coule le Danube. Très étendue (525 km²), elle est divisée en 23 arrondissements, disposés en spirale, dans le sens des aiguilles d'une montre, quoique pas très régulièrement. Chacun possède ses caractéristiques, et parfois son nom. La majorité des touristes n'en visite que 2 ou 3 (le centre). Voici ceux où figurent un possible logement ou des sites à visiter.

– ***1er arrondissement (Buda) :*** le « *castle district* », l'hypercentre historique, donc très touristique,

DUR D'ÊTRE TAXI

On dénombre à Budapest plusieurs artères portant le même nom : il y a 10 Arany János utca, autant de Kossuth Lajos utca, 2 Kossuth utca et 5 Lajos utca, etc. ! De quoi errer indéfiniment comme un derviche fou. Une seule parade : connaître le numéro de l'arrondissement correspondant. Autre source d'erreur : utca, *abrégé en* u., *qui signifie « rue », se dit « outsa » et ne doit pas être confondu avec* út *(prononcez « ïout »), qui correspond à « avenue ». « Place » se dit* tér *et « boulevard »* körút, *abrégé en* krt. *Voilà, maintenant, on peut vous lâcher dans la ville !*

avec la colline du Château. Beaucoup de bâtiments publics et de beaux appartements sur les pentes des collines qui dégringolent vers le fleuve.

– ***2e arrondissement (Buda) :*** bien plus grand et juste au nord du précédent, c'est la « colline des Roses ». Très vert, à part la monstrueuse Szell Kalman tér, où s'empilent les voitures. Étendu et bucolique, ce quartier en partie chic, l'un des plus agréables de la ville, possède de belles villas avec jardin.

– ***3e arrondissement (Óbuda) :*** toujours cap au nord. Une honte ! L'ancienne ville a été massacrée par le collectivisme. Les vieilles maisons ont fait place à d'interminables enfilades de barres de HLM grises. Florian tér relève du cauchemar à la Orwell ! Restent quelques îlots miraculeusement préservés, en plein boom touristique (Fő tér), et des vestiges de l'occupation romaine (Római Furdő, Aquincum).

– ***5e arrondissement (Pest) :*** le long du fleuve, face à la colline du Château, c'est Belváros, le « centre-ville » en hongrois, un quartier touristique en diable. Il se prolonge au nord par le quartier de Lipótváros, devenu le centre politique du pays au début du XXe s lors de l'édification du Parlement. L'arrondissement est aujourd'hui le quartier des affaires et de nombreuses institutions siégeant dans de splendides palais.

– ***6e arrondissement (Pest) :*** à l'est du 5e arrondissement, la « Ville Thérèse » *(Terézváros)* possède une avenue très chic bordée d'immeubles bourgeois souvent somptueux, Andrássy út, autour de laquelle sont concentrées nombre d'ambassades. Les rues alentour sont en revanche bien moins classe.

– ***7e arrondissement (Pest) :*** derrière la Grande Synagogue, l'ancien quartier juif s'étendait entre les boulevards. Sauf que sur les 200 000 juifs qui vivaient ici avant la guerre et la Shoah, il n'en reste que 80 000, et 125 000 environ dans tout le pays. Des traditionalistes se sont à nouveau installés dans le quartier. Le reste de la « Ville Elisabeth » *(Erzsébetváros)*, en montant vers le parc, est peu à peu conquis par les promoteurs. C'est aujourd'hui le quartier le plus animé la nuit.

DE SISSI À COLUMBO

L'impératrice Élisabeth de Hongrie, cette chère Sissi, avait un penchant pour les langues. Hasard de la généalogie, son précepteur, l'écrivain Miksa Falk, n'était autre que l'aïeul de Peter Falk, alias Columbo, inspecteur à la police de Los Angeles à la télé. Du coup, Budapest a dédié une rue de Pest à l'ancêtre et a érigé une statue de bronze à l'arrière-petit-fils, flanqué de son acolyte canin. Vous la trouverez dans le quartier de Lipótváros, à l'angle de Szent István körút et de... Falk Miksa utca...

– ***8e arrondissement (Pest) :*** la « Ville Joseph » *(Józsefváros)*, quartier appauvri, est en cours de réhabilitation. Y vivent encore des Roms et des immigrés (Chinois). De nouveaux citadins, jeunes surtout, ou des investisseurs étrangers (irlandais et espagnols en particulier) y achètent des immeubles anciens pour les rénover.

– ***12e arrondissement (Buda) :*** derrière la colline du Château, ce beau quartier vallonné est prisé pour ses villas entourées de jardins. Certains nouveaux riches en font construire de gigantesques. Les routards ayant les moyens et une voiture (loin du centre, et ça grimpe) y trouveront d'agréables pensions.

– ***13e arrondissement (Pest) :*** face à l'île Marguerite (Margit Sziget), une partie de ce quartier, la « Nouvelle Ville Léopold » *(Újlipótváros)*, près du fleuve, fut édifiée dans les années 1930 pour loger l'intelligentsia, juive notamment. Quelques très beaux immeubles dans cet arrondissement presque central et dont la cote monte en flèche.

LA VALSE DES NOMS DE RUES !

À la chute du communisme, les autorités se sont empressées de se débarrasser de tous les noms de rue rappelant cette douloureuse période (Lénine, Marx, Engels et leurs comparses). De grands noms de la littérature, comme Maïakovski ou Gorki, sont ainsi un peu trop hâtivement passés à la trappe !

…SUR LE DANUBE

… à Pest, on en dénombre 7 (hors ponts ferroviaires). Ils participent …e la physionomie de la ville. Détruits lors de la Seconde Guerre …diale ils ont été reconstruits et constituent chacun à sa façon, lorsqu'on les franchit, un point de vue unique sur le panorama des 2 rives du fleuve.

ARRIVER – QUITTER

En avion

✈ ***Aéroport Ferenc-Liszt*** *(hors plan par F6)* **:** *à env 15 km au sud-est du centre.* Il s'agit en fait de 2 aéroports, distants de 5 km l'un de l'autre : le terminal 1 (qui accueille le fret et les jets privés, donc sans intérêt majeur pour nous) et surtout le terminal 2 (A et B) qui accueille tous les vols touristiques.

– ***Pour tout renseignement sur les départs et arrivées des vols :*** *☎ 296-70-00.* • *bud.hu/english* •

ℹ ***Tourinform :*** *☎ 438-80-80. Au terminal 2 (l'un au terminal 2A, tlj 8h-22h, l'autre au 2B, tlj 10h-22h).* On peut y acheter la *Budapest Card*.

– ***Change à l'arrivée : attention, taux très défavorable dans les bureaux de change et aux distributeurs Euronet (« EUR-HUF »),*** donc changer le minimum (ou payer son transport en carte de paiement, voire en euros si c'est accepté), en attendant de changer en ville.

– ***Autres services :*** guichet des transports publics *(à gauche en sortant du terminal 2A, tlj 8h-22h ; au terminal 2B, tlj 9h-21h),* réservations d'hôtels, consignes, bornes internet et poste. Attention, les loueurs de voitures se trouvent au terminal 2B.

Pour rejoindre le centre

➢ ***Bus public nº 200E :*** l'option la moins chère est même... gratuite, si vous achetez en arrivant la *Budapest Card* à l'office de tourisme. Sinon, vente des titres (ticket, carnet ou *pass*) au guichet des transports publics dans le hall d'arrivée. Cela dit, on trouve aussi des machines automatiques (cartes de paiement, pièces et billets acceptés) devant l'arrêt du bus : en sortant du terminal 2A, à droite ; du terminal 2B, à gauche. Ce bus rallie le terminus de la ligne de métro bleue (ligne M3), Kőbánya-Kispest, en 30 mn (un peu plus si embouteillages). De là, on rejoint Deák tér, au centre, en 20 mn. Fonctionne 4h-23h, ttes les 5-10 mn en journée, 30 mn au maximum tard le soir. Billet : tout le monde vous conseillera d'acheter 2 tickets à env 350 Ft (l'un pour le bus, l'autre pour le métro), mais il existe un billet « transfer » à env 530 Ft qui permet de prendre le bus et d'enchaîner avec le métro. Il est valable 1h30 en journée, 2h la nuit.

➢ ***Bus public nº 100E :*** c'est le transport public direct pour le centre, mais il est un peu plus cher, et la *Budapest Card* ne fonctionne pas dans ce cas. Il se rend directement à Deák tér pour un tarif d'env 900 Ft. Départ ttes les 30 mn : 5h-0h30 de l'aérogare et 4h-11h30 de Deák tér. Compter env 1h selon le trafic.

➢ ***MiniBud Airport Shuttle :*** *☎ 1-550-00-00.* • *minibud.hu* • Service officiel 24h/24 de navettes qui vous déposent directement à l'adresse de votre choix. Il faut réserver son billet 24h à l'avance par Internet ; on paie en ligne ou sur place, au comptoir situé dans le hall des arrivées. Pour rejoindre le centre, compter env 4 400 Ft (17,50 €) pour 1 personne et env 5 400 Ft (21,50 €) que vous soyez 2, 3 ou 4 ; encore dégressif au-delà et si on prévoit aussi le retour. Cela dit, c'est à peine moins cher que le taxi et il faut compter entre 20 et 40 mn d'attente à l'aérogare, 30 à 45 mn de trajet si tout va bien, puis prier pour qu'on ne vous dépose pas en dernier (car il peut y avoir une dizaine de passagers). Bref, pas toujours le meilleur plan, en définitive.

➢ ***Taxis :*** à la sortie de l'aéroport, vous trouverez un kiosque et une station de taxis où les tarifs sont clairement affichés. Un unique opérateur exerce : ***Főtaxi*** *(☎ 222-2-222 ; • fotaxi.hu •).* Compter env 8 000 Ft pour le centre-ville. Le tarif de tous les taxis officiels (de couleur jaune) est affiché sur la carrosserie : prise en charge 700 Ft, puis 300 Ft/km. Les cartes de paiement sont souvent acceptées à bord.

En train

3 gares accueillent les trains internationaux ; elles sont toutes desservies par le métro. *Infos nationales : ☎ 349-49-49. Ou sur le site internet • mavcsoport.hu/en •*

Keleti Pályaudvar *(gare de l'Est ; plan E4)* **:** *Baross tér, 8ᵉ arr. Ⓜ Keleti Pályaudvar (lignes nº 2 ou 4). Pour rejoindre Deák Ferenc tér (zoom C4) et le Tourinform, prendre la direction Déli Pályaudvar (gare du Sud).* Sur place, consigne, Internet, distributeur, change (comparez bien les taux). Dessert la Hongrie du Nord et du Nord-Est. À l'international, trains pour Vienne (env 15 trains/j.), plus de la moitié avec continuation vers Salzbourg et Munich, Bratislava et Prague (5 trains/j.), Košice en Slovaquie (2 trains directs/j.), Belgrade (4 trains/j.) via Subotica et Novi Sad, Zagreb (1 train direct/j. en début d'ap-m), de nombreuses villes de Roumanie (Oradea, Cluj-Napoca, Brasov, Timisoara, Bucarest... 2 trains directs/j.), la Pologne (Cracovie et Varsovie, 3 trains/j. dont 1 direct), Sarajevo (1 train/j.)...

Nyugati Pályaudvar *(gare de l'Ouest ; plan C3)* **:** *Nyugati tér, 13ᵉ arr. Ⓜ Nyugati Pályaudvar. Deák Ferenc tér est à 2 stations en direction de Kőbánya-Kispest.* La gare a été construite en 1877 par l'atelier de Gustave Eiffel. Internet, change et consignes *(24h/24)* planquées dans un hall séparé, derrière la billetterie (suivre « Cassa »). Dessert la grande plaine et la boucle du Danube.

➢ ***De/vers Esztergom :*** env 1 train ttes les 30 mn. Trajet : 1h-1h30.

Déli Pályaudvar *(gare du Sud ; plan A4)* **:** *Magyar Jakobinusok tér, 1ᵉʳ arr. Le métro (ligne nº 2) est sous la gare : 4 stations jusqu'à Deák Ferenc tér, direction Örs Vezér tere.* Guichet d'info dans le grand hall, consigne au fond à gauche à côté du quai 1, bureaux de change, poste *(lun-ven 8h-19h).* La gare de Déli draine les omnibus, plus lents qu'au départ des 2 autres gares. C'est d'ici que partent la plupart des trains vers le lac Balaton.

En bus

L'essentiel du trafic international et national se fait au départ et à l'arrivée de la gare routière ultramoderne de ***Népliget Buszpályaudvar*** *(hors plan par F6)* : *Üllői út 131E, 9ᵉ arr. ☎ 382-08-88 (central d'infos ; lun-ven 8h-16h) ou 219-80-86 (Travel Center ; lun-ven 6h-20h, w-e 6h-17h). Ⓜ Népliget (ligne nº 3). Prendre à gauche en sortant du métro.* Distributeur de billets et borne internet au sous-sol, près de la consigne *(tlj 6h-21h).*

■ ***Volánbusz/Eurolines :*** *☎ 382-08-88 ou ou 289-90-91. Pour consulter les horaires en ligne (et en anglais) : • volanbusz.hu • menetrendek.hu • eurolines.com •*

➢ ***Pour Vienne :*** 5 bus/j. Dessert au passage l'aéroport de Vienne-Schwechat. Trajet : 3h.

➢ ***Pour Prague :*** 3 bus/j. dont 1 de nuit (départ 22h30, arrivée 6h).

➢ ***Pour Bratislava :*** 2 bus/j. à 6h30 et 15h. Trajet : 2h50. Ces bus continuent sur Prague.

➢ ***Pour la Roumanie :*** 2 bus/j. (vers 10h30 pour Cluj-Napoca, arrivée 19h).

BUDAPEST

Également une rotation vers Oradea, tlj à 8h30 et 14h, et une autre vers Baia Mare, à 8h.

➢ ***Pour Subotica (Serbie) :*** 1 bus/j. à 7h. Trajet : 4h30.

➢ ***Pour Cracovie :*** 4 bus/sem (lun, mer et sam vers 6h30 ; jeu à 15h).

Les bus en provenance de la proche région, du Nord et de l'Est s'arrêtent aussi aux gares de ***Nagyvárad tér*** *(plan F6)*, de ***Széll Kálmán tér*** (anciennement *Moszkva tér* ; *plan A3*), de ***Stadionok*** *(plan G4)* et d'***Árpád híd*** *(plan D1)*.
Le ***Tourinform*** vous précisera si nécessaire à quelle gare vous devez vous rendre en fonction de votre destination finale. Ces gares routières secondaires sont excentrées mais desservies par le métro. Un peu plus compliqué, la gare routière d'***Etele tér*** *(hors plan par A6)*, à Buda, car il faut prendre le tram pour gagner le centre. On peut acheter son billet au distributeur, avec traduction en anglais.

➢ ***De/vers Szentendre, Visegrád et Esztergom :*** *départs ttes les 20-30 mn en journée de la station de métro d'Újpest-Városkapu (13e arr.) ou de Batthyány tér à Buda.*

En bateau

MAHART PassNave : *☎ 484-40-13 ou (43-1) 729-21-61 (à Vienne).* • *mahartpassnave.hu/en* • *Guichet de* ***Vigadó tér*** *(zoom B4) : en été, tlj 7h (9h lun, 8h mar)-22h30 ; au printemps et à l'automne, lun-ven 9h (8h w-e)-21h.*

➢ ***Pour la boucle du Danube :*** mai-sept, liaison en hydrofoil mar-dim, départ de Budapest à 10h, retour d'Esztergom à 17h30, trajet 1h30 (1h pour Visegrád) ; sinon mai-août 1 bateau/j. (mar-dim), départ de Budapest à 9h, retour d'Esztergom à 16h30, trajet 5h depuis Budapest, 3h30 depuis Esztergom (dessert Dömös, Nagymaros, Visegrád et Vác au passage). Il existe également un bateau plus lent, départ 9h, arrivée à 12h15 à Visegrád et 14h20 à Esztergom. Pour Esztergom, 7 500 Ft A/R en hydrofoil, 5 000 Ft en bateau classique. Départs de ***Vigadó tér*** *(zoom B4)*, côté Pest, avec arrêt 10 mn plus tard à ***Batthyány tér*** *(zoom B3)*, côté Buda, pour les bateaux (pas pour les hydrofoils).
Noter que l'on trouve souvent dans les hôtels de petits coupons offrant 25 % de réduction sur le prix des passages. La ***Hungary Card*** donne droit à 50 % sur les liaisons vers la boucle du Danube.

En voiture

- Le quartier du Château et l'île Marguerite sont interdits aux voitures.
- Le parking est payant lun-ven 8h-20h dans le centre, 8h-18h en périphérie (w-e et j. fériés théoriquement gratuits). Les tarifs s'échelonnent entre 175 et 650 Ft/h selon la zone – dans le centre, compter min 450 Ft/h. Durée max : 3h. ***Ne restez en aucun cas plus de 5 j. au même endroit : le tarif horaire est alors multiplié par 30 !***

■ *Service de dépannage : ☎ 188.*

ADRESSES ET INFOS UTILES

Sites internet sur Budapest

• **budapestinfo.hu** • Site touristique officiel de Budapest, disponible en français et permettant d'acheter la *Budapest Card.*
• **jfb.hu** • Site en français du *Journal francophone de Budapest.* Très régulièrement mis à jour, il vous donne les dates des expos, le dernier resto à la mode de la capitale hongroise, l'actu politique, etc.
• **welovebudapest.com** • En anglais. Comme son nom l'indique, un site fait par des amoureux de Budapest, avec les grandes expositions à l'affiche, les derniers restaurants ouverts ou encore les grands projets à l'étude...
• **budapestvoyage.fr** • Portail touristique très complet et très bien réalisé par des francophones vivant sur place. Présentation de Budapest et des autres régions du pays... avec pas mal de pub pour le tourisme dentaire !
• **budapest-bons-plans.fr** • Un site francophone sur tous les aspects culturels et pratiques de la capitale. Préparer son séjour, se loger, se restaurer, avec une sélection d'adresses et quelques bons plans insolites.

Infos touristiques

– Une ***hotline*** donne, 24h/24, des infos sur tout le pays : ☎ *438-80-80.* • *budapestinfo.hu* • Sinon pour Budapest, faites le ☎ 13-18-87-18, un(e) employé(e) campe devant son ordi et vous répond sur-le-champ en anglais.

ℹ @ *Budapest Info Point* *(Tourinform Deák Ferenc tér ; zoom C4,* ***1****)* **:** *Sütő u. 2. Tlj 8h-20h.* On y parle anglais et parfois le français (selon disponibilité). S'y procurer le guide officiel de Budapest en français et un plan de la ville. Vend la *Budapest Card.* Nombreuses brochures et infos.

ℹ @ *Autres points d'information :* *à la gare de l'Est (Keleti Pályaudvar), tlj 9h-19h ; au château de Buda, Tárnok u., 15, tlj 9h-18h ; au marché central (Vásárcsarnok), Vámház k., 1-3, tlj 6h-18h (17h lun et 15h sam), fermé dim ; à Városliget, Olof Palme s., 5, tlj 9h-19h.*

– ***Budapest Card :*** elle est vendue à l'aéroport (ce qui permet de gagner gratuitement le centre-ville avec le bus nº 200E), dans les bureaux de Tourinform, dans les principales stations de métro, dans quelques kiosques disséminés aux abords des principaux sites touristiques et dans certains hôtels. On peut aussi se renseigner et l'acheter en ligne : • *budapestinfo.hu* • Il en existe 5, selon le temps que vous décidez de consacrer à la ville : 24h, 48h, 72h, 96h ou 120h, soit de 1 à 5 jours. Début 2019, elles coûtaient respectivement 6 490 Ft, 9 990 Ft, 12 990 Ft, 15 990 Ft et 18 990 Ft ; également une carte Junior de 72h pour les 6-18 ans à 9 990 Ft. Sachez que c'est un peu moins cher si vous l'achetez sur Internet. Cette carte donne un ***accès gratuit*** aux transports urbains, à des consignes à bagages, à une douzaine de musées, aux bains Lukács, et propose des réductions pour bien d'autres musées et attractions, bains, restos et au théâtre. Elle inclut en outre 2 visites guidées (en anglais) gratuites à Buda et à Pest. Intéressante pour ceux qui souhaitent voir un maximum de choses en un minimum de temps. La carte est valable pour un enfant de moins de 6 ans accompagnant l'adulte titulaire. Du format d'une carte de paiement, elle est livrée avec un guide complet et bien fait. Ne pas oublier de la signer et de la dater (attention à ne pas faire de ratures). ***Attention, les prix indiqués et la liste des avantages et gratuités changent au 1er avril de chaque année.***

■ ***Centre européen de la jeunesse de Budapest*** *(plan A2,* ***12****)* **:** *Zivatar u. 1-3.* ☎ *438-10-60.* • *coe.int/en* • Créé à l'occasion de l'adhésion de la Hongrie à l'Union européenne, ce centre accueille de nombreux séminaires, mais c'est aussi une mine d'informations en anglais (et en français) sur les programmes éducatifs destinés à la jeunesse. On peut y loger et y manger.

Guide francophone

■ ***Zoltán Lengyel :*** *☐ 06-30-259-50-37. • z.lengyel@live.com • budapestcolors.com/guide • Pour un groupe jusqu'à 8 pers, compter env 180 €/j. de visite (min 8h).* Zoltán a reçu la langue française en cadeau alors que sa maman donnait des cours de hongrois aux Langues orientales à Paris. Il est resté 6 ans en France, mais cela a suffi pour faire de lui un parfait bilingue. Après avoir occupé des fonctions à l'Institut français, le voici guide touristique à Budapest, sa ville, mais également dans toute la Hongrie. Il assure en outre des visites culturelles très complètes, toujours ponctuées d'anecdotes et d'humour.

Poste

✉ ***Poste centrale*** *(plan C3)* ***:*** *Nyugati Pályaudvar (gare de l'Ouest), Teréz krt 51, après le McDo. ☎ 312-12-00. Lun-sam 7h-20h (8h-18h sam).* Fait aussi poste restante. Nombreux autres bureaux dans les quartiers, signalés sur nos cartes.

Argent, change

– Les ***bureaux de change*** foisonnent dans le centre. Les taux varient relativement peu d'un endroit à l'autre, tout comme la commission. Cela va d'ailleurs de « *no commission* » (mais bien regarder le taux quand même) à 0,5 % du montant, guère plus. Ils sont pour la plupart ouverts jusqu'à 19h-20h. À Deák tér, bon taux en général au bureau *Valutaválto (zoom C4, **4** ; Kiraly 1B, tlj 10h-19h – dim jusqu'à 14h).*

– Vous trouverez aussi un peu partout des ***distributeurs automatiques*** acceptant toutes les cartes. ***En revanche, évitez absolument les distributeurs Euronet ou affichant la mention « EUR-HUF »*** (même compagnie), qui pullulent depuis l'aéroport jusqu'au centre-ville, car les taux sont vraiment très désavantageux (de 10 à 20 %). Privilégiez les distributeurs 24h/24 des agences ***OTP Bank*** (façade verte), très nombreuses et aux taux quasiment équivalents aux bureaux de change une fois la commission déduite. Voir aussi la rubrique « Argent, banques, change » pour plus de détails sur les retraits bancaires. À Deák tér, optez pour l'agence *OTP Bank* située juste à droite du bureau *Valutaválto (zoom C4, **4**).*

Représentations diplomatiques

■ ***Ambassade et consulat de France*** *(plan E2, **3**)* ***:*** *Lendvay u. 27, 1062. ☎ 374-11-00. • ambafrance-hu.org • Ⓜ Hősök tere (ligne n° 1). Ouv au public lun-ven 9h-12h30, ou sur rdv l'ap-m lun et mer.*

■ ***Budapest Accueil :*** *☎ 489-42-00. • budapest-accueil.org •* Organise des rencontres à l'Institut français pour ceux qui s'installent en ville. Envoyer un e-mail via le site pour connaître les futures dates.

■ ***Ambassade de Belgique*** *(plan B3, **38**)* ***:*** *Toldy Ferenc u. 13, 1015. ☎ 457-99-60. Urgences : ☐ (30) 982-42-23. • hungary.diplomatie.belgium.be/fr • Lun-ven 8h30-13h, 14h-16h30 (16h ven).*

■ ***Ambassade de Suisse*** *(plan F3, **8**)* ***:*** *Stefánia út 107, 1143. ☎ 460-70-40. Urgences : ☐ (30) 949-23-85. • eda.admin.ch/budapest • Lun-ven 10h-12h, ou sur rdv pour les citoyens suisses.*

■ ***Ambassade du Canada*** *(plan B3, **7**)* ***:*** *Ganz u. 16, 1027. ☎ 392-33-60. Urgences consulaires : ☎ 392-33-42. • canadainternational.gc.ca/hungary-hongrie/ • Entrée par Királyfürdő u. 2. Lun-ven 8h30-16h30 (8h-13h30 ven).*

Urgences

■ ***Police pour touristes étrangers*** *(hors plan par D1,* ***16****) :* *le siège se trouve au nord de Pest, Teve u. 4-6, 13e arr. ☎ 112 ou 107. ● police.hu/en ● Ⓜ Árpád híd. Ouv 24h/24.* On pourra répondre à votre plainte en anglais. Plus simple, sinon, le ***Budapest Info Point*** de Deák Ferenc tér *(zoom C4)* pourra faire office de traducteur anglais-hongrois pour votre plainte et la transmettre à l'antenne de police située juste à côté.

■ ***Secours (numéro général) :*** *☎ 112.* Vous serez transféré vers l'hôpital de l'arrondissement où votre accident a eu lieu.

■ ***Médecins parlant le français :*** ***Dr Anna Gedeon,*** *généraliste bilingue (anglais et un peu le français). 📱 06-20-943-11-23. Pour un pédiatre, contacter le* ***Dr Orsolya Külkey,*** *qui possède un cabinet près du lycée français au nord-ouest du centre-ville (Bölény u., 9, arr. 2A) ; se déplace seulement en cas d'urgence. 📱 06-30-940-75-32.*

■ ***Dentiste parlant le français :*** ***Dr Emese Zsidro,*** *spécialiste en parodontologie, Pannonia u. 7, 13e arr. 📱 06-20-971-69-75.* La Hongrie étant désormais n° 1 en Europe pour les soins dentaires, ceux qui ont une couronne à faire consulteront le site : *● tourisme-dentaire.com ●* Dentistes francophones et tarifs inférieurs de 50 %. On vous fournit même le formulaire de demande de remboursement des soins auprès de la Sécu...

■ ***Pharmacie 24h/24 :*** ***Teréz Patika*** *(zoom C3,* ***18****), Teréz krt 41. ☎ 311-44-39.*

■ ***Service des objets perdus dans les transports publics*** (zoom D4, **20**) **:** *Akácfa u. 18. ☎ 325-52-55. En sous-sol : suivre l'indication Jegy-És Bérlet-pénztár. Lun-ven 8h-17h (20h lun et 15h ven).*

Journaux

– Pour s'informer de la vie locale, il existe un journal hebdomadaire en français pour les expatriés, le ***Journal francophone de Budapest,*** que l'on peut trouver dans les kiosques de Vörösmarty tér, dans les librairies internationales ainsi que dans certains grands hôtels ; il a également son site internet : *● jfb.hu ●*

– Également le ***Budapest Funzine,*** gratuit lui aussi. Il est plus axé sur les lieux alternatifs et à la mode, sur les expos et sur le shopping. *● funzine.hu ●*

– On trouvera encore dans les cafés et les hôtels d'autres publications en anglais, comme ***Where.***

Librairies internationales et disquaire

■ ***L'Institut français et sa médiathèque*** *(zoom B4,* ***21****) :* *Fő u. 17. ☎ 489-42-00 pour l'Institut ; ☎ 489-42-33 pour la médiathèque. ● franciaintezet.hu ● Ⓜ Batthyány tér. Au bord du Danube. Médiathèque au 4e étage du bâtiment. Institut : lun-sam 8h-21h (20h sam). Médiathèque : mar-mer et ven 10h30-19h, sam 10h-14h.*

■ ***Latitudes*** (zoom B4, **21**) **:** *Fő u. 17 (au rdc de l'Institut français). ☎ 488-04-29. ● latitudes.hu ● Lun-sam 10h-19h (14h30 sam).* La seule librairie française du pays, disposant de nombreux ouvrages d'auteurs hongrois traduits et des nouveautés hexagonales. Rayon presse bien fourni. Organise expos, dédicaces et ateliers.

■ ***Bestsellers*** (zoom C4, **23**) **:** *Október 6 u. 11. ☎ 312-12-95. ● bestsellers.hu ● Lun-ven 9h-18h30, sam 11h-18h, dim 12h-18h.* Librairie étrangère proposant un rayon de livres, presse et magazines en français.

■ ***Cartographia*** (zoom C4, **11**) **:** *Bajcsy-Zsilinszky út 21. ☎ 312-60-01. Lun-ven 9h-17h.* On y trouve presque toutes les cartes pour explorer le pays. Également des guides en anglais.

■ ***Írók Boltja*** (zoom D3, **40**) **:** *Andrássy*

út 45. ☎ *322-16-45.* ● *irokboltja.hu* ● *Lun-sam 10h-19h (11h sam).* Librairie dédiée à la littérature, avec quelques classiques hongrois traduits en français. Guides et plans de la ville. À l'intérieur, un espace salon de thé pour se prélasser avant d'ouvrir sa bourse.

■ ***Rózsavölgyi és Társa*** *(zoom C4,* ***25****)* **:** *Szervita tér 5. 411-24-19.* ● *rozsavolgyi.hu* ● *Lun-sam 10h-22h.* Du classique, de la pop et surtout un large panel de musiques folklorique et tzigane à petits prix au sous-sol. Billetterie pour les concerts à l'étage.

Supermarchés

D'innombrables supérettes sont disséminées dans toute la ville, sans oublier la chaîne des magasins *Spar* ni les gros centres commerciaux comme... *Mammut (plan A3,* ***143****).* Mais, pour allier l'utile au plaisir, n'oubliez surtout pas le Grand Marché couvert central *(Vásárcsarnok),* ni les petits marchés couverts de quartier *(csarnok),* comme celui de *Klauzál tér (zoom D4).*

Laverie

■ ***Washpoint*** *(plan D5,* ***10****)* **:** *Lónyay u. 20.* ☎ *249-48-23. Tlj 7h-minuit (18h pour le café). Compter env 1 000 Ft la machine, et idem pour le séchage.* Une laverie avec un coin café, une connexion wifi et un espace pour les enfants. Pratique et sympa.

Compagnies aériennes

■ ***Air France-KLM :*** *à l'aéroport, terminal 2A.* ☎ *483-88-00 ou 373-77-37 (KLM).* ● *airfrance.hu* ●

■ ***Brussels Airlines :*** *à l'aéroport, terminal 2A.* ☎ *296-54-85.* ● *brusselsairlines.be* ●

Agences de voyages

■ ***Ibusz*** *(zoom C4,* ***31****)* **:** *Aranykéz út 4-6, 1052.* ☎ *317-92-99.* ● *ibusz.hu* ● *Lun-ven 9h-17h.* La plus grande agence de voyages du pays propose tous les services habituels, mais aussi des chambres chez l'habitant à partir de 8 000 Ft la double, plus studios et appartements. Service de change.

– Plusieurs annexes *Ibusz* en ville, dont une, centrale, ***Ferenciek tere 2*** *(zoom C5,* ***5****)* : ☎ *501-49-08. Lun-sam 9h-20h (14h sam).* Fait aussi le change, mais pas la location de chambres.

■ ***Vista*** *(zoom C4,* ***14****)* **:** *Andrássy út 1 (entrée par Paulay Ede u. 2).* ☎ *429-99-99.* ● *vista.hu* ● *Lun-ven 9h30-18h, sam 10h-14h30.* Grande agence de voyages proposant billets d'avion, locations de voitures, d'appartements, visites guidées, réservation d'hôtels, billets de concerts et théâtre, circuits touristiques dans le pays, etc. Vend aussi les cartes internationales d'étudiant ISIC.

■ ***To-Ma Tour*** *(zoom B4,* ***9****)* **:** *Nádor út 20.* ☎ *353-08-19.* ● *tomatour.hu* ● *Tlj 9h-18h.* Location d'une douzaine d'appartements de 1 à 3 chambres dans le quartier à partir de 45 € la nuit.

Marchés

– ***Vásárcsarnok*** (Grand Marché couvert ; plan C5) **:** *Vámház krt 1-3. Lun 6h-17h, mar-ven 6h-18h, sam 6h-15h.* Exceptionnelle architecture métallique inspirée de Gustave Eiffel datant de 1896. Lire la rubrique « À voir » dans « Budapest quartier par quartier. Józsefváros et Ferencváros, les quartiers sud (Pest VIII et IX) ».

– ***Ecseri bolhapiac*** *(marché aux puces Ecseri)* **:** *Nagykőrösi út 156, 19e arr. Assez loin du centre. Accès par le bus n° 54 depuis Boráros tér (hors plan par D6), en demandant l'arrêt au chauffeur. En voiture, c'est juste après la fourche qui sépare le bd et l'autoroute M 5. Lun-ven 8h-16h, sam 6h-15h, dim 8h-13h.* Les chineurs et les collectionneurs seront aux anges. On y trouve des bijoux, des croûtes, du vieux matériel soviétique, de la *Zil* miniature au pistolet mitrailleur *AK47* (démilitarisé !), en passant par des appareils photo, des *Lego,* etc. Dans certains stands, quelques dérangeantes reliques du nazisme. Assez cher dans l'ensemble, et animé surtout le samedi. Petite buvette sympa, mais environnement déprimant.

Fêtes et festivals

Budapest, tout au long de l'année, bourdonne de différents événements qui la hissent au rang de capitale culturelle européenne. On ne vous propose, plus bas, qu'une sélection des événements majeurs.

Rens auprès du ***Budapest Info Point*** *et des autres* ***Tourinform*** *et sur • budapestinfo.hu/fr/festivals-2 •*

– ***Fête nationale :*** *15 mars.* En mémoire de la révolution de 1848. La ville se couvre alors de drapeaux et de défilés.

– ***Budapesti Tavaszi Fesztivál*** *(festival de Printemps)* **:** *en avr. • btf.hu •* Programme éblouissant de concerts (symphoniques, folkloriques, musique de chambre ou sacrée...), de ballets, de danse, d'opéras et opérettes, d'expos, de théâtre, de films : une cinquantaine de spectacles dans un grand nombre de lieux !

– ***Fête du Travail :*** elle est fêtée au bois de la Ville *(plan E-F2-3),* sous des chapiteaux où la bière coule à flots.

– ***Festival d'été en plein air*** *(Budapesti Nyári Fesztivál)* **:** *juin-août. • eng.szabadter.hu •* Sur l'île Margit et à Városmajor. Il compense la fermeture estivale des théâtres. Au programme : théâtre, mais aussi ballets, opéras, comédies musicales et concerts (certains grands noms internationaux).

– ***Festival d'été sur le pont des Chaînes*** *(Széchenyi Lánchid Fesztivál)* **:** *sur 4 w-e fin juil-début août, le pont est fermé à la circulation.* Jeunes artistes et musiciens plus confirmés s'y succèdent.

– ***Sziget Fesztivál*** *(festival Sziget, « île » en hongrois)* **:** *2e sem d'août. • szigetfestival.com •* Le plus grand festival de musique *outdoor* d'Europe centrale (400 000 visiteurs), né en 1993 : 7 jours, 18 scènes, du métal au jazz en passant par le rock avec une scène tzigane très appréciée. Pour l'occasion, l'île d'Óbuda, ancien terrain militaire, se transforme en camping géant. De plus en plus de groupes français aussi. Rendez-vous entre les 7 et 13 août 2019.

– ***Fête de la Ville :*** *20 août.* En l'honneur de saint Étienne *(István),* et prétexte à un feu d'artifice gigantesque tiré de la colline de Gellért. Plusieurs milliers de personnes sont alors au coude à coude sur les berges du Danube et les ponts Szabadság et Erzsébet (fermés à la circulation pour l'occasion). Et en prime, ce jour-là, tous les musées sont gratuits !

– ***Festival d'été juif :*** *fin août-1re sem de sept, autour de la synagogue de la rue Dohány. • zsidokulturalisfesztival.hu •* Musique traditionnelle, classique et moderne, expos, théâtre.

– ***Foire aux vins :*** *2e w-e de sept, au château.* L'occasion de goûter les vins hongrois (dégustations payantes) dans un très beau cadre, surtout le soir quand la ville s'illumine.

– ***Festival des arts contemporains CAFe :*** *entre la 1re et la 3e sem d'oct. • cafebudapestfest.hu •* Théâtre, danse, expositions, concerts : un grand rendez-vous de ce qui se fait de plus moderne et de plus novateur.

– ***Marché de Noël :*** *dernière sem de nov-Noël, Vörösmarty tér (zoom C4).* Environ 150 spectacles, assurés par des marionnettistes, des musiciens et des danseurs folkloriques, animent cette jolie place.

Visiter Budapest

Avant d'entamer votre exploration de Budapest, on vous rappelle l'existence de la *Budapest Card* (voir « Adresses et infos utiles. Infos touristiques »). Les étudiants bénéficient presque partout de tarifs réduits (souvent de 50 %). Quant aux moins de 6 ans et plus de 70 ans citoyens d'un pays membre de l'Union européenne, ils entrent dans la plupart des musées gratuitement (50 % pour ceux qui ont entre 62 et 70 ans).

Lundi ne rime pas avec ennui

Le lundi, tous les musées, ou presque, sont fermés. Que faire si l'on vient pour un long week-end ? Voici quelques pistes.

- Bains : ils sont accessibles tous les jours !
- Balade le long du Danube.
- Basilique Saint-Étienne.
- Découverte extérieure des fleurons Art nouveau.
- Grand Marché.
- Grande Synagogue de la rue Dohány et Musée juif.
- Cimetière Kerepesi.
- Parlement.
- Balade à pied ou à vélo sur l'île Marguerite.
- Église Mathias à Buda, le bastion des Pêcheurs, les vieilles rues, les souterrains et le tombeau de Gül Baba.
- Musée Franz-Liszt.
- Memento Park.

OÙ DORMIR ?

Campings

⛺ ***Zugligeti Niche*** *(hors plan par A3,* ***81****)* **:** *Zugligeti út 101.* ☎ *200-83-46.* • *campingniche.hu* • *Terminus du bus n° 291 (ttes les 15-20 mn) au départ de Nyugati Pályaudvar (gare de l'Ouest). Ouv tte l'année. Compter 7 000 Ft pour 2 avec tente et voiture ; 8 700 Ft pour un camping-car avec électricité ; petit déj offert !* Le plus proche du centre-ville (5 km, facile en bus), situé au départ du *libegő* (télésiège). Repérable à ses 2 voitures de tram à l'entrée et au petit pont routier qui passe au-dessus... Un peu de bruit, certes, mais presque tous les campings sont en bord de routes ou de lignes de chemin de fer. Attention, 95 places en tout mais seulement 30 pour planter la tente (en terrasse, à l'entrée du camping). Environnement assez verdoyant, cela dit. Douches propres et machine à laver. Et puis, on vient ici pour la gentillesse de Márta, Roumaine parlant un français quasi impeccable et excellente cuisinière. Carte courte, son goulasch maison est délicieux, à déguster dans une jolie maison en bois centenaire, avec terrasse tout en dentelles.

⛺ ***Haller Camping*** *(plan E6,* ***54****)* **:** *Haller u. 27.* 📱 *06-30-231-09-23.* • *hallercamping.hu* • Ⓜ *Nagyvárad tér (à env 300 m, mais également des trams). En* *voiture, l'entrée se fait par l'arrière du pâté de maisons, Óbester u. 2 (prendre Hehér Holló u.). De mi-mai à fin sept. Réception 8h-20h mais installation possible 24h/24. Compter env 6 000 Ft la nuit en tente pour 2, 7 200 Ft en camping-car ; 4e nuit gratuite.* Un camping bien situé puisque le centre-ville historique n'est qu'à quelques stations de métro. Bref, ça *Haller* pas mal. Seul bémol, le terrain arboré, entouré par les immeubles d'un quartier d'habitation populaire, est bondé en été (et du coup, fort bruyant !). Les sanitaires sont correctement entretenus. Resto-bar (bonne cuisine !). Machine à laver. Consigne. Excellent accueil en anglais.

Római Camping *(hors plan par B1,* **151***) : Szentendrei út 189, à la sortie nord d'***Óbuda.** *☎ 388-71-67. • romaicamping.hu • Accès par Rozgonyipiroska u. (inter Dósa u.). HÉV : Rómaistrandfürdő (le camping est à la sortie de la station !) ; le centre est à 15 mn. Ouv tte l'année. Compter 6 000 Ft pour 2 avec tente et voiture, 7 000 Ft en camping-car.* Le terrain, assez vaste et ombragé par des platanes géants, s'étale juste à côté d'un mini parc aquatique *(juin-août)* mais n'est pas à l'abri du murmure des avenues environnantes. Pas d'emplacements spécifiques, on se met où l'on veut. Sanitaires corrects. Supermarché à 200 m.

Arena Camping *(hors plan par G4,* **75***) : Pilisi u. 7. ☐ 30-296-91-29. • budapestcamping.hu • Ⓜ Örs Vezér tere (ligne no 2), puis 15 mn de marche vers l'est (1 bon km) sur Kerepesi út, en direction de Gödöllő. Ouv tte l'année. Compter 5 000 Ft pour 2 en tente, 7 000 Ft en caravane ou camping-car et 9 500 Ft en chambre double.* Un petit coin de verdure, avec gazon bien taillé, sans être trop loin du métro... ni de l'aéroport et d'une ligne de chemin de fer, donc quelques nuisances sonores à prévoir ! On plante la tente où ça nous chante, parfois le long du canal pour éviter les campings-cars. Sanitaires corrects, machines à laver gratuites.

– Possibilité également de planter la tente à ***Shantee House,*** à Buda II (voir plus loin).

Le quartier central historique de Belváros et Lipótváros (Pest V)

Rappel : les prix montent d'environ 20 % pendant le grand prix de Formule 1, les fêtes de fin d'année, en été, et encore plus en août, pour le festival de Sziget et la fête du 20 août *(compter alors 12 000-15 000 Ft le lit en dortoir, soit 35-50 € !).*

De bon marché à prix moyens (12 000-25 000 Ft soit 37,50-78 €)

Maverick Hostel *(zoom C5,* **55***) : Ferenciek tere 2. ☎ 267-31-66. • mavericklodges.com • Escalier de droite, réception au 1er. Lits en dortoir 2 000-6 400 Ft selon taille et saison ; doubles avec bains partagés 9 000-19 500 Ft. Réduc sur Internet régulièrement. Thé et café en libre-service, mais pas de petit déj.* Dans un bel édifice Art nouveau : planchers patinés, plafonds stuqués, le *Maverick* dispose d'une petite douzaine de doubles décorées au goût du jour, avec salle de bains, très propres et d'un bon niveau de confort. Dans les 3 dortoirs (5 à 10 personnes), pas de lits superposés mais des mezzanines, plus sympa. Miracle de la réhabilitation, grâce au double vitrage, c'est calme. Au moins, ici, le bruit ne viendra pas de l'extérieur ! Accueil pro.

Colors Budapest Hostel *(zoom C5,* **56***) : Veres Pálné u. 14. ☎ 266-81-53. • colorsbudapesthostel.hu • Ⓜ Ferenciek tere. Au 2e étage. Lits en dortoir 2 200-3 700 Ft/pers selon saison ; doubles avec sdb privée 12 500-22 000 Ft ; petit déj inclus. 2 nuits min. CB refusées.* Dans un quartier bien vivant le soir, un petit *hostel* tranquille et coloré (on s'en doutait), desservi par un ascenseur. Il loue des dortoirs de 6 et 8 lits superposés et un appart situé à l'étage du dessus comportant 2 doubles pouvant loger jusqu'à 6 personnes. La table au milieu de la chambrée vous aidera à faire connaissance avec vos voisins ! Sinon, pour nouer des amitiés, il reste la cuisine commune, ou à faire le pied de grue devant la machine à laver. Plutôt pas mal, malgré un peu de laisser-aller dans l'entretien.

11th Hour Cinema Hostel *(zoom C5, **57**) : Magyar u. 11. 06-70-620-44-79. • 11thhourcinemahostel.com • Ⓜ Astoria. Réception 24h/24. Lits en dortoir 2 200-8 100 Ft selon confort (nombre de lits, sdb ou non).* Dans un immeuble rénové, sur plusieurs étages, 65 lits répartis dans 7 dortoirs de 4 à 10 personnes... parfois loués en appartements en saison. C'est lumineux, la déco cinéphilique est agréable et on s'y sent tout de suite à l'aise. Les amoureux se rueront sur les 3 chambres doubles (avec salle de bains privée ou commune). Sinon plusieurs petits espaces pour tailler la bavette au rez-de-chaussée, cuisine équipée et petite cour. Projection de films sur le mur du salon réservé. Laverie, thé ou café gratuits, et des *pubs crawls* d'anthologie, à ce qu'on dit. Bon accueil.

Pal's Hostel *(zoom C4, **52**) : Szent István tér, 3. 06-30-524-24-66. • palshostel.com • Ⓜ Bajcsy-Zs út. Au 2e étage (ascenseur). Lits en dortoir 4 000-10 500 Ft/pers selon saison ; doubles avec ou sans sdb privée 12 000-21 000 Ft ; pas de petit déj.* Face à la basilique Saint-Étienne, un nouveau type d'AJ, plus souple qu'ailleurs et un peu plus cher. Hors saison, vous y trouverez sans doute 4 ou 5 dortoirs mixtes de 4 lits... mais 1 seul en été. Car à cette période la plupart des chambres, disséminées dans des appartements colorés et bien retapés, sont louées de manière privative. Ici, pas de lits superposés mais de vraies chambres, un peu comme à la maison, avec du parquet qui grince. Cuisine commune avec thé et café offerts, consigne, baby-foot, TV.

Full Moon Design Hostel *(plan C3, **65**) : Szent István krt 11. ☎ 792-90-45. • fullmoonhostel.com • Ⓜ Nyugati Pályaudvar. Selon période et confort : lits en dortoir 2 700-7 000 Ft (jusqu'à 15 000 Ft pdt les festivals d'août !), doubles 7 000-21 000 Ft ; petit déj en plus.* Le mot « Full Moon », qui fait partie du nom de cet *hostel,* devrait vous mettre la puce à l'oreille, non ? Situé juste au-dessus du *Morrison II,* une boîte très généreuse en décibels, il n'est donc pas fait pour les couche-tôt ! Mieux vaut être prévenu. Remarquez, et c'est logique, la direction vous refile gratos une entrée en boîte donnant droit à une conso ou alors... des boules Quies ! Les dortoirs (6-8 lits) et chambres privées (2-4 pers) possèdent leur propre salle de bains et la clim. Sinon, la déco super design, de la cuisine commune à la tripatouillée de dortoirs aux couleurs *lollipop,* n'empêche pas quelques petits problèmes d'entretien et de ménage de temps à autre. Une adresse super chouette pour faire des rencontres mais qui nécessite de bien choisir sa chambre.

Chic (plus de 25 000 Ft – 78 €)

Gerlóczy Rooms Delux *(zoom C4, **53**) : Gerlóczy u. 1. ☎ 501-40-00. • gerloczy.hu • Doubles 79-163 € selon catégorie, petit déj en sus.* Nous vous conseillons depuis longtemps cette adresse pour un dîner en amoureux sur la grande terrasse. On peut loger au-dessus, dans l'une des 19 chambres tout confort arrangées dans un style Art nouveau, avec parquet, papier peint vintage à rayures et, dans certaines salles de bains, robinetterie cuivre et baignoire à pattes. Les plus justes côté budget opteront pour une des chambres *standard* ou l'une des « attik » sous les toits, un peu plus serrées, avec poutres. Balcons côté square pour les plus chères. Charmant café au rez-de-chaussée qui renforce l'atmosphère très « parisienne » des lieux. Accueil courtois.

La Prima Fashion Hotel *(zoom C5, **70**) : Piarista u. 6. ☎ 799-00-88. • laprimahotelbudapest.com • Ⓜ Ferenciek tere. Doubles 120-225 € selon confort et période, petit déj compris. Parking payant à proximité.* En léger retrait de Váci utca, la rue touristique. Comme son nom l'indique, un hôtel 4 étoiles qui surfe sur la carte design, mais avec des tarifs raisonnables pour le quartier. Réception avec fleurs de lys, couleurs blanc et turquoise que l'on retrouve dans les 80 chambres. Assez petites pour les moins chères, mais toutes avec clim, double-vitrage, machine à café et TV incrustée dans un miroir. Les doubles « Plus » sont plus vastes, avec bain, certaines avec balconnet. Salle de fitness (inclus dans le prix). Salle de petit déj sans fenêtre en sous-sol, en revanche.

Danubius Hotel Astoria *(zoom C5, **64**)* : *Kossuth Lajos u. 19-21. ☎ 889-60-00. • danubiushotels.com/astoria • Doubles 70-300 € selon affluence (petit déj en plus) ; promos sur Internet.* Avec le *Gellért,* ce fut l'hôtel le plus prestigieux de la ville. Fondé en 1914, il a été réquisitionné par l'armée soviétique à la fin de la Seconde Guerre mondiale pour y loger le haut commandement russe... Une partie des chambres a été rénovée (surtout les salles de bains), l'autre est un peu passée, pour ne pas dire parfois dépassée... Un conseil : venez par nostalgie, mais ne payez pas le prix fort en haute saison, ça n'en vaut pas la peine. Si vous n'y dormez pas, jetez au moins un œil au salon de thé (voir « Où prendre un petit déj ou un délicieux goûter ? – Le quartier central historique de Belváros et Lipótváros (Pest V) » dans « Budapest quartier par quartier »).

Terézváros, autour de l'avenue Andrássy et d'Oktogon (Pest VI)

De bon marché à prix moyens (12 000-25 000 Ft soit 37,50-78 €)

Home-Made Hostel *(zoom D3, **58**)* : *Teréz krt 22. ☎ 302-21-03. • homemadehostel.com • Ⓜ Oktogon (ligne n° 1). Lits en dortoir 3 300-6 500 Ft selon taille et saison ; doubles 10 000-16 000 Ft.* Au 1er étage d'un vieil immeuble situé dans un quartier animé en soirée, une AJ sympa tout plein. Elle abrite des dortoirs (de 4 à 8 lits) spacieux et ingénieusement décorés mais donnant sur le boulevard et, donc, un peu bruyants. Également 2 doubles, nettement plus calmes, avec salle de bains privée ou partagée. Pour faire raccord avec l'atmosphère vintage, le mobilier a été détourné, comme dans le plus petit dortoir, où fausses étagères, fausse poubelle, chaise et table sont collées au mur ou font office de porte-manteaux ! Pas de lits superposés ici, mais des mezzanines, c'est plus cool. Entretien correct, belle cuisine, thé et café gratuits, machine à laver. Personnel gentil.

Wombat's City Hostel *(zoom C4, **51**)* : *Király u. 20. ☎ 883-50-05. • wombats-hostels.com • Face au passage Gozsdu-udvar. Dortoirs (4-8 lits) 3 600-6 900 Ft/pers ; doubles privées 15 000-18 000 Ft. Petit déj en plus.* Cette chaîne d'AJ (Berlin, Vienne, etc.) propose ici une succursale très vaste au décor moderne, installée dans un ancien hôtel 4 étoiles. Une vraie ruche avec pas moins de 460 lits répartis sur 4 étages, dans des chambres et dortoirs équipés de sanitaires, de clim et de casiers à clé. Tout le monde se retrouve dans la grande salle commune à la déco contemporaine, regroupant pêle-mêle : réception, cuisine, salle à manger, bar, salon avec cheminée, billard et baby-foot... Laverie, consigne. Malgré la fréquentation, tout est impeccablement tenu, ce qui est une prouesse ! Bon accueil polyglotte de la part d'une jeune équipe.

Hostel One Basilica *(zoom C4, **77**)* : *Bajcsy-Zsilinszky út 3. ☎ 200-37-88. • hostelone.com/basilica • Ⓜ Déak tér (lignes nos 2 et 3) ou Bajcsy-Zs út. (ligne n° 1). Au 2e étage (ascenseur). Lits en dortoir 3 000-7 500 Ft selon taille et saison ; doubles 15 000-22 500 Ft.* Située entre la basilique et *Déak F. tér,* cette AJ (d'une chaîne espagnole) donne sur une grande place un peu polluée et bruyante, certes, mais, une fois à l'intérieur, le calme réapparaît. Appartement bien retapé, avec le sempiternel parquet en chevrons et une belle luminosité. 8 dortoirs de 4 à 14 lits (dont 1 réservé aux filles), juste 2 chambres privées. Sanitaires communs pour tout le monde, soit une dizaine de douches. Lits superposés avec casiers en dessous, ventilos et double-vitrage. Cuisine. Belle salle TV avec vue sur la place. Accueil pro.

EasyHotel Budapest Oktogon *(zoom D3, **59**)* : *Eötvös u. 25A. ☎ 411-19-82. • easyhotel.com • Ⓜ Oktogon.*

Résa sur Internet seulement. Doubles 25-75 € ; pas de petit déj. Après les vols *low-cost*, les hôtels *low-cost* ! Dans ce bâtiment gris assez élégant, c'est la couleur orange qui domine, vous l'aurez compris. Le principe est simple : comme pour les vols, plus on réserve tôt, moins c'est cher. Du coup, la petite soixantaine de chambres (toutes avec lit de 140) se remplit à vue d'œil. Insonorisation moyenne et salles de bains vraiment petites, cela dit. TV en supplément. Service et entretien assez restreints, évidemment, mais bon accueil.

Chic (plus de 25 000 Ft – 78 €)

Opera-Garden Hotel (zoom C3, **73**) : *Hajós u. 24. ☎ 301-90-30. • operagardenhotel.hu/fr • Ⓜ Arany János út (ligne nº 3). Selon confort et période, doubles 89-250 €, apparts 100-350 €, petit déj-buffet compris.* Très bel hôtel 4 étoiles comprenant 35 chambres et appartements tout équipés. Ici, la déco est champêtre, mais dans un style très contemporain, jouant avec les motifs fleuris et le ton sur ton dans les verts et les taupe, plus une petite note rouge pour les chambres mansardées du dernier étage. 3 niveaux de confort pour 3 surfaces différentes, lit à baldaquin ou non. Les apparts sont bien conçus, avec 2 chambres doubles pour les plus spacieux (42 m²) et une cuisine. Excellent petit déj. Salle de fitness, sauna et jacuzzi. Un accueil gentil.

Casati Budapest Hotel (zoom C4, **91**) : *Paulay Ede u. 31. ☎ 343-11-98. • casatibudapesthotel.com • Ⓜ Bajcsy-Zsilinszky út (ligne nº 1). Doubles 80-170 € selon confort et période, petit déj (buffet) compris.* Idéalement placé, près des sites touristiques majeurs et de la vie nocturne. Un immeuble du XVIIIe s transformé en hôtel de standing (primé), décoré par des artistes hongrois ayant joué la carte du bien-être tendance zen et feng shui, avec un côté design affirmé. Effets d'éclairage, tonalités épousant à la fois forme et matière, jouant avec la couleur. Au tableau, une vingtaine de doubles et 4 *junior-suites*, pour 4 ambiances différentes. La salle de petit déj, avec ses plantes vertes et le glougloutement du puits, apporte de la joie au réveil. Sauna, hammam, salle de fitness et massages. Accueil personnalisé.

Erzsébetváros, le quartier juif (Pest VII)

De bon marché à prix moyens (12 000-25 000 Ft soit 37,50-78 €)

Big Fish Hostel (zoom D4, **78**) : *Erzsébet k. 33. 📱 06-70-302-24-32. • bigfishhostel.com/budapest • Ⓜ Oktogon (ligne nº 1). Au 1er étage (sonnette nº 11). Lits en dortoir 3 000-7 000 Ft ; doubles 6 000-13 000 Ft ; pas de petit déj.* On se déchausse à l'entrée. Voici une AJ qui plaît bien aux routards, notamment grâce à l'accueil particulièrement sympathique et efficace du personnel, qui donne plein de conseils. Dortoirs avec une mezzanine ou une déco aquatique style BD, plus des casiers (cadenas fourni). Quelques jolies petites chambres colorées avec parquet. Propreté impeccable, surtout dans les douches. Salle commune avec cuisine colorée, où l'on discute à la bonne franquette avec ses voisins de chambrée. Organise aussi un « Bar caravan », soit une tournée des meilleurs bars, si vous préférez ! Bonne ambiance.

Maverick City Lodge (zoom D4, **89**) : *Kazinczy u. 24-26. ☎ 793-16-05. • mavericklodges.com • Ⓜ Astoria. Lits en dortoir 3 000-4 800 Ft ; doubles 7 000-21 000 Ft ; petit déj sur demande seulement. Nombreuses promos sur Internet.* Au cœur de la Budapest qui bouge, un immeuble récemment retapé par un proprio qui s'est rué chez le géant suédois pour refaire sa déco. Résultat : ça sent le moderne à plein nez. Ici, pas moins de 40 chambres pour 2 à 4 personnes avec ou sans commodités, et une douzaine de dortoirs de 4 à 10 lits (sanitaires communs). Si vous venez avec les 7 nains, sûr que Blanche-Neige aura sa place, sinon elle optera pour les dortoirs des filles ! L'ensemble est climatisé, ce qui n'est vraiment pas un luxe en été. Accueil pro et avenant.

Chic
(plus de 25 000 Ft – 78 €)

Budapest City Central (zoom C4, **63**) : Károly krt 10. ☎ 328-08-70. • budapestcitycentral.com • Ⓜ Astoria. Réception au 3e étage (sonnette : 102). Doubles 39-93 € selon saison et orientation ; petit déj 5 € (à prendre au café du coin). L'hôtel est en fait divisé en 2 blocs. La réception et les chambres supérieures se trouvent au nº 10 de l'avenue (Bloc A), pour des chambres confortables avec kitchenette, bains ou jacuzzi. Au nº 3A, juste en face (Bloc B), dans un bâtiment à l'architecture « eiffelienne », on trouve les moins chères, simples mais rénovées avec douche-toilettes. Déco sans charme mais bon niveau de confort, avec TV écran plat, AC, sèche-cheveux... Ajoutons à cela un accueil sympathique et, à disposition, du thé, de l'eau et des biscuits à volonté.

Ibis Budapest City (zoom D4, **62**) : Akácfa u. 1-3. ☎ 478-30-50. • ibis.com • Ⓜ Blaha Lujza tér. Doubles 50-150 € selon période (plus 18 % de taxes), petit déj buffet en sus. Parking payant (une vingtaine de places seulement). Un poil excentré mais pratique, car tout à côté du métro et à la lisière du quartier juif. C'est un bloc de béton de 84 chambres décorées à la mode passe-partout ; elles sont toutefois un peu plus grandes que celles d'un *Ibis* classique et d'un bon confort pour le prix (TV câblée, AC). Accueil aimable, parfois en français. Si c'est complet, l'***Ibis Centrum,*** très bien placé (Ráday u. 6 ; ☎ 456-41-00 ; Ⓜ Kálvin tér ; zoom D5, **79**), propose le même type de confort et pratique à peu près les mêmes tarifs. Tout dépend du moment où vous réservez...

Városliget, le bois de la Ville (Pest XIV)

Chic
(plus de 25 000 Ft – 78 €)

Mamaison Andrássy Hotel (plan E3, **71**) : Andrássy út 111, angle Munkácsy Mihály u. ☎ 462-21-00. • mamaisonandrassy.com • Ⓜ Bajza u. Doubles 69-169 € selon type de chambre (classic ou deluxe) et période ; petit déj 16 €. Parking payant. Pendant longtemps, cet établissement fut réservé aux cadres du Parti et aux diplomates alliés qui y séjournaient. Ce fut aussi un orphelinat juif défendu héroïquement par l'armée hongroise contre l'occupant nazi. Aujourd'hui, c'est un hôtel classe. Derrière une architecture à l'esprit Art déco, 61 chambres se divisant en *classic* (petites, mais récentes et confortables) et *deluxe* (plus grandes, avec bain et balcon). Sans oublier les 7 suites aux beaux volumes. Déco contemporaine un rien *revival*, sur des notes grises, crème et rouges. Également un restaurant-*lounge* avec terrasse dans les tons anthracite, élégant mais assez cher, proposant une cuisine franco-hongroise au goût du jour. Bon accueil, parfois francophone.

Józsefváros et Ferencváros, les quartiers sud (Pest VIII et IX)

De bon marché à prix moyens (12 000-25 000 Ft – 37,50-78 €)

Hipster Hostel (zoom D5, **84**) : Baross u. 3. ☎ 788-94-41. • hipsterhostel.com • Ⓜ Kálvin tér (lignes nos 3 et 4). Entrée par Baross ou Ullöi (sonnette nº 25) ; au 3e étage (avec ascenseur) ; réception 24h/24. Selon saison, lits en dortoir 3 800-5 500 Ft, doubles 7 000-12 500 Ft ; pas de petit déj. CB refusées, euros acceptés. Dans un vieil immeuble sympathique, qui ne déroge donc pas à la règle, une petite AJ toute colorée, dont la devise est « Moustache never dies », histoire de vous accueillir avec le sourire. 2 dortoirs de 6 à 10 lits (le plus grand avec mezzanine) avec 2 salles de bains et 2 w-c à partager. Également 2 chambres privées avec une petite salle de bains. Le tout est mignon, tout comme la cuisine commune pour se faire le petit déj ou la popote. Gros point fort : c'est très calme, presque intime (sauf en cas de *party* improvisée, bien sûr !). Bon accueil.

Mandala Hostel (zoom D5, **67**) : *Krúdy Gyula u. 12. ☎ 799-15-30. • codesignx.wix.com/mandalahostel • Ⓜ Corvin-Negyed (ligne n° 3). Au 1er étage (sonnette n° 35). Selon saison, lits en dortoir 2 500-3 700 Ft, doubles 12 000-15 000 Ft ; pas de petit déj. CB refusées.* Toute petite AJ privée restée scotchée quelque part entre la Mitteleuropa et la route des Indes. Une paire de dortoirs de 6 à 8 lits, pas davantage, avec matelas en mezzanine. Le tout rafraîchi par des brasseurs d'air. C'est lumineux et le parquet grince. On se partage les salles de bains. Si vous voulez éviter de faire des mandalas toute la nuit, snobez donc la chambre à l'indienne qui donne directement sur la cuisine ! Les 3 autres sont plus calmes, car situées dans un appartement rénové de Baross utca à 5 mn, avec cuisine commune également. Accueil canin, mais pas méchant pour un sou.

Corvin Point (plan D5, **68**) : *Nap u. 4 (8e arr.). 06-70-544-02-24. • corvinpoint.com • Ⓜ Corvin-Negyed (ligne n° 3). Réception 24h/24. Lits en dortoir 3 300-6 000 Ft/pers selon taille et saison ; doubles avec sdb 11 000-18 000 Ft ; apparts 4 pers 18 000-36 000 Ft pour 2. Remise de 5 % en paiement cash.* Réception au rez-de-chaussée, donnant sur une cour aux façades presque d'avant-guerre. Cela dit, à l'étage, on découvre des chambres doubles au standard moderne plutôt agréable et un appartement, ainsi qu'un dortoir de 8 lits. Chose rare, tout ça est climatisé et très bien tenu, par-dessus le marché ! Les chambres privées sont équipées de TV satellite et frigo ; les apparts possèdent 2 chambres, un salon et une cuisine bien équipée. Excellente literie. Laverie. Location de vélos. Accueil possible en français.

Budget Hostel (plan D6, **50**) : *Ipar u 21 (9e arr.). ☎ 751-60-55. • budbudgethostel.hu • Ⓜ Klinikák ou Corvin-Negyed (ligne n° 3). Lits en dortoir 10-40 €/pers selon saison et confort ; doubles 20-80 € (bien plus cher pdt les fêtes de fin d'année).* Attention, cette AJ ne propose des dortoirs qu'en été. Le reste de l'année, les chambres sont privées. Dans un grand bâtiment loué à la société *Unicum* (une liqueur bien connue par ici), une cinquantaine de chambres proprettes, avec salle de bains commune ou privée selon le prix. Certaines avec mezzanine pour les familles. Également un parking *(payant).* Nombreux services habituels : wifi, ordis, cuisines communes (dont une avec terrasse), consigne à bagages... Laverie à proximité *(réduc avec l'AJ).* Un poil excentrée, mais pas tant que ça (à quelques stations de métro de l'hyper-centre) et à 2 pas de rues riches en restos et en bars.

Chic (plus de 25 000 Ft – 78 €)

Brody House (zoom D5, **61**) : *Bródy Sándor u. 10. ☎ 550-73-63. • brody.land • Ⓜ Astoria. Au 2e étage (sans ascenseur). Résa impérative. Doubles 80-140 € selon taille et saison ; petit déj 10 €.* Dans une ruelle calme de ce quartier chic, une demeure néoclassique avec bow-window en façade. Là, 11 chambres absolument uniques, créées par des artistes venus d'ici et d'ailleurs, à qui la maison a donné carte blanche. Résultat, des salons cossus où le mobilier design contraste avec de belles antiquités, un délire boisé dans la « Ludo Room », une baignoire à pieds dorée à la feuille d'or dans la « Tinei Room », ou encore la chaleureuse sobriété du « Stark Studio », un duplex dessiné par un certain... Attila Stark (aucun lien avec Philippe Starck, donc). Charme et originalité, confort optimal, entretien scrupuleux, accueil souriant... La grande classe. La maison, qui n'est pas en reste, loue d'ailleurs d'autres lieux tout aussi classieux (par exemple, des appartements à *Paulay 16, zoom C4*) et, en lien avec des artistes, gère une galerie d'art et organise des événements.

Hotel Palazzo Zichy (zoom D5, **69**) : *Lőrinc pap tér 2. ☎ 235-40-00. • hotel-palazzo-zichy.hu • Doubles 80-200 € (très variable selon taux de remplissage ; réserver par Internet).* Dans un quartier assez animé sans être bruyant, face à une jolie petite église et une placette où trône la statue du comte Nándor Zichy. Bienvenue dans son palais du XIXe, dont les stucs et moulures baroques ont été superbement mis en valeur en jouant le contraste avec une décoration farouchement contemporaine, très *black & white,* exception faite de quelques touches de rouge acide. Les 80 chambres sont pour certaines un peu petites (surtout les salles de bains), mais le confort est impeccable et le petit déj extra. Sauna et *fitness room* en prime.

Újlipótváros (Pest XIII)

De bon marché à prix moyens (12 000-25 000 Ft soit 37,50-78 €)

■ ***Aventura Hostel*** *(plan C3,* ***72****) : Visegrádi u. 12, 13e arr. ☎ 329-07-82. • aventurahostel.com • Ⓜ Nyugati Pályaudvar. Selon période : dortoirs 4-8 lits 2 100-5 100 Ft (presque le double et min 3 nuits lors des festivals d'août), 1 double 6 900-15 000 Ft, apparts 13 000-17 000 Ft pour 2-4 pers ; remise de 10 % avec la carte* Hostelling International *; petit déj 900 Ft. CB refusées.* Le canapé-baignoire, à l'accueil, donne le ton. Ici, *hostel* rime avec cervelle, alors pour la déco, on a fait un sérieux brainstorming ! On choisit entre 3 dortoirs à thème très réussis : l'africain, l'indien et celui de... l'espace ! La double, elle, joue la carte japonaise. Ici, on se partage la cuisine et les salles de bains. Les apparts, quant à eux, ont quelque chose de Dr Jekyll et Mr Hyde. Le Rouge, de l'autre côté de la rue, est plutôt moderne ; Le Retro, plus loin, affiche un style... rétro. En fait, c'est l'appart de la mère d'Agnès, la proprio. Sa déco années 1960 a été conservée après rénovation. On y trouve en outre l'un de ces étonnants canapés-baignoires inspiré d'un film avec Audrey Hepburn. Une adresse aussi originale que sympa.

■ ***The Groove Hostel*** *(plan C3,* ***96****) : Szent István k. 16. ☎ 786-80-38. • groovehostel.hu • Ⓜ Nyugati Pályaudvar. Au 2e étage. Selon période, dortoirs 4-14 lits 2 300-6 600 Ft.* Ici, ça *groove* dès le joli porche, avec ses peintures et ses moulures, puis dans le « Lift » (à gauche ; tirer fort la porte d'accès !), qui ressemble à un décor de théâtre en trompe l'œil. Bel immeuble bâti par les francs-maçons (clin d'œil), avec de jolies coursives. Pas de chambres privées mais 4 dortoirs hauts de plafond et d'une bonne capacité, avec doubles fenêtres, lits superposés en bois, rideaux et casiers. Certains avec un bow-window et vue sur le théâtre voisin, le plus grand avec balcon. Coin cuisine à la réception. Salle TV avec mezzanine. Location de vélos. Plein d'infos pratiques, notamment sur les spots pour sortir. Bonne ambiance, *groovy* comme il se doit.

Colline du Château et environs (Buda I et II)

De prix moyens à chic (de 12 000-25 000 Ft soit 37,50-78 €)

■ ***Bellevue Panzió B & B*** *(plan B3-4,* ***90****) : Szabó Ilonka u. 15B. 📱 06-30-370-86-78. • bellevuebudapest.com • Ⓜ Batthiány tér. Prévenir de son arrivée, il n'y a pas de réception. Un min de 2 ou 3 nuits est parfois demandé. Doubles 50-80 € selon confort et saison, petit déj inclus.* Le bâtiment de 3 étages n'a pas de charme vu de l'extérieur, mais il est idéalement placé pour celles et ceux qui privilégient Buda à Pest : au pied de l'église Mathias (accessible par un escalier). Les chambres (certaines sous les toits, sans ascenseur) ne sont ni vastes ni luxueuses, mais elles sont propres, chacune avec sa salle de bains, et la plupart ont un balcon pour profiter de la vue. Excellent accueil (en anglais) de Judith et Lajos, qui aiment bien réunir leurs hôtes et causer avec eux pendant le (copieux) petit déj.

■ ***Budavár Panzió*** *(plan B3-4,* ***90****) : Szabó Ilonka u. 15A. ☎ 201-56-86. 📱 06-30-922-08-01. • budavar-pension.com • Téléphoner avt d'arriver, il n'y a pas de réception. Résa pour 1 nuit possible seulement à moins de 1 sem de la date prévue ; min 3 nuits pdt le*

BUDAPEST

Grand Prix et au Nouvel An. Doubles sans ou avec sdb 35-85 € selon confort et période, petit déj compris. Chacun y trouvera son bonheur : des 2 petites chambres mansardées bon marché partageant une salle de bains au 3e étage (bien pour une famille) aux grandes doubles *superior* climatisées avec balcon et salle de bains. Toutes sont claires et bien tenues, avec parquet, tapis et tissus colorés, TV et ventilo. Bon petit déj à prendre dans une salle égayée d'assiettes fixées aux murs. La pension *Budavár* partage avec sa voisine, la *Bellevue* (voir plus haut), une situation des plus enviable : église Mathias au-dessus, panorama sur le Danube en dessous ! Calme. Bon accueil.

Hotel Papillon (plan A2, **76**) : *Rózsahegy u. 3B. ☎ 212-47-50. • hotelpapillon.hu • Bus n° 11. Doubles 39-60 € ; chambres 4 pers et petits apparts 65-95 € ; petit déj (léger) compris. Parfois des promos sur Internet. Parking payant (à réserver à l'avance).* Ce petit hôtel de tourisme moderne, bien tenu, propose une trentaine de chambres, petites mais d'un confort suffisant (douche, TV) ainsi que 4 appartements. On préfère les *superior* avec balcon tourné vers le jardin et sa piscine *(mai-sept seulement)* ; certaines ont même l'AC (en supplément pour les *standard*). Quelques-unes avec vue sur la colline du Château et la ville. Éviter celles qui donnent sur le patio (la n° 3, en particulier). Pas mal de personnes âgées venues mordre à nouveau la vie à pleines dents, tourisme dentaire oblige. Accueil très gentil et en français s'il vous plaît ! Le quartier est très calme, à portée de mollets du château, mais il faut grimper un peu en sortant du métro...

Chic (plus de 25 000 Ft – 78 €)

Art'otel (zoom B4, **80**) : *Bem Rakpart 16-19. ☎ 487-94-87. • artotels.com • Ⓜ Batthyány tér. Doubles 85-200 € selon saison, sans ou avec petit déj-buffet selon les promos ; promos sur le site internet. Parking payant.* Un hôtel à la fois élégant et original, situé au bord du Danube, quasiment en face du Parlement. Plus de 160 chambres, la plupart complètement différentes les unes des autres, grâce à la touche de l'artiste américain controversé Donald Sultan. Passé l'aile vitrée contemporaine, on découvre 4 petites maisons baroques et multicolores autour d'un patio où l'on peut déjeuner ou boire un verre. Chambres tout confort, possédant de hauts plafonds dans les bâtiments anciens, ou avec vue sur le Parlement côté Danube. Jolis contrastes rouge, blanc et noir. Magnifique salle de resto. Sauna et club de fitness.

Baltazár (plan A3, **92**) : *Országház u. 31. ☎ 300-70-51. • baltazarbudapest.com • Doubles 140-180 € ; petit déj frenchy inclus si résa directe. Parking payant.* Bien à l'écart des circuits touristiques, ce petit hôtel de charme (11 chambres) se la joue vintage et *arty* à fond. Ici, le rouge est de mise. Briquette, vieilles plaques émaillées, banquettes de moleskine, etc. Bref, une déco directement inspirée des artistes new-yorkais. Côté confort, rien ne manque (TV satellite, frigo-bar, produits d'accueil, coffre-fort, etc.). Côté papilles, le *wine bar* satisfera les amateurs et, dans l'assiette, des plats préparés avec des ingrédients provenant de petits producteurs de la région. Sans doute la meilleure adresse du quartier historique. Si c'est complet, rabattez-vous sur leur 2e adresse à 2 pas, le **Pest-Buda Hotel** *(Fortuna u. 3 ; ☎ 225-03-77),* le plus vieil hôtel de la ville réhabilité en *boutique-hotel*. Même gamme de tarifs.

Autour du mont Gellért (Buda XI)

Bon marché (moins de 12 000 Ft – 37,50 €)

Shantee House (hors plan par A6, **86**) : *Tákacs Menyhért u. 33. ☎ 385-89-46. • backpackbudapest.hu • Au métro Móricz Zsigmond körtér (ligne n° 4), prendre le bus n° 7 ou 7A et descendre à Tétényi út. Retourner sur ses pas, passer sous le pont du chemin de fer et tourner tt de suite à gauche sur la Hamzsabégi út ; c'est la 3e rue à droite. Lits en dortoir ou en yourte 3 200-5 000 Ft selon confort et saison ; doubles 10 000-16 000 Ft ; camping dans le jardin 3 200 Ft/pers* *avec sa propre tente et 6 400-8 000 Ft avec tente fournie.* Dans une rue pavillonnaire, une villa peinte de couleurs vives, surprenante petite tranche d'Inde dans la capitale hongroise. Les dortoirs fleurent bon les séjours prolongés au Népal ou à Goa. À ce propos, le dortoir de 11 lits est réservé aux longs séjours (plusieurs mois...). Cuisine collective avec café et thé offerts, machine à laver, salle de « socialisation » où l'on s'affale sur les canapés, bière en main ou en extérieur pour tirer sur sa chicha. Gros plus : le jardin avec hamac et yourte dans laquelle on peut dormir (6 places), et un proprio accueillant, grand voyageur lui-même, qui organise parfois des sorties spéléo. Certes, c'est excentré, mais l'endroit plaira à ceux qui recherchent la zénitude.

Chic (plus de 25 000 Ft – 78 €)

🏨 🍸 ***Hotel Gellért*** *(plan C6,* ***93****) : Szent Gellért tér 2. ☎ 889-55-00 ou 01 (résas). ● danubiushotels.com/gellert ● Doubles 130-240 €, avec petit déj et 1 entrée aux bains inclus. Parking payant.* On ne peut pas ne pas vous en parler car ce splendide édifice Art nouveau, qui se dresse au bord du Danube et voisine avec les bains éponymes, parmi les plus connus de la ville, est une institution. Cela dit, avec ses 234 chambres et suites, le *Gérard* (puisque tel est son nom !) n'est pas le plus confortable ni le plus reluisant des palaces, faute d'un entretien digne de ce nom. Si donc la nostalgie vous prend, cherchez une très bonne affaire sur leur site internet ou passez votre chemin. Car ses défauts sont nombreux : salles de bains anciennes, mobilier fatigué, pas la clim dans toutes les chambres et de gros problèmes avec toutes sortes de créatures inoffensives mais avec lesquelles on n'a pas vraiment envie de partager sa chambre... Le charme du *Gellért,* ce sont donc ses bains, qui sont d'ailleurs gérés à part mais évidemment accessibles aux clients de l'hôtel *(gratuitement la 1re fois, puis 9 € les fois suivantes).*

BUDAPEST QUARTIER PAR QUARTIER

Quand Buda est plutôt bucolique et bourgeoise, avec ses collines verdoyantes et son lacis de ruelles baroques entourant le château royal, Pest est plutôt plate et commerçante. Avec son écheveau de rues bordées d'immeubles aux façades décrépies dans le quartier juif, elle tisse la trame d'un hypercentre où il fait bon sortir le soir et même jusqu'au bout de la nuit. Le jour, elle exhibe avec fierté ses grandes avenues haussmanniennes jalonnées d'immeubles néoclassiques ou Art nouveau, interrompant parfois cette trame tirée au cordeau par des espaces verts et des placettes bordées de cafés et de restos. Quand ce ne sont pas carrément des places, de somptueux musées ou des bâtiments à la gloire de l'État qui structurent l'espace, souvent de manière imposante.

Il n'est pas difficile de se repérer à Pest. De la place *Deák Ferenc tér,* qui constitue le point de convergence du système, plusieurs grandes artères se déploient en toile d'araignée (ou presque) vers l'extérieur. La 1re emprunte en surface le tracé de la ligne de métro no 3, c'est l'avenue *Bajcsy-Zsilinszky* ; elle rejoint *Nyugati Pályaudvar* (la gare de l'Ouest). La 2e, très large et très chic, emprunte, elle, le tracé de la ligne de métro no 1, c'est l'avenue

Andrássy. Elle se termine au niveau du bois de la Ville (*Városliget*) sur la place des Héros *(Hösök tere),* non sans avoir traversé l'un des principaux carrefours du centre-ville, le fameux *Oktogon.* La 3e, c'est le cours *Karoly,* qui file en direction de la place *Astoria,* autre point de repère important puisqu'ici naît l'avenue *Rákóczi,* qui suit le tracé de la ligne de métro no 2 jusqu'à *Keleti Pályaudvar* (la gare de l'Est), en créant la limite sud du quartier juif.
Cette trame est limitée à l'ouest par le Danube et à l'est par 2 grands boulevards circulaires. Le plus près du cœur (et qui parfois même le traverse) est un enchaînement de grands cours *(Terez, Erzsébet, Ferenc-Joszef).* Il assure la liaison entre le pont de l'*île Marguerite* et le pont *Petőfi.* Le plus au large suit le tracé d'une ancienne voie d'eau aujourd'hui comblée, c'est le cours de Hongrie *(Hungária körút).* On peut considérer qu'il délimite le centre-ville de Budapest.

LE QUARTIER HISTORIQUE DE BELVÁROS ET LIPÓTVÁROS (PEST V)

Belváros, c'est l'âme de Pest. Un noyau serré entre le Danube, *Deák Ferenc tér* (où se rejoignent 3 lignes de métro sur 4) et *Kálvin tér,* 2 esplanades où passaient jadis les remparts de la ville, remplacés par les boulevards de la petite couronne. Au plus près du fleuve : *Vigadó tér,* une place piétonne, d'où l'on embarque pour une croisière. Traçant son chemin du nord au sud du quartier, *Váci utca* en est la colonne vertébrale touristique et commerçante : piétonne dans sa partie centrale, elle mène de l'agréable *Vörösmarty tér* jusqu'aux abords du pont *Szabadság.*
Plus au nord, *Lipótváros* (« la ville de Léopold ») s'est développée hors les murs au début du XIXe s. C'est ici, au moment où la Hongrie affirma son indépendance, que furent érigés les principaux monuments d'État, à commencer par l'emblématique Parlement. Un quartier résidentiel chic et très surveillé, en raison de la présence de l'ambassade des États-Unis sur *Szabadság tér.* Banques et sièges d'entreprises y sont nombreux.

Où manger ?

Bon marché (jusqu'à env 2 000 Ft – 6,20 €)

|●| *Szendvics Duran 1* *(zoom C4, 100)* : Október 6 u. 15. ☎ 332-93-48. *Lun-ven 8h-17h, sam 9h-13h. Mini-sandwichs 250-500 Ft.* Depuis 1969, une chaîne de snacks jaunes et verts typiquement hongrois : de quoi faire une vraie dînette de gros canapés au rosbif, saumon fumé, camembert, salade de thon, foie d'oie... tartinés sur des toasts que l'on mange debout ou à emporter. Amusant et nourrissant. Bon accueil. Succursale à Déak tér.

Retró Lángos Bufé (zoom C4, **105**) : *Bajcsy Zsilinszky (angle Podmaniczy Frigyes tér). 06-20-345-35-25. Tlj à partir de 9h, jusqu'à 2h du mat (minuit dim). Lángos 500-950 Ft.* À la sortie du métro *Arany János,* une cahute connue des noctambules (et des autres) qui vend des *lángos* depuis des lustres, sortes de galettes frites recouvertes de fromage et autres ingrédients. Rien de diététique, c'est certain, mais c'est pas cher et animé presque jour et nuit. Juste quelques petites tables pour s'asseoir (souvent pleines même à 23h !).

Lipótváros Csarnok (zoom C3, **101**) : *Hold u. 11 (repérer l'entrée marquée « Bejaras »). Tlj 10h-22h.* Petit marché de quartier couvert et rénové, fréquenté au déjeuner par les employés du coin. Le *Stand 25* est le resto de l'ancien chef étoilé de l'*Onyx,* mais on a trouvé la cuisine un peu surfaite par rapport au prix demandé. Préférez plutôt l'un des comptoirs où l'on choisit une pitance fumante et consistante que l'on va poser sur un coin de table. C'est l'occasion d'essayer par exemple le *lecsó,* la ratatouille hongroise.

Kispiac Bisztró (zoom C3, **101**) : *Hold u. 13. ☎ 269-42-31. Tlj sauf dim 12h-22h.* À l'entrée du petit marché *Lipótváros Csarnok* (voir plus haut), mais à ne pas confondre avec le resto voisin juste à droite, nettement moins intéressant. Dans la salle ou en terrasse, on déguste ici une savoureuse cuisine de bistrot à base de produits traditionnels : foie de veau, foie gras d'oie, canard et même du gibier. À accompagner, par exemple, d'une bonne purée maison. Impeccable !

Szamós Café (zoom B3, **107**) : *Kossuth tér. 10. ☎ 269-02-16. Tlj 7h30 (9h w-e)-19h. Formules 1 300-1 500 Ft.* Juste à gauche du Parlement, une chaîne de cafés qu'on aime bien, notamment pour son *krémes,* le millefeuille hongrois, quoique pas disponible tous les jours. L'autre avantage, c'est sa petite restauration bien fraîche et pas ruineuse. Petit déj, salades, sandwichs, petits plats et formules du jour. Décor moderne avec terrasse. Succursale plus « traditionnelle » juste en retrait du *Hard Rock Café (zoom C4, **107** ; tlj 12h-23h, minuit ven-sam, bar 1h plus tard).*

Strudel House (zoom C4, **103**) : *Október 6 u. 22. ☎ 428-01-34. Tlj 9h-23h (cuisine 22h30).* Pour un grignotage sympa, un café et un dessert, c'est ici, à la Maison du strudel. Contrairement à ce qu'on imagine, on trouve même des strudels au chou et au pavot, sans oublier bien sûr l'abricot, la cerise, etc. Décor rétro et agréable terrasse aux beaux jours.

De bon marché à prix moyens (de 2 000 à 3 500 Ft – 6,20-11 €)

Certains restos de cette catégorie se révèlent bon marché à midi lorsqu'ils proposent le menu du jour, souvent d'un excellent rapport qualité-prix !

Napfényes (zoom C5, **102**) : *au coin de Veres Pálné et Curia. 20-311-03-13. Tlj 12h-22h30. Plats du jour 12h-17h env 1 500 Ft ; sinon 1 500-2 300 Ft, soupes 690 Ft.* Ce « soleil » attire irrésistiblement tous les végétariens et autres végétaliens de Budapest et d'ailleurs. Voici un super resto à la cuisine fraîche, légère et inventive, ce qui nous change des ragoûts habituels. Chaque jour, 4 plats s'ajoutent à la carte, où l'on retrouve évidemment légumes, céréales et légumineuses, mais aussi quelques variantes orientales et asiatiques, sans oublier les pizzas et les plats sans gluten. Longue salle moderne et rayonnante, plus quelques tables sous les arbres en terrasse dans l'agréable ruelle pavée. On peut aussi y venir pour le goûter (voir plus loin « Où prendre un petit déj ou un délicieux goûter ? »).

Ruben (zoom C5, **140**) : *Magyar u. 12-14. ☎ 266-36-49. Tlj 12h-23h. Menu midi en sem 1 100 Ft ; plats 2 000-3 950 Ft.* L'adresse est centrale, tranquille, et le cadre fort élégant avec ses petites tables carrées noires surmontées par une batterie de luminaires. Les plats traditionnels présentent un bon rapport qualité-prix, notamment la cuisse de canard et son gratin de chou rouge et pommes de terre. Large choix de vins hongrois. Service courtois.

Iguana Bar & Grill (zoom B3, **104**) : *Zoltán u. 16. ☎ 331-43-52. Tlj 11h30-00h30. Formule déj en sem (11h30-15h) à 1650 Ft. Plats 2 000-4 300 Ft, 5 590 Ft pour l'Iguana steak (spécialité maison). Service inclus.* Un mexicain qui met un peu d'ambiance dans un quartier relativement pauvre en animation. Grande salle spacieuse avec mezzanine, ventilos, hauts murs peints sur des thèmes latinos colorés, et terrasse assez calme. Bonne cuisine tex-mex variée et à prix corrects pour l'endroit. Bière belge ou américaine à la pression.

Pesti Sörcsarnok (zoom C5, **153**) : *Vámház krt 16. ☎ 317-72-76. Tlj 11h-23h. Menu 3 plats 3 000 Ft ; plats 2 000-4 500 Ft.* Ce pub de quartier possède un avantage : il sert tard, y compris le dimanche. Ne pas s'attendre à des merveilles ni à un service enjôleur, mais à une cuisine hongroise roborative : médaillon de porc, paupiettes, cochon de lait au chou rouge, poulet-purée... Boxes verts et nappes à carreaux, voilà pour le décor.

Chic (3 500-5 000 Ft – 11-15,50 €)

Mák Bistro (zoom B4, **149**) : *Vigyazó Ferenc u. 4. 06-30-723-93-83. Mar-sam 12h-15h, 18h-22h30. Formules déj 4 200-4 800 Ft ; le soir, plat env 7 000 Ft et menu dégustation 18 000 Ft ; service 12,5 % en plus.* À 2 pas du Danube, un joli petit bistrot d'aujourd'hui, presque caché. Élégante salle voûtée en brique, du style entrepôt à peine repeint, avec parquet, murs de bouteilles, zinc et porte de cuisine coulissante. On se régale d'une formule du midi d'un rapport qualité-prix imbattable. Une cuisine bistronomique hongroise mâtinée d'influence française, pas hyper copieuse, mais hyper travaillée. Le soir, c'est plus cher mais tout aussi savoureux. Décidément, cette petite graine de « pavot » nous a fait de l'effet !

Cafe Kör (zoom C4, **142**) : *Sas u. 17. ☎ 311-00-53. À 2 pas de la basilique Saint-Étienne. Lun-sam 10h-22h. Résa fortement conseillée le soir. Plats 2 800-5 000 Ft. CB refusées (sauf carte American Express).* La salle est chaleureuse avec ses voûtes, ses murs orangés et son parquet. On y déguste une cuisine hongroise « de grand-mère » (foie d'oie, bœuf Rossini) légèrement revisitée aux tendances sucrées-salées, plus légère qu'à l'accoutumée. Mais l'originalité se loge souvent dans les plats du jour, où l'on trouve quotidiennement au moins 2 goulaschs différents. Du plaisir à consommer en terrasse sur la rue aux beaux jours. Accueil souriant.

Gerlóczy Kávéház (zoom C4, **53**) : *Gerlóczy u. 1. ☎ 501-40-00. Sur une petite pl. tranquille et ombragée, contre l'hôtel de ville (Városháza). Tlj 8h-23h. Formules déj 2 500-3 000 Ft à midi, plats à la carte 3 500-6 900 Ft.* Il ressemble tellement à un café parisien, avec ses tables en terrasse sous un bel arbre, ses glaces, ses banquettes et ses serveurs en chemise blanche et pantalon noir, que Spielberg y a tourné une scène de son film *Munich*... Les prix en ont profité pour grimper sérieusement, mais le lieu reste toujours aussi agréable pour déguster une bonne cuisine hongroise. Sert également un bon petit déj le matin et l'*afternoon tea* l'après-midi. Voir aussi « Où dormir ? – Le quartier central historique de Belváros et Lipótváros (Pest V) ».

Pomo d'Oro (zoom B4, **167**) : *Arany János u. 9. ☎ 302-64-73. Tlj 12h-minuit. Pizzas 2 000-3 800 Ft, plats 2 500-6 500 Ft ; service 13 %.* Aux beaux jours, la terrasse est vite pleine. Sinon, on se rabat sur la salle rustico-chic au décor typique de trattoria italo-américaine version XXL. Ici, on en fait un peu trop, certes, que ce soit côté décor, dans l'accueil ou dans la musique (un peu forte). Mais les pizzas sont parmi les meilleures de la ville. On s'en contente bien, d'ailleurs, vu les prix de certains plats. Pour le dessert, la maison possède son glacier presque en face dans la même rue.

Très chic (plus de 5 000 Ft – 15,50 €)

Tigris (zoom C4, **136**) : *Merleg u. 10. ☎ 317-37-15. Dans le quartier de* *la basilique Saint-Étienne. Lun-sam 12h-minuit. Résa fortement conseillée le soir. Foie gras 4 000-5 500 Ft, plats 5 900-9 000 Ft.* La salle est chaleureuse et les tables bien dressées. Le service est à l'avenant. Dans l'assiette, une cuisine de haut vol à dominante hongroise qui fait la part belle au foie gras. Au tableau noir, 2 ou 3 suggestions du chef. On vous conseille de piocher dedans. Côté papilles, c'est le feu d'artifice ; côté estomac, c'est parfois un peu léger. Le point fort ici : le vin, avec des crus locaux qui se défendent bien. En tout cas, les épicuriens passeront un bon moment avec ce tigre de luxe, tapi dans une rue sombre.

|●| ***Zeller Bistro*** (zoom C4, **122**) : *Hercegprimás u. 18. ☎ 651-08-80. Tlj sauf dim-mar. Résa indispensable ! Repas 7 000-8 000 Ft sans le vin.* On se bouscule pour dîner chez *Zeller,* et ça se comprend. Ce bistrot chic est fort élégant avec son comptoir turquoise et son jardin d'hiver où débarque une clientèle sur son 31, le sourire aux lèvres. Car la cuisine fait palpiter les papilles en revisitant les classiques hongrois (porc *mangalica* aux pommes et céleri, poitrine de canard avec tarte aux épinards et melon), ainsi que les plats internationaux (tartare de saumon, pâtes au gorgonzola, poisson du jour et son risotto, etc.). Bonne atmosphère jazzy, un peu paillettes, comme dans un film de Woody Allen.

BUDAPEST

Où prendre un petit déj ou un délicieux goûter ?

Les pauses dans l'un des salons de thé de la ville sont toujours de grands moments, empreints d'une nostalgie très Mitteleuropa. Beaucoup de ces décors rappellent Vienne et la Belle Époque. Les recettes font la part belle à la crème (ah, le *krémes* !) et au *marzipan* (massepain). Une pâtisserie coûte au moins 400-500 Ft, et jusqu'à 2 300 Ft chez *Gerbeaud* ! On y mange aussi des sandwichs, des sortes de quiches et quelquefois des plats du jour.

Gerbeaud (zoom C4, **160**) : *Vörösmarty tér 7-8. ☎ 429-90-00. Ⓜ Vörösmarty tér. Tlj 9h-21h.* L'institution de la ville. Fondée en 1858, elle occupe tout un immeuble à la façade austère mais joliment éclairée la nuit. Plusieurs salons en enfilade, style Belle Époque. C'est cher mais beau (sans jeu de mots, enfin presque...) car la maison s'efforce de maintenir les recettes qui ont fait sa réputation. Ses fleurons : le *dobos* (au chocolat surmonté d'une couche de caramel), le *Gerbeaud szelet,* au chocolat, confiture d'abricot et eau-de-vie, le célèbre *Sacher torta (seulement en hiver),* les crèmes glacées et les macarons... La terrasse est l'un des endroits les plus en vue de Budapest. Attention, à table, 15 % de service ajouté systématiquement à la note...

Centrál Kávéház (zoom C5, **161**) : *Károlyi Mihály u. 9, angle Cukor u. ☎ 266-21-10. Tlj 8h30-minuit (21h en cuisine). Piano lun-jeu soir, concert ven-sam (jazz, classique).* Rénové dans un style rétro après des années d'abandon, ce très beau café, haut de plafond, renoue avec la grande tradition viennoise d'autrefois. Les locaux y viennent volontiers pour un petit déj *(jusqu'à 11h30).* Bons gâteaux, sans être exceptionnels non plus. On vient surtout pour le décor.

Café Astoria (zoom C5, **64**) : *Kossuth Lajos u. 19. ☎ 889-60-22. Tlj 7h-23h.* Pour revivre la grande époque de Budapest, rien de tel que le salon de thé de l'hôtel *Astoria* (voir plus haut « Où dormir ? ») et ses serveurs en nœud pap'. Bel exemple d'architecture Art déco qui a retrouvé sa splendeur d'antan.

Napfényes (zoom C5, **102**) : *voir plus haut « Où manger ? ».* Ce resto végétalien aligne dans ses vitrines d'appétissants gâteaux sans gluten, sans lait, sans conservateurs... mais avec du goût ! À arroser d'un jus pressé, d'un milk-shake végétal ou d'un thé bio.

1000 Tea (zoom C5, **208**) : *Váci u. 65. ☎ 337-82-17. Tlj 12h (14h dim)-21h (jusqu'à 22h ven-sam).* Un peu caché dans cette rue très passante, un salon de thé avec une série de petites salles en enfilade. Il y règne une ambiance apaisante, idéale pour un *tea break*. Un peu de sucré, un peu de salé. Tout ça pour accompagner un des très nombreux thés rares, ou une chicha dans le patio ensoleillé en été.

– Voir aussi le ***Szamós Café*** *(zoom B3 et C4, **107**)* plus haut dans « Où manger ? ».

Où lécher une glace ?

Gelarto Rosa (zoom C4, **162**) : *Szent István tér, 3. 06-70-383-10-71. Tlj 10h-22h.* C'est le glacier à la mode car il sert ses glaces en forme de... roses ! Bien vu, ça cartonne dans le quartier (plusieurs points de vente) et les glaces sont bonnes. Dommage que la tige (le cornet) ne soit pas à la hauteur de la fleur...

Où écouter de la musique ? Où danser ?

Fat Mo's Music Club (zoom C5, **182**) : *Nyáry Pál u. 11. ☎ 266-80-27. • fatmo.hu • Tlj 17h-minuit (2h ven-sam). Entrée libre.* Atmosphère très *roaring twenties* dans le style des *speakeasy* new-yorkais. Quand c'est ouvert (l'établissement ferme régulièrement), tout se passe au sous-sol, dans une salle pavée tout en longueur. Concerts jazz, blues, rock ou swing et bons DJs les autres jours dès minuit. Consulter la programmation sur le site internet. Possibilité de se restaurer.

For Sale Pub (plan C5, **217**) : *Vámház krt 2. ☎ 267-02-76. Juste en face du Grand Marché couvert (Vásárcsarnok). Tlj lun-mar et ven 7h-23h, mer-jeu et sam-dim 12h-3h. CB refusées.* Fort sale ? Non, même si l'endroit évoque une cabane de trappeur avec tables en rondins, lampes à pétrole, corbeilles à cacahuètes et même de la paille par terre ! Quant aux murs et au plafond bas, ils sont recouverts de lettres d'amour pour tout et n'importe quoi ! Bon choix de bières et possibilité de restauration. Musique style années 1980-1990 *(tlj à partir de 21h)*. Amusant.

Où voir un spectacle ?

Duna Palota (zoom B-C4, **219**) : *Zrínyi u. 5. ☎ 235-55-00. • ticket.info.hu/fr/ • Billetterie tlj 9h-19h. Compter 7 000-11 000 Ft/pers.* Cet élégant édifice néobaroque (1893-1895) accueille des représentations folkloriques du dimanche au vendredi à 20h, et un concert symphonique le samedi. Autant dire que c'est le rendez-vous des cars de touristes. Si vous vous y rendez, remarquez la lyre au-dessus de la scène : à l'époque communiste, elle avait été remplacée par une faucille et un marteau !

À voir

– ***Belváros :*** le terme signifie « ville intérieure ». Une appellation savante pour désigner le périmètre de l'ancienne cité médiévale à partir duquel Pest a pris son essor. L'urbanisation de la fin du XIXe s a presque tout avalé. Néanmoins, le cœur de la cité s'y trouve toujours.

Le long du Danube jusqu'au Parlement

Le Corso *(zoom B4-C5)* : promenade le long du Danube, où de nombreux cafés distillaient du jazz dans les années 1920. Le Corso démarre au niveau de Március 15 tér, près du pont de la reine Élisabeth *(Erzsébet híd ; zoom C5)*, face auquel se dresse l'énorme ***Belvárosi plébánia templom***

(église paroissiale de la Cité ; accessible par le joli passage couvert Piarista qui donne sur Vaci u. ; tlj 9h-17h ; entrée : 1 000 Ft !). Malgré son baroque triomphant (XVIIIe s), elle conserve ses fondations visibles, un joli petit chœur gothique aux voûtes repeintes et quelques fresques des XIVe-XVe s. Elle fut même une mosquée sous domination turque ! Mais la visite ne vaut pas vraiment le tarif demandé...
Côté Danube, le ***square Petőfi-Sándor*** protège la statue du poète chéri des Hongrois. Génie littéraire, il a mené la révolte contre les Habsbourg, se dressant contre la censure. Rien d'étonnant à ce que toutes les manifs des dernières années aient débuté au pied de sa statue ! Derrière, une ***église grecque*** (XVIIIe s) rococo et baroque *(souvent ouv sur le côté droit même si elle semble fermée),* remarquable pour son grand retable et ses odeurs d'encens et non pour sa triste façade à colonnes.
Un peu plus loin vers le nord, une autre place : ***Vigadó tér*** *(zoom B4),* qui sert d'écrin à la silhouette néoromantique du ***Pesti Vigadó*** *(palais de la Redoute),* une salle de concerts qui a accueilli Liszt, Brahms, Debussy, Bartók. Massive et élégante façade ornée de statues évoquant les arts musicaux. C'est de *Vigadó tér* que partent les bateaux de croisière sur le Danube. Jeter un œil sur la gauche aux cariatides sexy et marines de l'***immeuble Mahart-Ház.***
On finit par arriver à ***Széchenyi tér*** *(zoom C4)* – ***ex-Roosevelt tér*** –, en face du pont des Chaînes (Széchenyi Lánchíd).

L'esplanade est dominée par le monumental ***palais Gresham*** *(zoom B-C4),* une construction Sécession (Art nouveau) commanditée en 1904 par une compagnie d'assurances anglaise, aujourd'hui reconverti en palace *(Four Seasons).* N'hésitez pas à jeter un coup d'œil à l'intérieur. Des petits cœurs parsèment les numéros des étages au-dessus des ascenseurs (le cœur et le paon étant les symboles de l'Art nouveau en Hongrie).
Au nord de la place se dresse l'***académie des Sciences,*** édifiée en 1825 grâce au comte Széchenyi, qui fit don de 1 an de ses fermages. Autant dire qu'ils étaient confortables...

En remontant 5 mn les quais en direction du Parlement, on atteint les ***chaussures au bord du Danube.*** Depuis 2006, cette installation rend hommage aux juifs fusillés à cet endroit par les Croix fléchées (le parti ayant prêté allégeance aux nazis) en 1944-1945 et jetés dans le fleuve. Déroutantes, ces chaussures en métal, alignées à l'instar des martyrs qui furent exécutés dans le Danube à demi gelé, en plein hiver. Certaines sont avancées sur le fleuve, évoquant la chute...

Országház *(Parlement ; zoom B3)* **:** *Kossuth Lajos tér 1-3. ☎ 441-40-00. • parlament.hu • M Kossuth tér ou T nº 2. Accès et billetterie au Visitor Centre, à droite de l'entrée principale, avr-oct, tlj 8h-18h ; nov-mars, tlj 8h-16h. Fermé à la visite pdt les sessions parlementaires et visites officielles, plus 1er janv, 15 mars, dim et lun de Pâques, 1er mai, 20 août, 23 oct, 1er nov, et 24-26 déc. Visite guidée obligatoire : en français au min tlj à 11h et 13h30 (mais il y en a toujours d'autres, consulter le planning du jour sur place ou en ligne !) ; en anglais tlj à 10h, 12h, 13h, 14h et 15h ; visites bien plus fréquentes en saison mais parfois soumises à des modifications, mieux vaut vérifier sur le site. Durée : env 45 mn. Entrée : 2 200 Ft sur Internet pour les ressortissants de l'UE et 2 400 Ft sur place sur présentation d'une pièce d'identité ; pour les autres, compter respectivement 5 800 et 6 000 Ft ; réduc. Nous vous conseillons vivement de* ***réserver en ligne quelques jours à l'avance*** *(malgré des bugs fréquents !). Sinon, se présenter dès 8h – il peut rester de la place, à condition que les sociétés de* hop on-hop off *n'aient pas raflé tte la billetterie.*
Avant d'entrer, un mot rapide sur la vaste esplanade du Parlement. Au prix de nombreux arbres abattus et de quelques protestations, elle a été voulue par le Premier ministre Viktor Orbán, comme de nombreux autres projets (au point que certains parlent désormais d' « orbanisme »...), dans l'idée de renforcer le prestige

de la nation en y installant les répliques des statues démolies pendant la Seconde Guerre mondiale. Au centre, une réplique miniature du spire de Dublin (un mât en forme d'aiguille) sur lequel flotte le drapeau national *(cérémonie tlj à 12h30).*

À gauche et à droite de l'esplanade, d'anciens tunnels de climatisation accueillent respectivement l'expo *In Memoriam 1956,* en hommage à l'insurrection du 25 octobre 1956, et un *lapidarium* exposant des statues originales du Parlement *(ts 2 ouv tlj 10h-18h ; GRATUIT).*

L'imposante silhouette du Parlement dominant le Danube est devenue l'une des images les plus connues de la capitale hongroise. Il est de style éclectique, c'est le moins qu'on puisse dire ! Bâti exclusivement avec des matériaux hongrois (colonnes en marbre exceptées), il fut terminé en 1904 après 17 longues années de construction. Bordant le fleuve sur 270 m, c'était à l'époque le plus grand parlement du monde. Il ne compte pas moins de 691 salles. Qui dit mieux ?

L'architecte s'est inspiré du parlement de Londres, intégrant des éléments byzantins et néogothiques. Le soir, illuminé, il prend des allures de palais vénitien au bord du Danube, surtout en hiver, quand il est noyé dans la brume. Pendant la Seconde Guerre mondiale, la vie parlementaire fut abolie et, durant la période communiste, elle fut réduite au minimum, les députés se contentant de se réunir 8 jours par an afin de contresigner les lois et les règlements édictés par l'omnipotent parti communiste. L'étoile rouge qui a si longtemps orné le dôme fut démontée en 1990.

Au cours de la visite guidée, on découvre l'escalier d'honneur néo-Renaissance, des couloirs et des salles chargés en vrai et faux marbre, avec l'un des plus grands livres du monde en bois sculpté et cuir de bœuf, un vase de *Herend* et des statues représentant divers métiers. Mais la salle la plus importante est celle de la Couronne dite « de Saint-Étienne » *(photos interdites),* parmi les insignes portés par les rois de Hongrie depuis le Moyen Âge : le globe royal, le sceptre au pommeau en cristal de roche et la Sainte-Couronne elle-même, émaux et pierres précieuses, composée de 2 diadèmes, l'un byzantin et l'autre latin, et coiffée d'une curieuse croix penchée (un accident !). Le trésor est gardé par 2 sentinelles *(relève de la garde pdt la visite de 13h30).*

QUAND LA POLITIQUE FAISAIT UN TABAC...

Au XIXe s, l'intérieur du Parlement était entièrement couvert de boiseries. Tant et si bien que pour prévenir tout risque d'incendie les couloirs étaient jalonnés de cendriers (numérotés et toujours visibles aujourd'hui), afin que les députés puissent y déposer leur cigare avant d'entrer en session. Évidemment, à l'issue de celle-ci, ils ne retrouvaient bien souvent que des cendres. Alors quand un discours ne tenait pas la route, ils avaient l'habitude de dire : « Ce discours ne vaut pas un havane ! ».

D'UNE PIERRE, TROIS COUPS

En 1880, le concours d'architecture lancé pour la construction du Parlement a été fort bien rentabilisé. En s'inspirant du palais de Westminster à Londres, le vainqueur, Imre Steindl, a imposé le bâtiment qu'on connaît. Mais comme il y avait assez d'espace, plutôt que d'éconduire les projets arrivés 2e et 3e, on a décidé de les construire en plus. Ça donne respectivement : l'ancienne Cour de cassation et le ministère de l'Agriculture.

GARDE ALTERNÉE

Symbole de la nation hongroise, la Sainte-Couronne avait 2 gardiens : l'un catholique, l'autre protestant, tous 2 issus de familles de la haute aristocratie hongroise. Seuls les 2 gardiens, le palatin (le plus haut dignitaire après le roi) et le primat de Hongrie avaient le droit de la toucher.

Après 1945, évacués dans des circonstances rocambolesques vers Köszeg puis l'Autriche pour qu'ils ne tombent pas aux mains de l'Armée rouge, ces joyaux furent acheminés dans les fourgons de l'armée américaine et se retrouvèrent à l'abri (à Fort Knox !), où ils restèrent jusqu'en 1978, avant d'être rendus à la Hongrie par Jimmy Carter en gage de détente avec les pays de l'Est. En levant les yeux, on peut distinguer les statues des souverains du pays (Saint-Étienne barbu, Arpád en tenue orientale...), dont une seule femme, la reine Marie-Thérèse.
Si vous voulez voir la chambre basse où se réunissent les 199 députés élus pour 4 ans (pratiquement pas de femmes), il faut venir entre les sessions parlementaires de février-juin et de mi-septembre-décembre. Sinon, pas de panique : pendant les sessions, on visite (sauf imprévu) la chambre haute, qui est quasiment sa réplique. Toutes 2 sont disposées en demi-cercle, avec sièges en velours rouge des ministres et pupitres des députés. La différence se joue sur les peintures. Dans la chambre basse, elles représentent la 1re séance de 1848 et le couronnement de François-Joseph en 1867 (avec sa femme Sissi). Dans l'autre, il s'agit de la Charte d'Or de 1222, qui détermina les droits et privilèges de la noblesse, plus une peinture de la reine Marie-Thérèse s'adressant au Parlement.
Pour l'anecdote, sachez que le Premier ministre Viktor Orbán a quitté son bureau du Parlement pour s'installer dans un ancien théâtre et couvent carmélite, près du château de Buda, de l'autre côté. Certains y voient un pied de nez du rebelle provincial à Pest !
En fin de visite, vous pourrez voir vidéos et panneaux explicatifs en anglais, des statues de rois, celle d'un garde en bronze et la fameuse étoile rouge qui dominait le Parlement sous l'ère communiste.

Du Parlement à Vörösmarty tér

Sur le flanc ouest de la place de la Liberté (***Szabadság tér** ; zoom C3*), cernée de beaux immeubles, jeter un œil à ***l'ancienne Bourse de Budapest*** (1905), de style « pièce montée », avec des colonnes monumentales et masques à la Arcimboldo. Elle a longtemps abrité la TV hongroise et devrait se transformer en hôtel 5 étoiles...
Face à elle mais dans le square comme un pied de nez, un véritable vestige : le ***monument aux héros soviétiques libérateurs de la Hongrie,*** un des rares de la période communiste à ne pas avoir regagné le cimetière des statues communistes en banlieue.
Sur le côté, comme pour lui faire écho et clôturé de hautes grilles et d'obstacles, ***l'ambassade*** (ou le bunker, comme on veut) ***des États-Unis*** et juste derrière, dans l'axe de Vécsey utca, la rue qui mène au Parlement, la ***statue en bronze de Ronald Reagan.*** Quel bel éclectisme !
Moins drôle, dans le genre kitsch, raté et même scandaleux, c'est le ***monument à la mémoire des victimes de l'occupation allemande,*** en forme de portique pseudo-grec ! On y voit l'archange Gabriel tendant ou offrant le globe (un des symboles de la souveraineté hongroise) aux serres de l'aigle du Reich qui porte une bague à la patte datée de 1944. Quand on sait que la Hongrie de l'amiral Horthy était l'alliée du IIIe Reich et qu'en 1944 450 000 juifs ont été déportés en à peine 6 mois, non pas par les Allemands mais par le mouvement fasciste des ***Croix fléchées*** (des Hongrois, donc), ça porte à réfléchir sur la notion de devoir de mémoire... D'ailleurs, le mémorial, installé de nuit en catimini sous la garde rapprochée de 200 policiers, est souvent le théâtre de protestations de la part des Hongrois, qui y voient une falsification de l'Histoire. Pas étonnant de voir au pied de ce curieux ensemble des dizaines d'objets personnels, photos de déportés ou de chambres à gaz et documents rappelant la réalité des choses.

Magyar Szecesszió Háza Múzeum *(musée de l'Art nouveau ; zoom C3)* **:** *Honvéd u. 3. ☎ 269-46-22. ● magyarszecessziohaza.hu ● Lun-sam 10h-17h. Entrée :*

2 000 Ft ; réduc. La maison Bedő (1903) est l'un des plus emblématiques édifices Art nouveau (ou « Sécession », comme on dit à Vienne) de la ville. Elle arbore une splendide façade vert pistache ornée de balcons de tuiles vernissées et de majoliques, sans oublier les sensuels entrelacs de bois qui égayent la vitrine du café au rez-de-chaussée. Quant au « musée », ce n'en est pas vraiment un, mais plutôt un entrepôt de mobilier d'époque ! Consacrez donc plutôt le prix de l'entrée à boire un bon café ou à grignoter un morceau, cela ne vous empêchera pas d'admirer le décor...

Magyar Nemzeti Bank (Banque nationale de Hongrie ; zoom C3-4) : *à l'angle de Szabadság tér et de Bank u.* Énorme et rassurante banque en grès jaune ornée d'imposantes colonnes ioniques. Lorsque l'on regarde en détail, on note la finesse des scènes sculptées évoquant le commerce à travers les âges, quand ce n'est pas l'Orient (jetez un œil au chameau sur l'angle droit).

Dans les rues alentour, d'autres bâtiments à l'architecture intéressante, comme la rutilante ***Posta Takarékpénztár*** *(zoom C3, **241**),* au n° 4 Hold utca, ancienne Caisse d'épargne de la Poste, un édifice Art nouveau au toit de tuiles multicolores avec un splendide travail floral. Construit au tournant du XIXe s, le bâtiment porte la signature d'***Ödön Lechner,*** le « Gaudí hongrois », qui a habillé l'édifice de céramiques vernissées conférant à l'ensemble un petit air des *Mille et Une Nuits.*

BUDAPEST

Juste à côté de l'ambassade américaine gardée comme Fort Knox, voir aussi, au n° 3 Aulich utca, la ***Kӧrӧsy Ház*** *(zoom C3),* avec sa façade blanche restaurée ornée de la figure en céramique d'une femme en robe rouge. Les décos s'inspirent des épis de maïs, et le balcon est soutenu par 2 grenouilles.

Szent István Bazilika *(basilique Saint-Étienne ; zoom C4)* **:** *Szent István tér. • en.bazilika.biz • Ⓜ Arany János u. Tlj 9h-19h ; grand-messe à 18h et dim mat. Donation de 200 Ft réclamée d'office à l'entrée. Visite du dôme et du trésor avr-oct 10h-18h30 ; 600 Ft pour le dôme, 400 Ft pour le trésor ; réduc.* La construction de ce lourd et colossal ensemble néo-Renaissance dura si longtemps (54 ans) que notre « quand les poules auront des dents » donne en hongrois « quand la basilique sera finie » ! L'édifice peut accueillir quelque 8 500 fidèles. À l'intérieur, les ors le disputent aux marbres massifs à dominante rouge sombre pour vous en mettre plein les épaules. La main droite de saint Étienne est conservée dans une chapelle à gauche du chœur *(visible lun-sam 9h-17h, 10h-18h hors saison, plus dim 13h-17h tte l'année).* Le dôme décoré de mosaïques culmine à la même hauteur que celui du Parlement : 96 m, en souvenir de l'établissement des Magyars en 896. On peut y monter (par la gauche avant l'entrée principale) pour admirer le panorama (360° sur tout Budapest). Au choix : 302 marches à grimper ou... l'ascenseur. Quoi qu'il en soit, c'est le même prix pour tout le monde ! Concerts de musique classique régulièrement (billetterie à l'entrée).

De Vörösmarty tér à Kálvin tér

Vörösmarty tér *(zoom C4)* **:** quand le poumon de Pest est plutôt la place Élisabeth *(Erzsébet tér),* tout près de ***Deák Ferenc tér,*** le cœur de la ville, lui, bat sur cette immense place, à 2 pas du fleuve. Au centre, la statue du poète romantique Mihály Vörösmarty, taillée dans le marbre de Carrare. En hiver, elle ressemble à une œuvre de Christo, car on la couvre de bâches.
Sur la même place, le café *Gerbeaud* : une institution, depuis 1858. Voir « Où prendre un petit déj ou un délicieux goûter ? ».

Tout près, ***Szervita tér*** *(zoom C4).* Sur le côté de cette place, l'imposant hôtel de ville *(Városház u. 9),* construit au début du XVIIIe s. Il fut d'abord un hôpital pour les victimes de la guerre contre les Turcs, puis une caserne, avant d'accéder en 1873 à la plus haute fonction municipale. Sur la place même, au nº 3, ne manquez pas la superbe façade Art nouveau avec mosaïques.

Váci utca *(zoom C4-5)* **:** rue piétonne et commerçante foulée par des milliers de touristes. Rien de passionnant, mais quelques curiosités. Au nº 9, la boutique *Philanthia* a conservé son décor Art nouveau et son panneau en cuivre martelé. Au nº 2 de la rue Piarista, à droite, le ***palais Péterffy*** (1755), aujourd'hui un restaurant, facilement reconnaissable avec son balcon fatigué supporté par des atlantes. La partie sud, de l'autre côté de Március 15 tér, est plus calme et moins chic.

Ferenciek tere *(zoom C5)* **:** l'un des plus importants carrefours de Budapest, qui coupe en 2 *Petőfi-Sándor utca,* la rue parallèle à *Váci utca.* Aux nos 2-4, ne manquez pas le passage couvert de style parisien, justement nommé ***Párizsi udvar*** : c'est l'archétype du passage couvert qui a essaimé dans toute l'Europe à la fin du XIXe s. Celui-ci fut construit au début du XXe s et devint la première galerie marchande de Budapest. Il présente un style éclectique, mixant allègrement Art nouveau, gothique et mauresque. Charmant ! En attendant l'ouverture prochaine d'un hôtel *Hyatt* de 110 chambres, on peut de nouveau admirer la superbe façade couverte de bustes en céramique.

L'URBANISME POUR LES NULS

Les immeubles aux façades décrépies cachent souvent une cour intérieure dont les logements sont desservis par des coursives. À l'origine de ce système, la volonté, en pleine révolution industrielle, de trouver un consensus social pour faire cohabiter bourgeois et ouvriers. Les 1ers dans les appartements sur cour, les 2ds dans ceux donnant sur la rue. En hongrois, le mot « coursive » se dit gang. Le gang indique donc un groupe d'individus partageant une même culture, les mêmes valeurs.

De l'autre côté de l'avenue (passage souterrain), l'austère ***Ferences templom*** *(zoom C5),* l'église franciscaine qui a retrouvé ses frères en 1990 après 40 ans de silence radio (les communistes les avaient expulsés), cache un intérieur de style baroque italien plutôt qu'autrichien. Vous y trouverez même l'indéboulonnable *Padre Pio.* Sur le mur gauche, une plaque commémore l'inondation catastrophique de 1838. Dans le prolongement, la rue *Károlyi-Mihály* débouche sur ***Egyetem tér*** *(zoom C5),* la place de l'Université – celle-ci a quitté Buda pour s'installer à Pest en 1785.

Egyetemi Templom *(église de l'Université ; zoom C5)* **:** *derrière le rectorat, sur la placette. Pas souvent ouv, mieux vaut venir pdt une messe : en sem, à 7h et 18h ; le dim à 8h, 10h et 19h. Également des concerts durant l'*Ars Sacra Fesztival *en sept.* À l'intérieur, c'est un petit chef-d'œuvre baroque édifié en 1725 par l'architecte *András Mayerhoffer* pour les Pauliniens, le seul ordre monastique 100 % hongrois. La nef, à la voûte en berceau, est couverte d'une fresque en trompe l'œil. La chaire, la plus baroque qu'on ait jamais vue, est ornée d'allégories et de *putti* dorés quasiment détachés, comme dansant dans l'espace. À leurs pieds, une étrange couronne de bronze honore un évêque mort en chaire pendant un sermon... L'église possède aussi une Vierge noire, sœur siamoise de celle de *Częstochowa,* en Pologne, adorée par les étudiants qui lui attribuent leur réussite aux examens.
La rue **Szerb** *(Szerb utca ; zoom C5,* ***245****),* qui part de la place, abrite une église orthodoxe serbe toute jaune (angle *Veres Pálné utca*), au calme dans un jardinet. Elle aussi a été construite par *Mayerhoffer.* Si c'est ouvert, jetez un œil à l'iconostase rococo, une vraie dentelle !

Plus à l'est, au croisement de *Kossuth Lajos utca* et de *Múzeum körút,* l'***hôtel Astoria*** *(zoom C5,* ***64****),* de 1914, sérieusement endommagé par les chars soviétiques lors de l'insurrection de 1956 – et, plus récemment, par la pollution –, a retrouvé une partie de son faste désuet. Très chic salon de thé pour bivouaquer (voir « Où dormir ? » et « Où prendre un petit déj ou un délicieux goûter ? »).

TERÉZVÁROS, AUTOUR DE L'AVENUE ANDRÁSSY ET D'OKTOGON (PEST VI)

On est en plein cœur du Pest élégant et bourgeois, marqué par l'influence austro-hongroise. Véritables Champs-Élysées hongrois, l'*avenue Andrássy*, classée par l'Unesco, comme un coup de glaive dans la masse compacte des immeubles, y déroule longuement ses splendeurs, de *Deák Ferenc tér* à Városliget (bois de la Ville) où elle commence enfin à verdir pour notre plus grand plaisir.

Où manger ?

De bon marché à prix moyens (moins de 3 500 Ft – 11 €)

Slow Foodiez *(plan C-D3,* ***110****) : Szondi u. 11. 06-30-444-19-83. Mar-dim 10h-20h. Plats 1 100-2 700 Ft.* Excellent café-resto d'obédience végétarienne, végétalienne et crudivore. Certes, le concept est très à la mode, mais il est appréciable, dans un pays de gros mangeurs comme la Hongrie, de pouvoir varier son menu en se tournant vers de bons gratins, poêlées de légumes, quiches, soupes, sandwichs... On peut aussi venir bruncher ou prendre un café et une pâtisserie dans ce décor jeune et chaleureux, accueilli par une équipe souriante.

Szendvics Duran 2 *(zoom C4,* ***108****) : Bajcsy-Zsilinszky út 7. ☎ 267-96-24. Lun-ven 8h-19h, sam 8h-15h, dim 8h-12h. Minisandwichs 250-500 Ft.* Sur une grande place très passante, certes, mais cette chaîne propose toutes sortes de canapés pas chers du tout (pas des Ikea !), recouverts de petites douceurs : œufs de lump, saumon à l'aneth, camembert, céleri rémoulade... Sur place ou à emporter.

De prix moyens à chic (2 000-5 000 Ft – 6,20-15,50 €)

Menza *(zoom D3-4,* ***114****) : Liszt Ferenc tér 2. ☎ 413-14-82. Tlj 10h-minuit. Menu midi en sem 1 390 Ft ; plats 1 700-4 000 Ft.* Menza, en hongrois, c'est la « cantine ». Mais plutôt une cantine branchée car la salle, où dominent l'orange et le gris, est joliment *revival.* Clientèle plutôt élégante et bonne atmosphère de ruche. Dans l'assiette, une cuisine hongroise revisitée, des burgers, pâtes, salades, quelques poissons et un grand choix de *pickles.* Également une belle carte de bières (maison), vins et cocktails. Terrasse.

Két Szerecsen *(zoom C-D4,* ***113****) : Nagymező u. 14. ☎ 343-19-84. Tlj 8h (9h w-e)-23h30. Menu midi en sem 1 300 Ft ; plats 2 700-5 000 Ft.* « Les Deux Sarrasins » doit son nom à 2 patrons qui ouvrirent en face l'un des tout premiers cafés de Budapest vers 1860. Cette adresse décontractée propose une bonne cuisine hongroise moderne et légère, avec également des plats vegan et sans gluten, plus quelques touches asiatiques. On peut aussi opter pour des tapas, ou encore y venir pour le petit déj (à la française), avec jus « d'o » pressé et croissants bien croustillants. Agréable salle, haute de plafond et aérée. Jolie terrasse. Excellent service.

Trófea Grill (zoom C4, **156**) : *Király u. 30-32. ☎ 878-05-22. Buffet à volonté dont le prix varie selon les jours : 4 500 Ft lun-ven 12h-17h, 6 500 Ft lun-jeu après 17h, 7 000 Ft ven soir, w-e et j. fériés ; pour les moins de 12 ans, 50 % de remise en sem et gratuit au déj les w-e et j. fériés.* Une chaîne qui propose un buffet illimité, boissons et alcools inclus, c'est rare. Élégants comptoirs sombres couverts de hors-d'œuvre et cochonnailles, avec un large choix de plats et desserts. Un banc propose même des viandes et poissons crus que l'on fait cuire à la demande. Bon, rien de gastro non plus, mais un bon rapport qualité-prix-grosse-faim.

Où prendre un bon petit déj ou un délicieux goûter ?

Művész Kávéház (zoom C4, **163**) : *Andrássy út 29. ☎ 343-35-44. Tlj 8h (9h dim)-21h.* Fondé en 1898, le café « artiste » était à l'origine réservé aux seuls chanteurs de l'Opéra ! Il ne l'est plus, mais il est toujours bien là et entretient avec assiduité la patine de sa salle ornée de glaces et d'un énorme lustre. Entrez et choisissez une pâtisserie dans la vitrine, puis installez-vous en terrasse.

Où boire un verre ?

Les cafés en terrasse de la place Liszt (Liszt Ferenc tér** ; zoom D3, **172**) : une belle place ombragée cernée de cafés-restos, où trône une statue du compositeur ébouriffé et visiblement très inspiré. C'est le QG de la jeunesse friquée de Budapest. Pour boire un verre ou pour prendre un petit déj, on aime bien le ***café Vian *(au nº 9 ; tlj 9h-1h),* avec sa grande salle et ses confortables canapés, même si le service n'est pas toujours à la hauteur de l'auteur de *L'Écume des jours,* ou alors c'est de la pataphysique.

Ferencz Jozsef Söröző *(café François-Joseph ;* zoom D4, **170**) : *Nagymező u. 12. ☎ 413-11-96. Lun-sam 11h (13h dim)-minuit.* Ce café propose un décor nostalgique de l'ancienne double monarchie avec des volets peints de publicités d'époque. Fait aussi resto.

Anker't (zoom C4, **183**) : *Paulay ede u. 33. ☎ 311-07-04. Tlj 14h-2h. Concert ou DJ ts les soirs.* Voici un *ruin pub* plutôt sage, dans une vaste cour centrale, avec un bar où la bière coule à flots, plus diverses pièces plus intimes, et aussi un coin discothèque. Accueil sympa et relax ; clientèle jeune et décontractée.

Most (zoom C3-4, **177**) : *Zichy Jenö u. 17. ☎ 248-33-22. Lun-ven 11h30-minuit, sam-dim 10h-13h. Concert jazz mar nov-mars.* Un bar-resto qui s'étale entre 2 rues... D'une part, un ancien garage à la déco alternative faite de meubles de récup', banquettes style toile de Jouy et grosses lampes industrielles. De l'autre, une vaste cour calée entre 2 immeubles, remplie de tables prises d'assaut tous les soirs. Rendez-vous pour boire un verre entre amis (consos bon marché) dans une ambiance joyeuse. Évitez d'y manger.

Mai Manó Kávézó (zoom C4, **174**) : *Nagymező u. 20. ☎ 269-56-42. Tlj 8h-1h.* C'est le café de la Maison de la photo. Derrière sa superbe façade ornementée, ce bar assume son look oriental : comptoir de céramiques ottomanes, bouteilles dans des alcôves illuminées, banquettes semées de coussins, lampes en fer forgé... La bande-son se balade entre jazz et lounge la journée, *chill-out* en soirée. Clientèle dans la trentaine, éparpillée en terrasse ou lisant le journal.

Café Factory (zoom C3, **193**) : *Jókai u. 28. ☎ 269-49-23. Tlj 11h-23h.* On y vient en couple ou entre potes pour descendre une bière, siroter un cocktail ou se réchauffer avec un thé afin d'oublier la pluie au son du juke-box. Voilà un endroit tout en bois – mezzanine incluse. On peut aussi piocher parmi le choix de sandwichs chauds ou froids, tortillas et salades. Chaleureux : voilà le mot qu'on cherchait.

Pótkulcs (plan D3, **215**) : *Csengery u. 65B. ☎ 269-10-50. Tlj 17h-1h.* À part le portail en bois et la vigne vierge, rien n'indique ce haut lieu de l'underground budapestois dont le nom signifierait... « clé de rechange » ! En été, beaucoup de monde dans la courette ombragée. Sinon, une salle voûtée où l'on écoute toutes les musiques du pays, mais surtout du bon folk des Balkans. Groupes live en fin de semaine. Également un rendez-vous des maniaques du *csócsó* (prononcer *tcho-tcho*), le baby-foot ! Quelques plats traditionnels et des burgers jusqu'à 22h30, à engloutir avec un verre de vin.

Noiret Biliárd és Dart Szalon (zoom C3, **175**) : *Dessewffy u. 8-10 ; angle Hajós u. ☎ 331-61-03. Tlj 10h-4h (14h w-e – jusqu'à 2h dim).* Après quelques marches en sous-sol, on accède à une longue cave décorée façon pub de nuit et dédiée au *csócsó* (baby-foot), au billard anglo-saxon (pool et *snooker*) et aux fléchettes. Le repaire des bandes de potes !

Où écouter de la musique ? Où danser ?

Piaf Club (zoom C3, **180**) : *Nagymező u. 25. ☎ 242-58-90. Jeu-sam 21h-4h. Parfois fermé de façon assez inexplicable... Entrée : env 1 000 Ft (1 boisson comprise).* Une adresse où se retrouve toute la ville (ou presque) à partir de 2 ou 3h du mat quand tout commence à fermer ailleurs... Ici, les petites tables rondes, les lumières tamisées rougeoyantes et les rideaux drapés du plafond confèrent au lieu une ambiance empreinte à la fois d'intimité et de nostalgie. Tous les week-ends, une chanteuse y reprend le répertoire de la Môme. Puis, à partir de 2h, un pianiste enchaîne jusqu'au bout de la nuit. Également une boîte en sous-sol. Attention à vos p'tites affaires quand même, certains clients peuvent être un peu allumés...

Ray's Bistro & Bar (zoom D3, **172**) : *Liszt Ferenc tér 10. 📱 06-20-621-848-8. • jazzypub.hu • Ven-sam 21h-4h.* Le week-end, sur cette place à la mode, vous en verrez pas mal descendre l'escalier qui mène à cette cave voûtée en brique où les watts jouissent sans entrave. Outre les concerts de jazz (programmation sur leur site internet), c'est le royaume de la disco et du funky et, dans une moindre mesure, du R'n'B et du hip-hop. Bien sur le tard, quand la faune de la place se décide à se bouger les fesses. Rencontres assurées dans un espace assez restreint.

À voir

Andrássy út (zoom C4-D3) : grande avenue « haussmannienne » typique du XIXe s. La voie royale de la bourgeoisie, classée au Patrimoine de l'Unesco, s'étire sur presque 3 km jusqu'au bois de la Ville, en traversant le quartier des ambassades. Immeubles aux façades splendides, d'inspiration surtout néoclassique, mais aussi néobaroque, byzantine ou gothique. Certaines cours sont parfois accessibles, révélant des cages d'escalier superbement rénovées ou ravagées par les outrages du temps. Plus on s'approche du bois de la Ville, plus l'avenue verdit, faut-il y voir une coïncidence ?

Robert Capa Kortárs Fotográfiai Központ (*Centre contemporain de la photographie Robert Capa ; zoom D4,* **240**) : *Nagymezö u. 10. ☎ 413-13-10.*

• capacenter.hu • Tlj 11h-19h. Fermé les j. fériés. Entrée : 1 500 Ft ; réduc ; gratuit moins de 6 ans et plus de 70 ans. Dans un bâtiment construit par Louis Ernst, à la façade décrépie mais bien rénové à l'intérieur avec de superbes vitraux d'*Ödön Lechner,* 600 m² d'expositions temporaires thématiques ou dédiées aux grands noms de la photographie mondiale et à des photographes moins connus. À ne pas manquer pour les amateurs.

LA GUERRE, C'EST PAS DU CINÉMA !

Robert Capa fut l'unique photographe présent le jour du débarquement en Normandie le 6 juin 1944. L'histoire dit qu'il réalisa une centaine de clichés sous un déluge de feu, aussitôt expédiés au bureau londonien de Life. *Malheureusement, le laborantin fit cramer les pellicules et ne put sauver que 11 photos... Surnommées* The Magnificent Eleven, *elles auraient inspiré Steven Spielberg pour son film* Il faut sauver le soldat Ryan.

BUDAPEST

Magyar Állami Operaház *(Opéra ; zoom C4) : Andrássy út 22. ☎ 332-81-97 (lun-ven 10h-17h seulement). • operavisit.hu • opera.hu • L'opéra étant en travaux jusque dans le courant de 2019, les spectacles se donnent au* Erkel Theatre *(János Pál pápa tér 30). Malgré tout, visite guidée de l'opéra (30 mn), en principe tlj à 14h (anglais et espagnol seulement), 15h et 16h (en français), miniconcert de 5 mn inclus, sauf éventuelles modifications dues aux travaux en cours. Entrée : 2 500 Ft ; réduc étudiants et 20 % avec la* Budapest Card. Construit en 1884 sur le modèle de celui de Vienne dans un style néo-Renaissance italienne, avec marbre et dorures, l'Opéra de Budapest a été dirigé pendant 4 ans par Gustav Mahler.

En face, le palais Dreschler de style néogothique. Derrière lui, on voit se profiler l'étonnante corniche du ***théâtre Arany-János,*** constituée de figures hiératiques en pur style Sécession. Superbe !

Magyar Fotográfusok Háza *(La maison de la Photographie ; zoom C4,* ***174****) : Nagymező u. 20. ☎ 505-04-55. • maimano.hu • Mar-dim 12h-17h. Fermé les j. fériés. Entrée : 1 500 Ft ; réduc.* L'ancien hôtel particulier (1894) du photographe de la cour impériale des Habsbourg, ***Mai Manó,*** abrite de nos jours ce petit musée qui accueille des expos temporaires consacrées aux grands photographes hongrois ou étrangers. La visite se justifie déjà par le magnifique cadre de cette maison éclectique : cage d'escalier avec rampe en fer forgé, fresques, stucs et vitraux, et studio de l'artiste sous une verrière. Superbe !

L'avenue croise ***Nagymező,*** la rue des théâtres, que l'on surnomme le « Broadway » de Budapest. Juste après, tourner à gauche dans Liszt Ferenc tér. Au bout de la place (au n° 8) se trouve la ***Zeneakadémia*** *(zoom D4 ; entrée par Király u. 64 ; fermé en été),* l'Académie de musique, superbe bâtiment au style floral 1900. Une statue de Franz Liszt en bronze coiffe la porte principale. Somptueux hall d'entrée, décoré de céramiques de Zsolnay, mosaïques et lustres ronds gigantesques, façon château médiéval. C'est encore mieux à l'étage avec la grande fresque aux vestales et les chapiteaux néo-égyptiens ! Évidemment, les concerts, qui ont lieu surtout pendant l'année universitaire, sont le seul moyen de visiter la magnifique salle.

La ***place d'Oktogon,*** à l'intersection du grand boulevard, donne le coup d'envoi à l'élargissement d'*Andrássy út* en une avenue résidentielle bordée de villas patriciennes. Un peu plus loin, la place *Kodály-Körönd (plan D3)* sert d'écrin aux statues des héros morts pendant la guerre contre les Turcs.

Liszt Ferenc Emlékmúzeum *(musée Franz-Liszt ; zoom D3) : Vörösmarty u. 35. ☎ 322-98-04. • lisztmuseum.hu • Lun-ven 10h-18h, sam 9h-17h. Concert sam à 11h. Entrée : 2 000 Ft ; billet combiné avec concert 3 000 Ft ; réduc. Audioguide* *en français : 700 Ft.* Franz Liszt (1811-1886), qui s'est toujours dit hongrois de cœur, même s'il ne parlait pas la langue, résida ici durant quelques années entre de fréquents voyages à Rome et Weimar. C'est l'Académie de musique, située dans le même bâtiment, qui mit cet appartement de 4 pièces à sa disposition, pour le remercier d'y donner des cours gratuitement. Il a été reconstitué d'après photos. En entrant dans la chambre à coucher, juste à droite, remarquer l'amusant petit piano de voyage ayant appartenu à son 1er élève. À noter aussi, l'étonnant bureau du maestro, conçu sur mesure : le tiroir abrite un clavier pour pouvoir écrire et jouer dans la foulée ! Le salon, qui servait de salle de classe, conserve le grand piano de concert de Liszt et un autre, plus modeste, qu'il utilisait pourtant bien plus souvent... Non loin, sur la place ombragée qui porte son nom, vous pourrez admirer un bronze du compositeur inspiré.

Terror Háza Múzeum *(musée de la Terreur ; zoom D3) : Andrássy út 60. ☎ 374-26-00. • terrorhaza.hu • Ⓜ Vörösmarty ou Ⓣ n° 4 ou 6. Mar-dim 10h-18h. Fermé lun et j. fériés. Entrée : 3 000 Ft ; expo temporaire : 2 000 Ft en sus ; réduc 6-25 ans et 62-70 ans ; gratuit plus de 70 ans. Audioguide en français : 1 500 Ft (utile, car presque tt est en hongrois). Prévoir env 1h30 de visite.*

Ce musée est installé dans l'ancien QG des Croix fléchées, le parti fasciste hongrois allié des nazis, pendant la Seconde Guerre mondiale, devenu ensuite celui de la police politique communiste (1945-1956). Sa création a soulevé des polémiques, notamment autour de l'architecture même du bâtiment. Le gris, volontairement utilisé pour retranscrire la terreur, tranche avec les autres bâtiments d'*Andrássy út.*

Le musée se veut le témoin des atrocités commises par ces 2 régimes, même s'il couvre de manière ostentatoire et nettement disproportionnée la période communiste. Qui plus est, la période fasciste n'est évoquée qu'à partir du 15 octobre 1944, date à laquelle les « chemises vertes » prirent le pouvoir. Absolument rien sur la période trouble de l'été 1944, où les Croix fléchées assurèrent la déportation de près de 450 000 juifs vers Auschwitz, comme l'exigeaient les nazis. Rien non plus sur les lois antisémites votées entre 1920 et 1938. On pourrait y voir une volonté délibérée de minimiser le rôle de la Hongrie souveraine et alliée de l'Axe, au détriment de la période communiste, vécue plus comme une occupation. Cela dit, la mise en scène est spectaculaire et plutôt bien faite, et la muséographie assez élaborée, mais cela se fait un peu au détriment du sérieux historique.

REZSO KASZTNER, HÉROS OU SALAUD ?

En 1944, ce journaliste juif hongrois passa un marché avec les nazis, dont Eichmann, pour acheminer 1 684 déportés vers la Suisse, en échange d'une rançon de 1 000 $ chacun. La somme fut réglée par les plus riches d'entre eux. Critiqué en Israël pour avoir négocié avec le diable et accusé de s'être enrichi, un procès le disculpa. Il fut toutefois assassiné en pleine rue, par un juif extrémiste, à Tel-Aviv en 1957.

On est accueilli en bas par un vieux char soviétique, les chenilles plongées dans un bassin rempli d'eau, sous un mur vertigineux couvert de centaines de visages de victimes de la terreur, sculptés sur des plaques d'aluminium. Sur plusieurs étages (commencez par le haut), on passe de salle en salle : les nazis d'abord, avec le mess des ***Croix fléchées*** aux assiettes et uniformes bien rangés, puis rapidement les communistes. On vogue vers le ***goulag sibérien,*** puis on plonge au cœur du réalisme soviétique. Bienvenue dans l'univers de *1984* de George Orwell. Sinistre limousine noire d'apparatchik conservée derrière un épais rideau, bureau du directeur de la police politique, kafkaïenne salle des archives secrètes remplies de dossiers, et même une salle des objets en aluminium, seule ressource naturelle exportée au temps du régime communiste...

Un ascenseur conduit ensuite au sous-sol, où s'alignent de lugubres cellules destinées aux condamnés à mort, et même une salle d'exécution avec un gibet. « Il faut être capable de battre quelqu'un pour obtenir ce que l'on veut », disait ***Janós Kádár,*** secrétaire général du PC hongrois de 1956 à 1988... Ailleurs, témoignages et films d'archives, pas très parlants (tout est en hongrois, même si certains sont sous-titrés en anglais). Une visite intéressante néanmoins, qui permet de ressentir l'ennui, la lourdeur et, par bien des aspects, l'horreur glaçante de ces régimes qui ont marqué l'histoire de la Hongrie au fer rouge.

PROMESSES BIDON

Durant l'insurrection de 1956, la station Radio Free Europe, financée par la CIA, encouragea les Hongrois à la révolte, les assurant de l'aide des armées de l'OTAN en cas d'intervention soviétique. Quand les chars russes arrivèrent, les Occidentaux ne bougèrent pas. Il est vrai que Français et Anglais étaient alors empêtrés dans une opération désastreuse sur le canal de Suez. Finalement, le soulèvement hongrois mit en évidence le caractère oppressif et brutal du communisme. En France, de nombreux sympathisants déchirèrent leur carte du PCF.

ERZSÉBETVÁROS, LE QUARTIER JUIF (PEST VII)

C'est « la ville d'Elisabeth » (la fameuse *Sissi*), qui s'étale entre la rue *Király* au nord, l'avenue *Rákóczi* et le cours *Erzsébet* au sud et à l'est, soit un lacis de rues et ruelles bordées en majorité d'immeubles du XIXᵉ s, melting-pot de styles allant du néoclassique à l'Art nouveau en passant par l'Art déco et l'éclectisme le plus débridé. C'est ici que résidait l'essentiel de la communauté juive avant la Seconde Guerre mondiale. Décimée à 70 %, elle reste la plus importante d'Europe centrale. On ne compte plus aujourd'hui que 125 000 juifs en Hongrie, contre 725 000 avant la guerre. D'un point de vue cultuel et culturel, la communauté juive conserve et entretient plusieurs synagogues – certaines récemment rénovées ou en cours de rénovation grâce à l'aide de la diaspora. Au fil de la balade, il faut pousser les portes pour découvrir, derrière les façades ouvragées, de superbes cours intérieures. La spéculation immobilière, un temps intense, a été freinée par la crise, mais le quartier en a profité pour trouver une nouvelle jeunesse, jusqu'à devenir le quartier le plus vivant de la capitale. La nuit, ses petits restos, ses bars et ses *ruin pubs* ne désemplissent pas ! L'endroit le plus touristique, c'est le passage *Gozsdu-udvar,* bardé de bars et de restos, qui relie entre elles les rues Király et Dob. Mais il y a d'autres lieux bien plus authentiques dans le quartier !

Adresse utile

■ ***Jewish Heritage Walking Tour :*** *billets au Duna Palota (zoom B-C4, 219), Zrínyi u. 5, ou dans certains hôtels, agences de voyages ou sur*

Internet. ☎ *317-27-54 ou 317-13-77.* • *budapestbylocals.com* • *Résas en ligne sur* • *ticket.info.hu* • *« Basic Tour » (2h ; 6 900 Ft) mai-oct, jeu à 10h et 14h, ven et dim à 10h ; seulement le mat le reste de l'année. « Grand Tour » (3h30-4h ; 11 400 Ft) mêmes horaires. Réduc de 10 % avec la* Budapest Card. Visites guidées (en anglais ou en allemand) du quartier juif. Le 1er tour se contente d'un rapide passage autour de la synagogue de la rue Dohány, le 2[d] explore les ruelles, avec escale dans une pâtisserie juive. Visite du Musée juif incluse dans le prix dans les 2 cas.

Où manger ?

Bon marché (jusqu'à env 2 000 Ft – 6,20€)

Bors (zoom D4, **115**) : *Kazínczy u. 10.* 📱 *06-70-935-32-63. Lun-sam 11h30-21h. Compter 500-1 000 Ft. CB refusées.* C'est l'exemple même de la *street food* dans un Budapest qui a le vent en poupe. Bondé à midi comme dans une poivrière (*bors* veut dire « poivre ») ! Ici, des garçons très sympas concoctent de la soupe et des sandwichs assez réputés. À emporter uniquement.

Karaván Street Food (zoom D4, **115**) : *Kazínczy u. 18. Tlj 11h30-minuit (2h jeu-sam). Compter 1 500-2 500 Ft.* Une allée entre 2 immeubles, une palissade en bois, une flopée de comptoirs de bouffe rapide et voilà le concept de *street food* reconstitué, version bobo évidemment ! Toutes sortes de stands, du burger au *langós,* en passant par les wraps et autres pizzas, le tout à arroser d'une bonne bière. Possibilité de s'asseoir. Bonne ambiance en fin de semaine.

Hummus Bar (zoom C-D4, **111**) : *Wesselényi u. 14.* 📱 *06-70-466-24-96. Juste derrière la Grande Synagogue. Tlj 11h (12h w-e)-23h. Pita 900-1 000 Ft, plats 1 300-2 500 Ft.* Une petite chaîne locale dans les tons orangés, dont le concept, vous l'aurez compris, repose sur cette merveilleuse crème de pois chiches déclinée à tous les vents (en *shawarma,* salade turque, etc.). Une bonne idée, surtout à 2 pas de la Grande Synagogue. Le décor, comme la clientèle, donnent d'ailleurs un p'tit coup de vieux à la concurrence...

Kádár Étkezde (zoom D4, **119**) : *Klauzál tér 9.* ☎ *321-36-22. Juste à droite du marché couvert. Tlj sauf dim-lun 11h30-15h30. Congés : juil. Plats 1 200-1 800 Ft.* Les *étkezdék* sont des bistrots de famille où l'on mange pour 3 fois rien. On n'y boit pas d'alcool. Chez *Kádár* se croisent habitants du quartier, artistes et touristes. Au-dessus du lambris, les photos de célèbres acteurs qui en ont fait leur cantine. Dans l'assiette, plats juifs comme le *sólet* (ragoût de haricots), surtout le vendredi, ou le *fött marhahús* (bœuf bouilli) à la sauce aux griottes, aux pommes ou à l'oseille, servi sur de grandes assiettes compartimentées. En dessert, *máglyarakás* (bûcher de Jeanne d'Arc) à la cannelle. Carte sous-titrée en français. Bon accueil.

Töltő (zoom D4, **118**) : *Wesselényi u. 31. Tlj 11h30-21h30 (22h30 ven), sam 12h-22h30, dim 12h-21h. Sandwichs 1 500-1 600 Ft.* *Töltő* désigne les machines à fabriquer les saucisses. Dans un petit local furieusement contemporain, on déguste de modernes hot-dogs confectionnés avec des saucisses de type *Bratwurst* (à l'allemande), du pain et des sauces maison artistiquement déposées. Au citron, au paprika, version japonaise... Seulement un bout de comptoir et 2 tables.

Frici Papa Kifőzdéje (zoom D4, **120**) : *Király u. 55.* ☎ *351-01-97. Derrière Liszt Ferenc tér. Lun-sam 11h-23h. Plat env 900 Ft.* Avec sa déco de bistrot à l'ancienne, fresque incluse, la cantine du père Franck nourrit une ronde d'habitants et d'employés du quartier venus tâter de sa cuisine hongroise à petits prix. Les plats sont tout à fait acceptables et ultra-copieux, détaillés sur une carte en français. Venir de préférence le midi, car le soir le choix est plus restreint, le serveur prenant soin de rayer au fur et à mesure les plats du jour épuisés !

Iel ***Köleves*** *(zoom C-D4,* ***121****) : Kazínczy u. 41.* ☎ *322-10-11. Tlj 8h (9h sam-dim)-minuit. En été, le jardin n'ouvre que vers 11h. Plats 1 600-5 200 Ft.* Dans une des rues du quartier juif les plus animées le soir, près d'un square très coloré. Beaucoup de monde dans le jardin en été, avec roulotte-snack, fresque, musique tzigane et baby-foot. Au fond, un décor de café à l'ancienne, managé par une équipe jeune, qui sert des spécialités juives et hongroises. Simples mais goûteuses et copieusement servies, elles changent en fonction des saisons. Pour une fois, les végétariens trouveront à se nourrir sans trop de peine.

De prix moyens à chic (2 000-5 000 Ft – 6,20-15,50 €)

Iel ***Gettó Gulyás*** *(zoom D4,* ***132****) : Wesselényi u. 18.* 📱 *06-20-376-44-80. Tlj 12h-23h (minuit ven-sam). Menu midi en sem 1 300 Ft ; plats 2 000-4 900 Ft.* Un petit bistrot contemporain original, spécialisé dans la tradition des ragoûts *(pörkölt)*. Déclinés en plusieurs versions, de l'agneau au cerf en passant par le poisson-chat, tous sont copieux et savoureux. Et pourquoi ne pas goûter au ragoût aux testicules de coq ? Également des suggestions du jour à déguster dans un sobre décor postindustriel branché, avec murs de tôle ondulée, dont certains sont transparents et remplis de paille ! Service charmant et excellent rapport qualité-prix.

Iel ***Dobrumba*** *(zoom C4,* ***116****) : Dob u. 5.* 📱 *06-30-194-00-49. Tlj 12h-minuit (1h ven-sam). À midi, plats à partir de 1 500 Ft, soupe ou dessert inclus. Le soir, plats 2 300-4 200 Ft.* Dob et Rumbach, les 2 rues qui font l'angle, ont enfanté ce resto orientalisant qui revendique une identité allant de l'Atlas au mont Ararat (Arménie). Des murs couleur sable dans leur jus, des tables en bois clair et des luminaires modernes, le bivouac (branché) est planté ! Dans l'assiette, la *harira* marocaine, le *mezze* moyen-oriental, la *shakshuka,* le tajine, le *burek* ou encore le *köfte* burger. Dépaysement garanti pour un sympathique rapport qualité-prix. Un peu d'attente en fin de semaine...

Iel 🍸 ***Kazimír Bistró*** *(zoom D4,* ***148****) : Kazínczy u. 34.* ☎ *798-57-47. Tlj 10h-4h (23h30 pour la cuisine). Plats 2 000-6 000 Ft.* En plein dans la Budapest qui bouillonne, face à la synagogue orthodoxe. Un bar-resto très sympa proposant une cuisine simple mais bien faite qui va du canard à l'orange au plateau de charcuterie. En salle ou dans la petite cour, l'ambiance bat son plein, surtout quand déboulent les jazzmen. Sinon, c'est bal de tango argentin tous les jeudis à l'étage à partir de 20h.

Très chic (plus de 5 000 Ft – 15,50 €)

Iel ***Macesz Bisztró*** *(zoom D4,* ***176****) : Dob u. 26 (angle Kazínczy).* ☎ *787-61-64. Dim-mer 12h-16h, 18h-23h (22h30 cuisine), jeu-sam ferme à minuit (23h30 cuisine). Plats 3 000-6 000 Ft ; menus dégustation 7 900-10 900 Ft.* Certes, la salle est éclairée au moins autant que Versailles la nuit. Mais les tables sont dressées avec nappes blanches et beaux verres, les serveurs sont classe et ce *jewish bistro* sert une cuisine hongroise et juive savoureuse. On ne vous poussera pas forcément à prendre les onéreux menus dégustation, mais on vous conseillera les plats de belle facture (oie, *schnitzel, cholent,* etc.). Mention spéciale au confit de canard servi avec un délicieux risotto. Le tout accompagné d'un bon cru hongrois, proposé à la bouteille ou au verre. Bon accueil.

Iel ***Bock Bisztró*** *(zoom D4,* ***124****) : Erzsébet krt 43-49.* ☎ *321-03-40. Lun-sam 12h-16h, 18h-23h. Fermé les j. fériés. Résa recommandée. Plats 3 700-17 400 Ft.* Un resto typique des grands boulevards. Proche du *Corinthia Palace,* cette « maison de vins » joue la carte du haut de gamme, sans esbroufe ni tralala. Il entretient un lien de parenté avec les vignobles du même nom, à Villány, et se fait un devoir de mettre en valeur ses vins à travers une excellente cuisine

BUDAPEST

hongroise revisitée. Les plus justes côté pépettes se contenteront de tapas et d'un vin au verre. N'hésitez pas à demander conseil au serveur : avec 250 crus en cave, le choix peut être pointu !

Où prendre un bon petit déj ou un délicieux goûter ?

Fröhlich Cukrászda *(zoom C-D4,* ***164****) : Dob u. 22. ☎ 266-17-33. En face du bar Cirkusz. Lun-ven 9h-18h (14h ven).* Toute la gamme des sucreries juives (et casher), dont l'incontournable *flódni*, un succulent gâteau aux 3 étages de graines de pavot, pommes et noix – mêlées à des raisins et à du miel. On peut éventuellement grignoter sur place, mais on préfère les bancs de Klauzál tér.

New York Café *(zoom D4,* ***154****) : dans l'hôtel* Boscolo, *Erzsébet krt 9-11. ☎ 886-61-67. Tlj 8h-minuit ; resto mar-sam 18h-minuit. Plats 5 000-9 000 Ft.* Inauguré en 1894 par une compagnie d'assurances américaine, le café était alors, disait-on, le plus beau du monde ! Touches Renaissance, baroques et éclectiques se mêlent dans une profusion de moulures, de lustres vénitiens en cristal, de marbre et d'incroyables colonnes torsadées. Transformé en entrepôt au plus fort de la crise des années 1930, le lieu a retrouvé toute sa splendeur grâce à la restauration appliquée d'un groupe hôtelier de luxe italien. Évidemment, c'est très cher, sans que ce soit toujours à la hauteur du cadre et de l'addition, il faut le savoir. On se contentera donc d'un verre ou d'un thé accompagné d'un gâteau.

Où boire un verre ?

Durant l'hiver, tout le monde se serre sous terre devant un verre, dans les anciennes caves reconverties. En été, c'est tout le contraire : les taupes sortent au grand jour, s'ébattent dans les cours *(kerts)* ou investissent les étages ouverts à tous vents des *ruin pubs*. On note cependant 2 lieux emblématiques du quartier : la ***rue Kazínczy*** *(entre les rues Paulay Ede et Dohány)* et le ***passage Gozsdu-udvar*** *(zoom C4,* ***233****)*, lequel, après avoir connu des débuts difficiles, voit la foule des touristes l'envahir chaque fin de semaine. Cela arrive de moins en moins, mais attention aux fausses propositions galantes et nocturnes qui se terminent parfois dans les bras... de la mafia. Bien sûr, les oiseaux de nuit ne manqueront pas de jeter un coup d'œil au site internet • *ruinpubs.com* • pour dénicher les bons plans du moment.

Szimpla-kert *(zoom D4,* ***171****) : Kazínczy u. 14. 📱 06-20-423-12-96. • szimpla.hu • Lun-jeu 12h-4h, ven-sam 10h-4h, dim 9h-4h.* Le pionnier des *ruin pubs*. Il y a la queue en fin de semaine ! Planqué dans un immeuble destroy et tagué de partout, qui enserre une large cour verdoyante avec une Trabant en guise de box, des sofas défoncés, des objets de récup'... On s'installe dans un recoin sombre, au détour d'un escalier tagué, ou dans une vieille baignoire ! Il y a des bars à tous les étages, mais les alcools servis varient en fonction des pièces. Sans ça, on trouve aussi de quoi se caler l'estomac : salades, bouts de pizzas et sandwichs longs comme le bras pour une croûte de pain. En principe, concerts tous les jours entre 20h et 22h et DJ à partir de 22h. Marché fermier le dimanche de 9h à 14h, avec brunch et animations musicales.

Instant & Fogas *(zoom D4,* ***192****) : Akácfa u. 49-51. 📱 06-70-638-50-40. • instant.co.hu • Tlj 16h-6h. Musique live ts les soirs.* En quittant Terézváros pour le quartier juif et en s'associant avec *Fogas* (et même avec *The Lärm* pour être complet !), *Instant* a fait une bonne affaire puisqu'il est devenu le plus vaste *ruin pub* de la ville ! Une quinzaine de bars, 8 pistes de danse et un resto... Et puis ce décor labyrinthique qui a fait la réputation du nom. Bien sûr, c'est la foule en fin de semaine et il faudra vous armer de patience ! Après avoir souri aux videurs, vous voilà lâché dans l'un des lieux les plus allumés de la ville. Ici, c'est bar et musique à tous les étages, avec des DJs qui aiment se la jouer techno, rock, metal ou encore rap. On passe de salle en salle, de coursive en coursive, en admirant au passage la déco des murs bruts, les photos et statues rigolotes et les petites œuvres contemporaines. La fête bat son plein toute la nuit !

The Hive *(zoom C-D4,* ***185****) :* *Dob u. 19. 06-30-826-61-97. Tlj jusqu'à 2h (5h jeu-sam). Musique live ts les soirs.* C'est le bar-boîte du *party hostel* du même nom, où l'on ne vous conseille pas trop de dormir (à part debout !). Ici, tous les soirs, des concerts live, suivis de musique distillée par un DJ plutôt grand public, avec des bandes de jeunes Anglais souvent déchaînés. Mais tout le monde est allumé... Un incontournable de la soirée.

Kuplung *(zoom C-D4,* ***202****) :* *Király u. 46. 06-30-755-35-27. Tlj. Prix divisés par 2 ts les lun.* Encore un lieu éphémère qui dure ! Au fond d'une cour avec des tables et des chaises de guinguette, la grosse baleine veille sur ses ouailles. Ancien garage reconverti : tags, graffitis divers hérités d'expos passées, musique assourdissante, et toujours ces étranges accros au baby-foot... La bière n'est pas chère et elle coule aussi fort que le Danube.

Spinoza *(zoom C-D4,* ***211****) :* *Dob u. 15. ☎ 413-74-88. • spinozahaz.hu • Au débouché du Gozsdu-udvar. Tlj 8h-23h (22h30 cuisine).* Le cadre élégant, très club anglais, de ce café-resto branché à vocation littéraire et artistique, donc pas du tout déjanté comme les adresses précédentes, invite à s'oublier le temps d'un thé ou d'une soirée. Pianiste tous les jours de 19h30 à 22h30, et il y a même un café-théâtre dans la salle du fond, pour des concerts *klezmer* (de musique juive) le vendredi, qui valent le détour *(forfait 9 500 Ft, comprenant le dîner).* Sinon, la cuisine traditionnelle hongroise et juive tient bien la route.

BUDAPEST

À voir

Dohány utcai Zsinagóga *(Grande Synagogue ; plan C-D4 ; zoom) :* *Dohány u. 2. ☎ 343-04-20. • jewishtourhungary.com • Mai-sept, dim-jeu 10h-18h (20h mars-avr et oct, 16h nov-fév), ven 10h-16h (14h nov-fév) ; dernière admission 30 mn avt. Fermé sam et fêtes juives. Entrée synagogue et musée : 4 000 Ft ; ticket famille 9 000 Ft ; réduc de 10 % avec la* Budapest Card. *Visites guidées incluses de 45 mn ttes les 30 mn à 1h en français (sinon, en anglais). Tenue correcte exigée (épaules et genoux couverts) et kippa obligatoire (fournie sur place).*
Construite de 1854 à 1859 (très rapidement pour l'époque) par un architecte viennois, elle est un mélange fantastique de traditions chrétiennes et mauresques, avec des minarets coiffés de dômes en forme de bulbes, des étoiles à 8 branches, des mosaïques d'inspiration byzantine et une grande rosace surmontée des Tables de la Loi. C'est la plus vaste synagogue d'Europe et la 2e au monde par sa capacité d'accueil, juste après le temple Emanu-El de New York ! L'intérieur mêle des éléments de la tradition orthodoxe (galeries supérieures réservées aux femmes) à d'autres liés au judaïsme réformé, comme la position de la tribune de lecture. D'ailleurs, à l'origine, son plan fut, dit-on, le résultat d'un compromis architectural. Elle devait ressembler à une église pour mieux se faire accepter. « La plus belle synagogue catholique du monde », persiflèrent ses nombreux détracteurs lors de son inauguration...
C'est ainsi que, de l'église, on retrouve le principe des 3 nefs, la position des bancs, les 2 chaires sur le côté, la *bima* (Tables de la Loi) dans le chœur (au lieu d'être au centre), l'orgue dans la tribune (sur lequel jouèrent, dit-on, Liszt et Saint-Saëns), vraiment pas dans la tradition juive... La structure est métallique (piliers en métal Eiffel), ce qui a permis un gain de temps précieux lors de la construction.

L'édifice a miraculeusement échappé aux destructions de la Seconde Guerre mondiale, car les nazis utilisaient ses tours pour installer leurs antennes de communication ! Quelque 3 500 personnes peuvent y prendre place. C'est ***Estée Lauder*** (parfums et cosmétiques) qui, aux côtés de l'État hongrois, finança en partie la restauration de la synagogue dans les années 1990.
Une longue galerie latérale longe *Wesselényi utca.* Elle abrite les 4 fosses communes du ghetto. Sous ces pierres tombales éparpillées gisent les restes de 2 281 personnes mortes de froid, de faim et de maladie pendant les 56 jours que dura le ghetto de Budapest. C'est une exception dictée par les circonstances : normalement, les morts, impurs, ne sont jamais inhumés autour des synagogues. C'est pourtant le cas ici, comme à Prague, Cracovie et New Delhi.
En toile de fond se dresse la structure blanche, carrée et crénelée, du ***temple des Héros,*** construit en 1929-1931 en mémoire des juifs tués lors de la Première Guerre mondiale. Dans la cour, au fond, s'élève une sculpture en métal du célèbre artiste hongrois Imre Varga, ***Le Saule pleureur,*** dédié aux 600 000 juifs hongrois victimes du nazisme. Au moins 3 000 noms sont gravés sur ses feuilles. Elle a été financée par l'acteur américain d'origine hongroise Tony Curtis. À côté, un mémorial rend hommage à ***Raoul Wallenberg,*** diplomate suédois en poste à Budapest durant la Seconde Guerre mondiale, qui organisa le sauvetage de près de 20 000 juifs hongrois en leur distribuant des passeports suédois temporaires et en leur assurant un toit sûr dans des immeubles achetés par l'ambassade.

LE MYSTÈRE WALLENBERG

Surnommé « l'Ange de Budapest » par les milliers de juifs qui lui doivent la vie, le diplomate suédois Raoul Wallenberg fut enlevé à l'arrivée des Russes en 1945. Les raisons de sa disparition sont restées mystérieuses. On pense qu'il fut victime de la paranoïa stalinienne, traité en espion à la solde des États-Unis et exécuté en 1947. Certains ont pourtant affirmé l'avoir croisé en Sibérie dans les années 1960... En 1981, le Congrès américain le déclara citoyen d'honneur des États-Unis à titre posthume, et Israël le reconnut « Juste parmi les Nations ».

Zsidó Múzeum *(Musée juif ; zoom C4)* **:** *Dohány u. 2. ☎ 342-89-49. Attenant à la synagogue et mêmes horaires.* Il se trouve à l'emplacement de la maison natale de Theodor Herzl (1860-1904), auteur de *L'État juif,* inventeur et propagateur du sionisme. Les salles toutes blanches sur 2 niveaux présentent une collection d'objets liturgiques liés, entre autres, aux fêtes juives et aux différentes grandes étapes de la vie : naissance, mariage et mort. Superbes vitraux. Dans la 3e salle, beau livre des morts enluminé. Au 2e étage, expos temporaires.

LE GHETTO DE BUDAPEST

L'occupation nazie de Budapest commença en mars 1944, et le ghetto fut maintenu de novembre à la libération par les Russes en janvier 1945. Ce ghetto était entouré de palissades gardées pour empêcher toute contrebande ou évasion. La zone fut coupée du reste du monde : habitations surpeuplées, approvisionnement interdit. Les ordures amoncelées propageaient des maladies comme le typhus. Plus de la moitié des Juifs partirent vers les camps d'extermination.

Karl Lutz Emlékmû *(mémorial Karl-Lutz ; zoom C4,* ***230****)* **:** *Dob u., à la hauteur du nº 11, près de l'angle de Rumbach u.* Dans un renfoncement, on découvre ces statues honorant le consul de Suisse ***Carl Lutz,*** qui sauva, comme Wallenberg, des milliers de juifs en plaçant plusieurs immeubles sous protection diplomatique helvétique. Lui aussi délivra de nombreux sauf-conduits. Un homme d'affaires italien, ***Giorgio Perlasca,*** se fit passer pour consul d'Espagne et sauva aussi quantité d'enfants. Grâce à l'action courageuse de ces hommes, une centaine de milliers de juifs hongrois purent échapper aux persécutions des Croix fléchées et au plan de déportation vers les camps d'extermination planifié par Adolf Eichmann.

– Pour aller plus loin dans la connaissance de la tragédie juive en Hongrie, on peut visiter le ***Holokauszt Emlékközpont*** *(mémorial de l'Holocauste ; plan D-E6,* ***260****)*, qui ne se trouve pas dans ce quartier mais dans le 9e arrondissement : *Páva u. 39. ☎ 455-33-33. • hdke.hu • Ⓜ Corvin-Negyed. Mar-dim 10h-18h ; dernière entrée 1h avt. Entrée : 1 400 Ft ; ½ tarif avec la Budapest Card et pour les familles de 4 pers, les moins de 26 ans et plus de 62 ans ; gratuit au-delà de 70 ans.* En hommage aux juifs de Hongrie victimes du nazisme, une expo interactive et multimédia baignant dans la pénombre accompagnée d'une musique de circonstance. Nombreuses images des atrocités commises, de charniers, de vie et de mort dans les camps. Le bâtiment, à l'architecture biscornue censée refléter l'absurdité de l'Holocauste, abrite également une synagogue.

Rumbach utcai zsinagóga *(synagogue de la rue Rumbach ; zoom C4,* ***231****)* **:** *Rumbach Sebestyén u. 11-13.* ***La synagogue est fermée pour rénovation, sans doute pour plusieurs années*** *(un musée et un café sont en projet).* Sachez tout de même qu'elle fut construite en 1872 par le célèbre architecte viennois ***Otto Wagner,*** à la demande de la fraction la plus conservatrice de la communauté juive, en réaction au concept architectural par trop « catholique » et à la liturgie trop libérale de la Grande Synagogue. Quoique partageant avec elle son style mauresque, l'édifice retrouve ici le plan octogonal traditionnel avec la *bima* au milieu. La charpente métallique confère cette impression de légèreté des structures intérieures. Après les travaux, on devrait de nouveau pouvoir admirer la coupole, remarquable de finesse avec sa fleur polychrome à 8 pétales.

Kazinczy utcai zsinagóga *(synagogue de la rue Kazinczy ; zoom D4,* ***232****)* **:** *Kazinczy u. 29-31. • kazinczyutcaizsinagoga.hu • Tlj sauf sam 10h-18h ; fermé à 16h le ven d'oct à mars. Entrée : 1 000 Ft.* Alors que la Grande Synagogue est de tendance néologue (judaïsme progressiste), celle-ci est franchement orthodoxe et conservatrice (soyez aimable et poli avec les gardiens sinon vous ne rentrerez pas). Construite en 1913 dans le style *Sécession* (Art nouveau), elle est assez emblématique des synagogues bâties en Hongrie au début du XXe s. Joli décor des murs, en particulier les 3 rangs de la frise du toit.

Il faut aussi arpenter les rues au hasard, le nez en l'air, pour admirer la diversité de style des façades. Puis vaincre les digicodes et pousser les portes cochères pour apprécier le charme des cours intérieures. D'élégantes entrées d'escaliers révèlent, sous la crasse et la patine, des choses encore jolies : vestiges de stucs et de décors, rampes en fer forgé, escaliers de marbre. Certaines sont en restauration pour des opérations immobilières visant à les transformer en résidences de luxe. Les promoteurs, s'ils sauvent les bâtiments (et encore, pas toujours), ne s'embarrassent cependant guère de conserver les finesses architecturales d'origine. La ***Király utca*** *(zoom C-D4)* est l'une des rues proposant le plus de cours et façades pittoresques. Au no 13 s'ouvre le ***Gozsdu-udvar*** *(zoom C4,* ***233****)*, le passage le plus animé de la ville le soir. Il assure la liaison avec la rue ***Dob*** et traverse pas moins de 6 cours rénovées égrenant un chapelet continu de bars et de restos qui restent ouverts tard dans la nuit. On aime aussi beaucoup ***Dohány utca.*** Au no 20, magnifique cour restaurée de style néo-Renaissance (1894), au décor intérieur sculpté d'une richesse inégalée. Digicode désormais...

VÁROSLIGET, LE BOIS-DE-LA-VILLE (PEST XIV)

Poumon vert de Budapest, préservé de l'agitation du centre, le « Bois-de-la-Ville » forme une parenthèse de sérénité, piquetée et entourée de prestigieux musées. Son entretien reste hélas négligé. À découvrir à pied, bien sûr, ou à bicyclette. Ne pas manquer d'y arriver par la longue et majestueuse *avenue Andrássy.* Chaque dimanche en été s'y déroule un petit marché aux puces (derrière le musée de l'Aviation). Mais le fin du fin, ici, c'est la patinoire (ouverte une centaine de jours par an de mi-novembre à fin février). Ce fut la 1re patinoire artificielle construite en Europe (elle date de 1926 ; avant, les Budapestois patinaient sur le lac gelé). Autre lieu de détente, les bains Széchenyi. En été, ils se transforment en discothèque !
Le gouvernement actuel a le projet d'en faire un « quartier des musées » sur les modèles viennois et berlinois, en y regroupant la maison de la Photographie et le musée de l'Ethnologie. Y serait bâtie aussi une Cité de la musique comme à Paris. Une 1re étape consiste en la réhabilitation du musée des Beaux-Arts (rouvert depuis fin 2018) et de celui des Transports. Affaire à suivre...

Où manger ?

De prix moyens à chic (2 000-5 000 Ft – 6,20-15,50 €)

|●| ***Bagolyvár*** (plan E2, **128**) : *Gundel Károly út, 4. ☎ 468-31-10. Tlj 12h-22h. Plats 3 600-5 000 Ft ; plus 12,5 % de service.* Ce « Hibou » (qui appartient à *Gundel* ; voir plus loin) est logé derrière une belle façade en bois ancienne avec tourelle. À l'intérieur, c'est plus simple, avec une salle classique et une courette aux beaux jours. À la carte, goulasch, poulet paprika, canard croustillant... Également un peu de poisson et des plats végétariens. Cuisine de bonne facture, quoique pas vraiment donnée, mais c'est le quartier...

|●| ***Paprika*** (plan E3, **130**) : *Dózsa György út 72, angle Peterdy u. ☎ 294-79-44. Tlj 12h-23h. Résa conseillée. Plats 2 550-5 000 Ft ; plats végétariens env 2 000 Ft.* Attenant à un bâtiment néoclassique délabré, un cadre plaisant, genre ferme hongroise charpentée de grosses poutres. Nappes vichy et musique jazzy. Cuisine de campagne traditionnelle, en portions gargantuesques. Spécialités de *csülök pékné módra* (jarret de porc à la boulangère) et *paprika dish* avec 4 sortes de viande (pour 2, mais on mange facile à 3 !). Également du gibier en saison.

Très chic (plus de 5 000 Ft – 15,50 €)

|●| ***Gundel*** (plan E2, **129**) : *Gundel Karoly út 4. ☎ 889-81-11. Tlj 12h-23h en sem (minuit ven-sam). Résa conseillée assez longtemps à l'avance les soirs d'été (w-e surtout). Le midi en sem, menus 6 500-7 900 Ft ; brunch à volonté dim 11h30-15h à 11 000 Ft ; à la carte, les prix s'envolent...* On a tout dit de *Gundel* : on l'a encensé, on l'a descendu en flammes, on l'a annoncé

mort, puis ressuscité. Fondée par un émigrant allemand il y a plus d'un siècle et demi, la maison a connu la gloire par la fréquentation des têtes couronnées, avant de devoir, durant la Seconde Guerre mondiale, accommoder bisons et lions du zoo voisin en goulasch ! La carte est redevenue hongroise, bien entendu, et hors de prix. Le cadre ? Chic évidemment. Le service ? Impeccable mais un rien guindé, bien sûr. Plus décontracté (et plus abordable au niveau des prix) dans le jardin à l'heure du déjeuner...

Où se baigner ?

*** **Bains Széchenyi** (plan E2) : *Állatkerti út 11. ☎ 363-32-10. • fr.szechenyifurdo.hu • Ⓜ Széchenyi fürdő. Il y a 2 entrées : celle des thermes (tlj 6h-19h), côté bois de la Ville (Városliget), et celle des bains-vapeur et bains-saunas (tlj 6h-22h), côté cirque, mais elles donnent accès aux mêmes installations. Tarifs : env 5 200-5 900 Ft/j. selon confort et j. de la sem (casier ou cabine, sem ou w-e) ; un rien moins cher 2h avt la fermeture ou les 2 premières heures le mat ; réduc 20 % avec la* Budapest Card. *Également des massages et des forfaits. Tout est expliqué en anglais sur le côté des caisses. Prévoir une serviette (on peut aussi en louer mais c'est une perte de temps), des tongs (sol très chaud) et un bonnet de bain si vous voulez nager en bassin.* Un endroit étonnant, puisqu'il s'agit du plus grand complexe thermal d'Europe (21 piscines et bassins), dans un magnifique palais construit entre 1909 et 1913 dans un style néo-Renaissance. Sous le dôme, côté thermes, une fantastique mosaïque Art nouveau joue avec la lumière. Analyse complète de cette eau à 75 °C provenant des entrailles de la terre (1 256 m) à gauche de la statue en entrant ; remarquez aussi les magnifiques cache-radiateurs. Toutes sortes de traitements sont possibles. De l'autre côté, immense piscine en plein air où l'on joue aux échecs dans l'eau, comme sur les photos ! Toujours un monde fou le week-end. Même en hiver, c'est ouvert, et cela devient magique : sous le regard des statues lascives enneigées, on fait trempette dans une eau vaporeuse à 38 °C. Et puis, vite, on va mariner dans l'un des nombreux bassins et bains de vapeurs intérieurs. Derrière l'entrée, un bar avec vue sur le bassin. Certains soirs en été, les bains se transforment en grande soirée techno, sous le vocable de *sparties*, et l'on danse en maillot dans les piscines (sacs étanches fournis). Petit snack pour se caler l'estomac au sortir du bain : ***Sub Cygnus Termal Büfé*** *(tlj 7h-18h – 17h w-e).*

Où patiner comme dans un tableau de Brueghel ?

** **Városligeti Műjégpálya** (patinoire ; plan E2) : *Olof Palme Sétány 5. ☎ 363-26-73. • mujegpalya.hu • Ⓜ Széchenyi fürdő. Entrée à côté du palais des Arts (Műcsarnok). De mi-nov à fin fév, tlj 9h-13h, 17h-21h (à vérifier sur Internet). Tarifs : 1 500 Ft lun-ven mat ; 2 000 Ft ven ap-m et sam-dim ; gratuit moins de 6 ans. Loc de patins 1 800 Ft ; caution 2 000 Ft/paire en espèce.* Encore un endroit mythique de Budapest. En été, on fait des ronds dans l'eau à bord d'embarcations en bois sur le lac, mais dès qu'il gèle à pierre fendre, l'endroit devient le haut lieu de la glisse. Ouverte une centaine de jours par an, cette immense patinoire en plein air fut la 1re d'Europe. On vient y jouer au hockey, patiner ou danser en musique le soir. Restauration sur place.

À voir

*** **Hősök tere** (place des Héros ; plan E2) : Ⓜ *Hősök tere.* Majestueuse esplanade semi-circulaire, encore plus belle le soir lorsqu'elle est illuminée, avec un

BUDAPEST

grand monument érigé pour célébrer le 1 000e anniversaire de la conquête du pays par les Magyars (1896). Sur la colonne, haute de 36 m, une statue de l'archange Gabriel (prix d'or à l'Exposition universelle de Paris en 1900) aux ailes déployées, couronne de la Hongrie en main. À ses pieds, le ***prince Árpád*** et lesdits conquérants, chefs des 7 tribus, tous grandeur nature et à cheval, plutôt impressionnants avec leurs têtes de Vikings. La colonnade à l'arrière représente toutes les gloires du pays, à commencer par saint Étienne. C'est sur cette place qu'eut lieu, le 16 juin 1989, l'une des cérémonies les plus émouvantes de l'histoire du pays : les funérailles d'Imre Nagy et de ses compagnons d'infortune, exécutés après 1956. De part et d'autre, 2 musées d'art, et non des moindres.

Szépművészeti Múzeum *(musée des Beaux-Arts ; plan E2)* **:** *Dózsa György út 41, Hősök tere, à gauche. ☎ 469-71-00. • szepmuveszeti.hu • Mar-dim 10h-18h. Entrée : 1 400 Ft ; réduc ; gratuit avec la Budapest Card et pour les ressortissants de l'UE de moins de 6 ans et plus de 70 ans. Tarif spécial incluant les grandes expositions temporaires. Audioguide en français 800 Ft. Café sur place.*
Après 3 ans de travaux, ce musée a fait peau neuve derrière ses hautes colonnes néoclassiques édifiées pour célébrer le « millénaire hongrois » à la fin du XIXe s, début du XXe s. En attendant l'exposition de certaines pièces de l'art hongrois de 1100 à 1800 et de l'art européen de 1600 à 1800, prévues pour la fin 2019), on découvre ou l'on redécouvre avec plaisir une grande partie du fonds muséal.
Au sous-sol, les collections égyptiennes, présentées par thèmes (temples et dieux, population de la vallée du Nil, la mort et les rites funéraires), sans oublier la mystérieuse « chambre des secrets » pour ceux qui veulent en savoir un peu plus. Également une section consacrée à l'Antiquité, centrée sur la Méditerranée (Grèce, Rome et Étrusques). Au rez-de-chaussée, ne pas manquer la magnifique salle romane, conçue et peinte sur le modèle d'une basilique médiévale, elle fut gravement endommagée pendant la Seconde Guerre mondiale et vient enfin d'être restaurée.
Le 1er étage héberge l'art européen de 1250 à 1600, du gothique à la Renaissance en passant par le maniérisme. On y parcourt avec plaisir les écoles italienne, hollandaise, allemande et espagnole. Parmi les œuvres à ne pas manquer : *La vierge à l'enfant* et le *Jeune Saint-Jean-Baptiste* de ***Raphaël,*** ce pauvre Saint-Jean-Baptiste que l'on retrouve la tête tranchée et posée sur une assiette par ***Cranach l'Ancien*** *(Salomé et la tête de Saint-Jean-Baptiste).* Voir également le solennel *Portrait de Charles-Quint* de ***van Orley,*** *Marie-Madeleine la pénitente* du ***Greco,*** qui semble plongée dans ses réflexions sur la mort. *L'entrée des animaux dans l'arche de Noë* signé ***Brueghel l'Ancien*** ou encore ce beau *Portrait de femme* attribué au ***Titien.***
Au 2e étage, panorama de la sculpture européenne de 1350 à 1800 avec de nombreuses œuvres gothiques allemandes tardives, de la Renaissance italienne et du baroque autrichien. Parmi les œuvres marquantes, la *Vierge à l'enfant* de Sansovino ou encore la série de *Têtes très expressives* de l'autrichien ***Messerschmidt,*** chacune illustrant une attitude différente, dont l'impressionnant Bailleur.
Le 3e étage est consacré à l'art hongrois baroque de 1600 à 1800. Art religieux et même funéraire des XVII-XVIIIe s (sculptures, autels monumentaux), portraits d'aristocrates et natures mortes signées ***Jakab Bogdány*** et ***Ádám Mányoki,*** art baroque viennois (fresques et autels signés ***Franz Anton Maulbertsch***) ou encore le baroque tardif d'un ***István Dorffmaister*** (panneaux de Saint Gothard). Et les collections post-1800, nous direz-vous ? Elles seront exposées fin 2019... mais à la Galerie nationale !

Műcsarnok *(palais des Arts ; plan E2)* **:** *Dózsa György út 37, sur la pl. des Héros (à droite). ☎ 460-70-00. • mucsarnok.hu • Mar-mer et ven-dim 10h-18h, jeu 12h-20h ; dernière entrée 30 mn avt. Fermé lun. Entrée : 2 500 Ft (2 900 Ft pour la visite complète des bâtiments) ; GRATUIT avec la Budapest Card.* À l'image du Grand et du Petit Palais parisiens, le palais des Arts répond au musée des Beaux-Arts et le complète. Superbe façade enrichie de bas-reliefs et de céramiques en pyrogranite de Zsolnay. Expos temporaires d'art moderne et contemporain dans un cadre exceptionnel. Le musée Ludwig d'art contemporain ne se trouve pas ici mais au sud de la ville.

Le monument à 1956 *(plan E3,* ***250****)* **:** *en descendant Dózsa György, sur la gauche, en lisière du parc.* Un long mur commémoratif en hommage à la révolution de 1956. Encore plus expressif et émouvant la nuit.

EXIL ET RÉPRESSION

Fin décembre 1956, 200 000 Hongrois avaient quitté le pays pour échapper aux représailles communistes. Le Premier ministre Imre Nagy fut arrêté et exécuté. Le cardinal Mindszenty se réfugia à l'ambassade des États-Unis et y resta 15 ans!

Városliget *(bois de la Ville ; plan E-F2-3)* **:** Városliget est également le nom du quartier. C'est un îlot de verdure en plein Budapest. À 4 stations de métro d'Oktogon, on peut se promener dans les sous-bois, glisser en barque sur l'eau en été, patiner en hiver, puis aller se prélasser dans l'un des plus beaux bains de Budapest (voir plus haut « Où se baigner ? »)...
De la place des Héros, un pont franchit un étang en direction d'un château tout droit sorti d'un Walt Disney : ***Vajdahunyad vár*** *(plan E2),* monument éclectique mêlant éléments romains, gothiques, Renaissance et baroques. Ouf ! Il fut à l'origine construit en carton et en bois pour l'exposition nationale hongroise de 1896, puis finalement en pierre. Certaines parties sont les répliques de châteaux qui se trouvaient dans feu la grande Hongrie des 94 comtés – principalement, aujourd'hui, en Roumanie (Transylvanie). Il abrite le musée suivant :

Magyar Mezőgazdasági Múzeum *(musée de l'Agriculture ; plan E2,* ***251****)* **:** *Vajdahunyad vára. ☎ 422-07-65. • mezogazdasagimuzeum.hu • D'avr à mi-nov, tlj sauf lun 10h-17h ; de mi-nov à mars, tlj 10h-16h (17h w-e) ; dernière entrée 30 mn avt. Entrée : 1 600 Ft (2 100 Ft avec le corps de garde et la tour de l'Apôtre) ; réduc ; gratuit pour les ressortissants de l'UE de moins de 6 ans et plus de 70 ans.* Les traditions agricoles et viticoles de la Hongrie. Plutôt désuet. Dans la partie gauche, vous saurez tout, ou presque, sur l'agriculture, tandis que l'aile droite abrite les expos consacrées à la forêt, la chasse et la pêche. Les âmes sensibles à la condition animale s'épargneront la vision de cette multitude de bois de cerfs et de ces ours transformés en descentes de lit, fruits de plusieurs siècles de chasse intensive et souvent abusive. Le sous-sol se consacre au travail de la vigne, avec toute une série de pressoirs, de barriques, de jolies carafes en céramique... Bon, ça vous donnera l'occasion de vous balader sous les voûtes peintes du château.
– En face du musée, une fameuse statue locale représentant le chroniqueur ***Anonymus Ier,*** « notaire du très glorieux roi Béla », sérieusement encapuchonné et tenant dans sa main gauche le 1er livre d'histoire de la Hongrie.

Állatkert *(zoo municipal ; plan E2)* **:** *Állatkerti út 6-12. ☎ 273-49-00. • zoobudapest.com/english • Mai-août, tlj 9h-18h (19h ven-dim) ; avr et sept, tlj 9h-17h30 (18h ven-dim) ; mars et oct, tlj 9h-17h (17h30 ven-dim) ; nov-fév, tlj 9h-16h ; dernière entrée 1h avt. Entrée : 3 000 Ft ; 2 000 Ft enfant 2-14 ans ; ticket familial ; réduc de 25 % avec la Budapest Card.* Ce petit zoo à l'ancienne a été classé pour son superbe ***portail Art nouveau,*** appuyé sur des éléphants et orné d'une ronde d'ours, recouvert de mosaïques, et pour les jolies tuiles vernissées de son pavillon des éléphants... Et les animaux là-dedans ? Ils sont serrés comme des sardines, aux antipodes des nouveaux parcs animaliers où bien-être rime avec espace. De plus, les trains passent derrière le zoo...
– Juste à côté, l'horrible chapiteau du ***Fővárosi Nagycirkusz*** *• fnc.hu/eng •*, le cirque national hongrois.

Les bâtiments Art nouveau **:** le bois de la Ville s'entoure d'anciennes demeures de notables, dont quelques-unes ont gardé leur élégante ligne Art nouveau. Parmi celles-ci, la ***Villa Balás*** *(plan F2,* ***237*** *; Hermina út 47),* bâtie par

BUDAPEST

l'incontournable Ödön Lechner. Marrante avec sa superbe verrière en demi-lune, ses tourelles courtes et sa cheminée... de fée. Au sud du parc, la ***Villa Zala*** *(plan F3, **238** ; à l'angle d'Ajtósi Dürer sor et de Stefánia út)* abritait l'ambassade de Libye. Étonnant de la part d'un pays musulman en raison de son superbe balcon orné de naïades bien dévêtues ! C'était à l'origine la résidence d'un sculpteur. S'il vous reste un peu d'énergie, descendez Stefánia út sur 600 m jusqu'à l'***Institut de géologie*** *(plan F3, **239**)*, ne serait-ce que pour contempler l'extérieur du bâtiment au nº 14, lui aussi de la main d'Ödön Lechner. Élégant portail bleu et, au faîte de l'édifice, 4 personnages supportent le monde. Visiblement, c'est pas facile pour eux...

Hopp Ferenc Kelet-ázsiai Művészeti Múzeum *(musée Hopp-Ferenc des arts asiatiques ; plan D3, **254**)* : *Andrássy út 103.* ☎ *469-77-59.* • *hoppmuseum.hu* • *Mar-dim 10h-18h (dernière entrée à 17h15). Entrée : 1 200 Ft ; réduc ;* ***GRATUIT avec la Budapest Card*** *et pour les ressortissants de l'UE de moins de 6 ans et plus de 70 ans.* Un petit hôtel particulier qui abrite la collection d'objets d'Extrême-Orient (surtout du Japon et de la Chine) de Ferenc Hopp, opticien du XIXᵉ s et grand voyageur devant l'Éternel. Pas toujours exposée, cela dit, en alternance avec des petites expos temporaires sur l'art asiatique. Joli jardinet avec une porte chinoise et un buste de Gandhi.

BUDAPEST

JÓZSEFVÁROS ET FERENCVÁROS, LES QUARTIERS SUD (PEST VIII et IX)

Délimités par *Vámház körút, Kálvin tér, Múzeum körút* et *Rákóczi* au nord, ces quartiers un peu excentrés sont déjà assez loin de l'agitation touristique. Ferencváros (la « ville François ») connaît malgré tout une certaine effervescence nocturne aux abords de la rue *Ráday,* où cafés, restos et bars se tiennent au coude-à-coude. Le quartier est en plein essor, aussi ne vous étonnez pas trop si certaines de nos adresses ont déjà changé, tout va vite dans cette capitale hongroise en train de prendre le relais de Prague ou Berlin en ce qui concerne la vie nocturne... Au nord-est, *Józsefváros* se fait bourgeois dans les rues entourant l'extraordinaire Musée national, et beaucoup plus populaire au-delà de *József körút* : quartiers bruts de forme en pleine restructuration immobilière. C'est sur *Köztársaság tér (plan E4),* une vaste place carrée, qu'eurent lieu les combats les plus meurtriers de la révolution de 1956.

Où manger ?

Bon marché (moins de 2 000 Ft – 6,20€)

|●| ***Vásárcsarnok*** *(Grand Marché couvert ; plan C5, **117**)* : *Vámház krt 1-3. Lun 6h-17h, mar-ven 6h-18h, sam 6h-15h. Fermé dim.* Le Grand Marché couvert est évidemment fort touristique, mais ça reste un bon endroit pour se fabriquer un pique-nique à manger au bord du Danube ou un grignotage

(2 500-9 000 Ft, tt dépend...). Achat des billets sur leur site internet. Manque juste un zéro pour en faire un avion, seulement ici l'*A38* est une ancienne barge ukrainienne, jadis affectée au transport de pierres, qui a trouvé une seconde jeunesse en venant s'échouer au pied du pont Petőfi. Tout y est pour passer une bonne soirée. Avec son resto, son hall d'expo et ses 5 bars, c'est *the place to be* de la Budapest branchée. C'est vrai que le soir, quand Pest prend des allures de guirlande de Noël, faut avouer que c'est pas mal... Côté musique, un vaste éventail de tempos et de DJs. Rythmes rock, groovy, jazzy, électro, il y en a pour tous les goûts. Quelques p… joué (Maceo Parker, Co…

Corvin Club (… *Blaha Lujza tér 1 (ent… Béla u). 06-20-244-… vinclub.hu • Au sommet du cent… commercial Corvin. Ouv jeu-sam 22h-5h. Entrée payante.* Une boîte très sympa quand il fait beau car tout le monde se prélasse sur la terrasse du toit, avec un bout de vue sur la ville. Sinon, plein de salles aux sons différents, exclusivement tournés vers la musique électronique. Plusieurs bars, bien sûr, aux couleurs franches. Rendez-vous des fêtards pour terminer la nuit quand les autres commencent à fermer... Concerts de temps à autre.

Culture

Trafó *(plan D6,* ***189****) : Liliom u. 41 (angle Tüzoltó). ☎ 456-20-40 (infos) ou 215-16-00 (billets). • trafó.hu • Ⓜ Corvin-Negyed (puis 5 mn à pied). Tlj 16h-20h (22h les j. de spectacle). Fermé de mi-juin à mi-août. Loc tlj 14h (17h w-e)-20h.* Ce « transfo » est le temple des arts contemporains et de la culture d'avant-garde. Au moins 3 spectacles par semaine. Il s'est taillé une réputation surtout dans le domaine de la danse, avec les spectacles de chorégraphes particulièrement inventifs. De même, pièces de théâtre et nombreux concerts, de l'*electronic music* la plus débridée à la musique indienne la plus traditionnelle...

À voir

Magyar Nemzeti Múzeum *(Musée national hongrois ; zoom D5) : Múzeum krt 14-16. ☎ 338-21-22. Pour connaître le programme : ☎ 327-77-68 ou 49. Résas pour une visite guidée : ☎ 327-77-73. • hnm.hu • Ⓜ Kálvin tér. Mar-dim 10h-18h (dernière entrée à 17h30). Expo permanente : 1 600 Ft ; plus cher en cas d'expo temporaire ; gratuit avec la Budapest Card et pour les ressortissants de l'UE de moins de 6 ans et plus de 70 ans. Billet combiné en cas d'expo temporaire. Audioguide (en français) payant... à l'heure : 750 Ft/h (pas indispensable si on lit l'anglais). Droit photos : 500 Ft.* C'est le musée le plus important de Hongrie. Visite IN-DIS-PEN-SA-BLE pour comprendre un tant soit peu l'histoire mouvementée du pays. Fondé en 1802 grâce au comte ***Ferenc Széchényi,*** un aristocrate hongrois très fortuné, l'imposant bâtiment néoclassique, assez kitsch, fut aussi l'un des 1ers musées au monde. On apprécie aujourd'hui sa muséographie moderne et la richesse des œuvres exposées.

UNE QUESTION DE FIERTÉ NATIONALE

C'est réglé, le Trésor de Seuso *est définitivement exposé au musée national à partir de 2019. Trouvé par un militaire hongrois assassiné dans les années 1970, ce magnifique ensemble de 14 pièces d'orfèvrerie des IVe et Ve s fabriquées pour un notable romain, a refait surface chez Sotheby's en 1990. Bien que réclamé à corps et à cri par la Hongrie,* Viktor Orbán *dût finalement racheter le trésor moyennant... 43 millions d'euros !*

-de-chaussée (1er étage sur le plan du musée)

ur parcourir l'histoire hongroise de manière chronologique, commencez de référence par la section (à droite derrière le comptoir d'information) consacrée à la période s'étendant du Paléolithique à l'arrivée des Avars. Récemment remise en scène, elle est époustouflante ! Tout y est traduit en anglais, ce qui n'est pas toujours le cas ailleurs.

– *Salle 1* : ***Paléolithique.*** Grotte reconstituée, os et pierres taillés.

– *Salle 2* : ***Néolithique.*** Belles statuettes d'animaux en terre cuite, très beau vase-taureau, ensemble de lames d'obsidienne venant des montagnes du Tokaj, outils en cuivre, bijoux mis au jour dans des sépultures (certains en os et coquillages, superbes disques d'or), urnes funéraires anthropomorphiques et d'étonnantes idoles sans tête venues des steppes. Également une hutte reconstituée. Une belle entrée en matière.

– *Salles 3 et 4* : ***âge du bronze.*** Sépultures encastrées dans le sol (1 600 av. J.-C.). Roues de chariot recouvertes de bronze (1 200 av. J.-C.), puis des poteries et statuettes en veux-tu en voilà... Jeter un œil à l'armure retrouvée dans le Danube.

– *Salle 5* : ***âge du fer, Scythes et Celtes.*** La poterie commence à être ornée. Plus de 2 500 tombes scythes ont été découvertes en Hongrie. Les grands chefs étaient carrément inhumés avec leur monture, comme le prouve cette tête de cheval exhumée... De véritables trésors y ont aussi été découverts, comme ces cerfs en or et cette chaîne aux lions, en or elle aussi. Extraordinaire ! Bracelets de chevilles en bronze (lourdingues !) et colliers d'ambre.

– *Salle 6* : ***période romaine.*** Ce n'est pas la section la plus riche : on sent bien que la Pannonie était aux marges de l'Empire. Casque de guerrier incrusté de pierres et ornements de carrioles.

– *Salle 7* : **Huns et Germains** *(IVe-Ve s).* Les barbares s'attaquent à l'Empire romain, notamment les Huns qui traversent la Volga en 370, puis les Vandales et les Visigoths. L'un des musts de la visite : les bijoux du trésor no 2 de *Szilágysomlyó* (actuelle Roumanie), trésor royal de la dynastie gépide, de toute beauté, avant que celle-ci ne soit soumise par les Lombards et les Avars au VIe s sur injonction de l'empereur byzantin. Un autre morceau du trésor y a été découvert au siècle précédent et est conservé à Vienne. Précieuses pièces pour une période qui a laissé si peu de choses. On remarque aussi le crâne d'une femme, déformé et allongé en pain de sucre : un gage de beauté, comme chez les Aztèques.

– *Salle 8* : **Avars** *(VIe-IXe s).* Alliés de l'Empire byzantin, ils furent à l'origine de l'unité du territoire hongrois avant d'être chassés par les « vrais » Hongrois ! Surtout des bijoux, des rhytons en verre byzantins, une charmante lampe à huile en bronze et des objets quotidiens. Dans le grand corridor, des pendentifs païens (porte-bonheur des Avars, dotés de croix chrétiennes !) et la réplique d'un service de table en or de 23 pièces symbolisant la fin de leur règne. Calice et croix chrétiennes carolingiennes, symboles de leur conversion au VIIIe s.

La visite achevée, revenez sur vos pas vers le grand hall et dirigez-vous, côté gauche, vers la ***salle*** (gardée) ***du manteau royal.*** En soie brodée de fils d'or (il en aurait fallu 2 kg !), il représente une multitude de scènes bibliques. Offert d'abord comme chasuble par le roi Étienne et son épouse Gisèle, représentés aussi gros que les saints (quel manque de modestie !), il servit de manteau de couronnement à partir du XIIIe s. Le reste des insignes royaux est exposé au Parlement.

EMBLÈMES ROYAUX

Les regalia sont les symboles de la souveraineté hongroise. Elles sont constituées de plusieurs pièces : la couronne de saint Étienne, l'épée, le sceptre et le globe surmonté d'une croix, visibles sous la coupole du Parlement, et le manteau du couronnement exposé au Musée national.

1er étage (2e sur le plan du musée) : 1re partie

Une vingtaine de salles retracent l'histoire de la Hongrie du Moyen Âge jusqu'à l'époque communiste. Le choix des objets, leur mise en valeur, la reconstitution des ambiances, les cartes et les légendes générales en anglais à l'entrée de chaque salle concourent à rendre la visite passionnante.

– *Salle 1 :* ***les rois de la dynastie Arpád*** *(jusqu'au XIVe s).* Vestiges lapidaires et bijoux, dont une couronne gothique du XIIIe s ayant appartenu au fils ou petit-fils du roi Béla IV, découverte sur l'île Marguerite. Voir aussi la partie de couronne byzantine du XIe s représentant l'empereur et son épouse, avec oiseaux de paradis et danseuses... Jolie carafe en bronze en forme de chevalier du XIIe s.

– *Salle 2 :* **les rois d'Anjou, Charles-Robert** et **Louis I** ont largement contribué au développement du pays. Enluminures, armes et vaisselle d'or, coffres, collection de clés et reconstruction d'une fontaine à baldaquin.

– *Salle 3 :* **XVe s.** Contestation de la branche féminine d'Anjou : la reine Marie est éjectée par son propre mari, Sigismond de Luxembourg ! Il parvient à contenir les Ottomans. Selles en ivoire ciselé, reliquaires, chasubles et autres objets liturgiques. Remarquez la jolie tuile émaillée verte à figure de dragon.

– *Salle 4 :* **habitat fin XVe s** et **début XVIe s.** On peut y admirer une ancienne bibliothèque, une collection de ciboires et calices ainsi que de jolies broches.

– *Salle 5 :* **XVIe s.** C'est l'époque des **Jagellon,** la dynastie polonaise. Stalles en bois sculpté de 1483 (sacrées chimères !) et vêtements d'époque. Des armures aussi, et une arbalète.

– *Salle 6 :* **occupation ottomane** *(XVIe et XVIIe s).* Magnifiques stalles début Renaissance réalisées par un artiste italien ; les panneaux marquetés sont d'une prodigieuse finesse. Armures, casques et armes ottomanes serties de pierres précieuses.

– *Salle 7 :* **Transylvanie** et **Hongrie des Habsbourg.** Imposant gisant au centre, somptueuses nappe et vaisselle des orfèvres de Transylvanie, colliers et ceintures décorés d'émaux et pierres précieuses.

– *Salle 8 :* **guerre contre les Turcs** *(XVIIe s).* Une longue galerie dominée par des portraits en pied de l'aristocratie. Au fond, un tableau, *La libération de Buda en 1686,* non loin d'une tapisserie du XVIIIe s qui illustre le même thème. Collection de coffres de mariage, montres et objets d'apparat.

1er étage : 2e partie, de la guerre d'Indépendance à 1990

– *Salle 9 :* **Rákóczi et la guerre d'Indépendance** *contre les Habsbourg et les Turcs (XVIIIe s).* Encore de nombreuses armes, avec des pistolets à tête d'ivoire ! Vaisselle d'ornement d'un kitsch prononcé, drapeau indépendantiste et la jolie chaise peinte du sieur Rákóczi finalement exilé en Turquie... Tableau le *Siège de Belgrade.*

– *Salle 10 :* **Hongrie du XVIIIe s.** L'apogée du baroque. Portrait de Marie-Thérèse d'Autriche. Instruments de musique.

– *Salle 11 :* **salon Empire** *(XIXe s).* Début des réformes de **Széchenyi,** qui écornent les privilèges de la noblesse. Un unique costume militaire ultra-festonné : le prestige de l'uniforme, là, on comprend ! Tableau la *Cérémonie de la pose de la prermière pierre du pont des Chaînes.*

– *Salle 12 :* **révolution de 1848.** Hommage à **Kossuth Lajos, Sándor Petőfi** et d'autres héros de la révolution. Encore des armes, et une presse à imprimer.

– *Salles 13 et 15 :* **culture et éveil de la conscience nationale.** Au fond de la salle 13, un espace clos est consacré à **Franz Liszt,** avec des objets personnels et un piano ayant appartenu à Beethoven avant lui. Livres, gravures, objets usuels, collection de lauriers en métal... Au fond du couloir, un surprenant temple franc-maçon avec tous les accessoires rituels.

– *Salle 14 :* **endurance, conciliation** et **boom économique.** Vêtements de la bourgeoisie, billets de banque et actions évoquent en parallèle l'essor de l'industrialisation. Mobilier, costumes et café d'époque.

– *Salle 16 :* **fin de la monarchie** *(1900-1919).* Pittoresques affiches de guerre, douloureux souvenirs de la grande boucherie de 1914-1918.

– *Salle 17 :* ***du traité de Trianon à la Seconde Guerre mondiale*** *(1920-1938).* Les affiches sont politiques mais aussi touristiques : c'est le temps des 1res vacances au bord du lac Balaton. Drapeau scout et vêtements divers, dont un uniforme de l'ordre des Braves Guerriers, fondé par l'amiral Horty.
– *Salle 18 :* émouvante reconstitution d'une **salle de classe,** petite **salle de ciné** où l'on peut visionner des films de propagande de l'époque.
– *Salle 19 :* ***période 1938-1945.*** Une (petite) salle intitulée « Des succès révisionnistes à l'occupation allemande et soviétique » ! Bref, les années de guerre revues et corrigées, où l'on apprend que, en fonction des conditions locales et internationales, le gouvernement hongrois « a été contraint » de rejoindre les forces de l'Axe... Évocation des ***Croix fléchées,*** de la vie dans les abris et des tentatives, en 1943, de rapprochement entre Horthy et les Alliés. Le martyre des juifs hongrois, la Résistance, etc.
– *Salle 20 :* ***période communiste*** *(1945-1990).* De l'instauration du régime à son effondrement, tout y passe : vidéos, affiches, évocation du sinistre ***Rákosi,*** le « Staline hongrois », statue de son mentor, reconstitution de bureaux (notamment un de la police secrète), billets de l'après-guerre chiffrés en milliards de *pengős* et, un peu plus loin à droite, un portrait original de Rákosi réalisé en grains de riz et de blé et un *Guide pratique à l'usage des réfugiés hongrois* (de 1956, en français). La ***révolution de 1956*** est illustrée par quelques films d'actualité émouvants. Notez l'évocation de la mort de *Jean-Pierre Pedrazzini,* alors reporter pour *Paris-Match,* juste à côté de la main droite et l'oreille de Staline, vestiges d'une statue abattue par la foule en colère. Narration des années ***Kádár*** (la vie au quotidien).

BUDAPEST

Sous-sol
Le ***lapidarium*** renferme la plus importante collection hongroise de pierres taillées de la période romaine : nombreuses stèles sculptées, sarcophages et pierres tombales. On y découvre aussi une vaste mosaïque géométrique du IIe s apr. J.-C., juste à côté d'une toute petite urne funéraire en verre, de jolies statuettes en bronze, quelques objets de la tombe d'un officier romain du IIIe s et un insolite diplôme de vétéran de l'armée romaine gravé sur une plaque de métal !

Les rues entourant le musée sont bordées de fières demeures aristocratiques du XIXe s. Surtout sur *Bródy Sándor utca,* à côté du centre culturel italien. De l'autre côté de *Múzeum körút* se cache l'adorable ***Karolyi Kert tér*** *(zoom C5).* Tout le monde rêve d'y habiter, mais ce sont les appartements parmi les plus chers de la ville. Petits immeubles de style entourant un superbe jardin public aux pelouses fleuries et bosquets de troènes. À l'orée, les tables d'un petit café à l'ombre d'un platane (le *Csendes*). La pause s'impose...

Vásárcsarnok *(Grand Marché couvert ; plan C5)* **:** *Vámház krt 1-3. Lun 6h-17h, mar-ven 6h-18h, sam 6h-15h. Fermé dim.* Sur les 5 marchés couverts que compte la capitale, c'est le plus grand et le plus connu. Incontournable. Cette grande halle de 1896, tout en métal et en brique, a été inspirée par les réalisations de ***Gustave Eiffel.*** Un régal pour le palais et les yeux ! Magnifiques toits de tuiles vernissées qui ne sont pas sans évoquer celles du toit des hospices de Beaune. Le rez-de-chaussée est réservé aux produits de bouche. Grand choix de saucissons, de fromages, de fruits et de légumes, dont des chapelets de poivrons séchés qui courent d'étal en étal rappelant au visiteur qu'il est au pays du paprika. Au sous-sol, une grande surface, de petites échoppes et des étals de poissons et légumes marinés (oh ! tous ces beaux bocaux !). Très jolie vue depuis les galeries du 1er étage où l'on vend de la fringue et de nombreux souvenirs, même si l'accueil est parfois un rien blasé. Voir aussi « Où manger ? ».

Bálna *(plan C6,* ***216****)* **:** *Fővám tér 11-12. Tlj 10h-20h.* À l'arrière du Grand Marché, une grosse « baleine » de verre coincée entre 2 friches industrielles réhabilitées. On y trouve une galerie d'art étatique, quelques boutiques et surtout des cafés branchés avec terrasses sur le Danube (voir « Où boire un verre ? Où sortir ? »). Pour l'anecdote, on y a tourné les scènes de la NASA dans le film *Seul sur Mars.*

Iparművészeti Múzeum *(musée des Arts décoratifs ; plan D5)* **:** *Üllői út 33-37.* ☎ *456-51-07.* • *imm.hu* • Ⓜ *Corvin-Negyed.* ***Fermé pour rénovation pour plusieurs années.***

Kortárs Művészeti Múzeum *(musée Ludwig d'art contemporain ; hors plan par D6,* ***236****)* **:** *Komor Marcell u. 1, 9ᵉ arr.* ☎ *555-34-44.* • *ludwigmuseum.hu* • *HÉV : Lágymányosi híd, depuis Boráros tér. Tlj sauf lun 10h-18h (20h si expo temporaire). Entrée : 1 600 Ft expo permanente ; env 3 400 Ft avec les expos temporaires ; réduc ; gratuit dernier dim du mois pour les moins de 26 ans ainsi que tte l'année pour les membres de l'UE de moins de 6 ans et de plus de 70 ans. 50 % avec la* Budapest Card. Au sud de la ville, sur la rive gauche du Danube, la nouvelle salle de concerts ultramoderne de Budapest abrite aussi le musée Ludwig – surnommé « le LUMU ». Sa collection d'art contemporain, conçue à partir du fonds Ludwig, du nom d'un couple de donateurs allemands d'Aix-la-Chapelle, comprend des œuvres de Picasso, Andy Warhol et Lichtenstein, mais aussi de jeunes artistes conceptuels hongrois. Les expositions sont renouvelées en gros tous les 2 ans.

Kerepesi temető *(cimetière Kerepesi ; plan E-F4-5)* **:** *entrée sur Fiumei út (aux nos 16 ou 39).* ☎ *323-52-02.* Ⓜ *Keleti Pályaudvar. En principe, mars, tlj 7h-17h30 ; avr et août, tlj 7h-19h ; mai-juil, tlj 7h-20h ; sept, tlj 7h-18h ; oct, tlj 7h-17h ; nov-fév, tlj 7h30-17h. Pour une visite complète, compter 1h30-2h. En été, petit train, départ ttes les 2h 10h-16h (mais pas tlj).*
Le Père-Lachaise de Budapest... Le Walhalla des Hongrois célèbres. Tombeaux et mausolées sont disséminés dans de vastes espaces verts et arborés, ce qui fait aussi de cette plongée dans l'art funéraire une véritable balade à la campagne. Ouvert en 1847, c'est le plus ancien cimetière de la ville encore en activité. En plus des héros nationaux, ***Lajos Kossuth, Ferenc Deák*** et le poète ***József Attila,*** on y trouve les sépultures monumentales de familles opulentes de la ville. À ne pas rater, en droite ligne depuis l'entrée, les ***Arkádsor,*** 2 rangées de tombeaux sous colonnades néoclassiques au style particulièrement grandiloquent. Sur le rond-point, tout à côté (à gauche), la tombe (ornée de musiciens et d'angelots) de ***Blaha Lujza,*** une célèbre cantatrice. De là, la 3ᵉ travée à droite vous mènera à la tombe d'***Antall József.*** Le délire funéraire même, avec ses personnages qui semblent plonger dans le vide et ses « cerfs-chevaux » aux bois coupés !
Juste derrière, dans l'alignement (traversez le gazon), se dresse l'imposant mausolée de ***Ferenc Deák,*** le grand homme politique du compromis de la « double monarchie » avec l'Autriche au XIXᵉ s. Enfin, planqué derrière les arbres, à 90° sur la droite, le monumental tombeau de ***Kossuth,*** dirigeant de la révolution de 1848, correspond bien à la grandeur historique du personnage... Gardé par 2 lionnes, il est coiffé par une allégorie de la liberté chevauchant un lion rugissant mais enchaîné ! Pour le reste, laissez-vous aller à la rêverie.

ÚJLIPÓTVÁROS (PEST XIII)

Prolongeant le quartier éthéré du Parlement, Újlipótváros regroupe avant tout des zones résidentielles, aux édifices datant du XIXᵉ s, qui deviennent un peu plus populaires en marchant vers le nord.

Où manger ?

Bon marché (moins de 2 000 Ft – 6,20 €)

McDonald's Nyugati (plan C3, **131**) : Nyugati tér, dans le buffet de la gare. C'est, paraît-il, le plus beau *McDo* du monde ! Superbe plafond stuqué dans un bâtiment 1900 signé Eiffel. Il fait partie des décors incontournables de la chaîne du clown jaune et est doté d'un espace « McCafé » à l'étage pour ceux que la seule vue d'un hamburger pourrait rebuter.

Pozsonyi Kisvendéglő (plan C2, **134**) : Radnóti Miklós u. 38 (angle Pozsonyi út). ☎ 787-48-77. Bus nº 75. Tlj 9h (10h sam-dim)-minuit. Menu midi 950 Ft ; plats 1 600-3 050 Ft. Ce vrai resto de quartier, au décor de brique et de lambris, connaît un tel succès que le service en a malheureusement pâti. Reste que la cuisine, 100 % hongroise et terrienne, garde un excellent rapport qualité-prix – du *babgulyas* (goulasch aux haricots) aux *gundel palacsinta* (crêpes hongroises), un régal ! Sur demande, on vous apporte un petit pot de piment. Petite terrasse couverte prise d'assaut en été et salle à l'étage. Traduction des plats en 4 langues, ça facilite le choix.

Où écouter de la musique ? Où danser ?

Morrison's II (plan C3, **65**) : Szent István krt 11. ☎ 374-33-29. • morrisons2.hu • Tlj 17h (19h dim)-6h. Méga bar aménagé dans la superbe cour intérieure d'un non moins magnifique immeuble Art nouveau. Une petite pensée quand même pour ceux qui ont réservé le *Full Moon Hotel* par Internet (et par erreur), il est situé juste au-dessus. Une dizaine de bars, 6 pistes de danse, un jardin chauffé, un écran géant, un karaoké, baby-foot... Souvent des promos sur les boissons les jours les plus calmes, *of course*. Sinon, le prix des consos est assez élevé.

Budapest Jazz Club (plan C2, **201**) : Hollán Ernő u. 7. ☎ 413-98-37. • bjc.hu • Tlj 10h-minuit (2h ven-sam). Vente des tickets également au Broadway Ticket Office Károly krt. 21 lun-ven 10h-18h. Entrée : 1 000-2 000 Ft selon concert. Gratuit pour les Free jam sessions lun, mer et ven-sam après le concert. Un bistrot, un bar et, bien sûr, une scène jazz où passent les meilleures formations du pays.

À voir

Margit sziget (île Marguerite ; plan B-C1) : accès par le bus nº 26 depuis Ⓜ Szentlélek tér (ttes les 15-20 mn), Ⓣ lignes nºˢ 4 et 6 (Széll Kálmán tér-Nyugati Pályaudvar) ou HÉV : Margit híd. Accès possible en voiture par le nord, mais il faut se garer au parking de l'hôtel Thermal (payant).

Longue de 2,5 km et large au maximum de 500 m, cette île est l'un des meilleurs sites pour embrasser d'un seul coup d'œil les 2 rives du Danube (et son voisin ou sa voisine). Baptisée « île aux lapins » au Moyen Âge, époque où elle était réserve royale de chasse, elle prit ensuite le nom de la fille du roi Béla IV, qui se retira dans son monastère. La petite église romane Saint-Michel, détruite par les Turcs – qui, selon une légende, convertirent toute l'île en harem –, a été reconstruite à l'identique dans les années 1930. Sachez aussi que certaines séquences de *Cyrano de Bergerac*, avec Gérard Depardieu, ont été tournées sur l'île.

Aujourd'hui, celle-ci forme le parc arboré le plus agréable de la capitale. Au programme : footing, petit train touristique pour les enfants et ceux qui ont du mal à marcher, balade à vélo ou en voiturette à pédales (ou électrique), promenade dans la roseraie ou séance détente sur les immenses pelouses, bronzette sur les plages aménagées ou plongeons dans l'une des nombreuses piscines (dont une à vagues) du *Palatinus Strandfürdő* *(☎ 340-45-00 ; de mi-juin à mi-sept, tlj 8h-20h – 19h en sept ; entrée : env 2 400 Ft en sem, 2 800 Ft w-e ; réduc pour les familles et avec la Budapest Card).* En été, le parc s'anime de concerts de rock, de théâtre en plein air • *szabadter.hu* • et d'une ***fontaine musicale*** qui joue, à chaque heure tapante, de petits concerts mis en lumière. Le summum est un grand show gratuit en soirée *(21h-22h),* où l'on entendra aussi bien des airs de Brahms et Vivaldi que ceux des Beatles et des Rolling Stones !

Flipper Múzeum *(plan C2,* ***243****)* **:** *Radnóti Miklós út 18. 06-30-900-60-91. • flippermuzeum.hu • Mer-sam 16h (14h sam)-minuit, dim 10h-22h. Entrée : 3 000 Ft ; réduc. CB refusées.* Pour les nostalgiques d'une adolescence dépensée dans les bars de la fin du XXe s à chercher l'extra-ball à grands coups de tatanes en essayant de ne pas faire tilter la machine (et surtout en oubliant un peu l'école et les devoirs à faire en rentrant à la maison), voici le paradis perdu. Le plus grand musée du flipper en Europe expose environ 130 machines sur 400 m^2, en partie dans de belles caves voûtées, certaines datant de la fin du XIXe s et d'autres du début du XXIe s. Certes, l'entrée n'est pas donnée mais elle donne le droit de jouer gratuitement et à volonté sur toutes les machines, toutes en état de marche ! *Same player shoot again and again and again...*

COLLINE DU CHÂTEAU ET ENVIRONS (BUDA I et II)

« Noyau dur » de l'histoire de Budapest, du temps où Buda était séparée de Pest par le grand Danube indompté (pas de pont, à l'époque !), le quartier historique du Château occupe une crête boisée qui domine le fleuve et la ville. C'était autrefois le cœur politique de la Hongrie, tandis que Pest, ville commerçante et industrieuse, en constituait le moteur économique. Les aristocrates hongrois habitaient Buda dans de somptueuses demeures non loin du palais royal. Cela dit, l'époque n'a guère changé puisque le Premier ministre Viktor Orbán a quitté son bureau du Parlement, à Pest, pour emménager à Buda, dans un ancien cloître carmélite, longtemps occupé par un théâtre !

Ruelles pavées et escarpées par endroits, vieilles maisons aux façades colorées ornées de *sedillas* (petites alcôves), baroques pour la plupart, révélant parfois des éléments médiévaux, voici une promenade captivante. On accède à la colline à pied, en funiculaire ou en bus. De toutes les manières, il vous faudra au minimum une bonne journée pour visiter les musées et explorer en détail ce belvédère rocheux dont le sous-sol est creusé d'un immense et mystérieux labyrinthe. Au pied de la colline du Château, face au Danube, se serre *Víziváros,* la « ville de l'eau », appelée ainsi en raison des sources thermales qui s'y trouvent (bains *Lukács* et *Király* notamment).

Aux alentours, d'autres collines verdoyantes accueillent d'agréables quartiers résidentiels *(Rózsadomb)*, au point qu'on appelle ce secteur le « Beverly Hills » de Budapest. Un peu exagéré, sans doute, mais c'est un bon endroit pour loger dans l'une des nombreuses pensions abordables qui s'y trouvent.

Où manger ?

Il est assez difficile de bien se restaurer à bon prix dans ce quartier hautement touristique. Voici cependant quelques adresses.

Spécial petit déj

Déryné (plan A4, **137**) : *Krisztina tér 3. ☎ 225-14-07. Tlj 7h30 (9h sam-dim)-minuit (1h ven-sam) ; brunch jusqu'à 16h le dim. Plats 4 000-9 850 Ft ; petits déj à partir de 1 600.* Difficile de ne pas tomber sous le charme de cette brasserie-pâtisserie fondée en 1914, avec son élégant bar central ovale, ses jolis ventilos, ses banquettes dans les coins et son piano dans un autre, qui distille des airs doux l'après-midi *(plus du jazz dim-mer soir, un DJ jeu-sam et un groupe tzigane pour le brunch du w-e !).* Au petit déj, spécialité d'œufs Benedict. Plus tard dans la journée, on opte pour la quiche du jour, un steak Angus ou un confit de canard... Belle terrasse. Atmosphère chic, un rien snob. Service agréable.

De bon marché à chic (moins de 2 000 à plus de 5 000 Ft – 6,20-15,50 €)

Mammut (plan A3, **143**) : *Lövőház út 2. ☎ 345-80-20. Tlj 10h-21h (18h dim) pour le centre commercial, les restos ouvrent généralement 10h-22h.* Une palanquée de snacks et de restos occupe les niveaux 2 et 3 de ce temple de la conso, moderne et aseptisé. On y trouve toutes les sortes de cuisine et à tous les prix puisque, c'est bien connu, il les écrase tous. À l'arrière du centre, à l'étage du vieux marché couvert *Fény Utca Piac*, possibilité d'avaler un *lángos* réputé dans toute la ville ! En haut de l'escalier, faites demi-tour, c'est au fond à droite...

Mandragóra Kávéház (plan A-B3, **144**) : *Kacsa u. 22. ☎ 202-21-65. Lun-sam 11h-23h45. Menu midi en sem 1 800 Ft (11h30-15h) ; plats 2 800-5 600 Ft.* Excellent néo-bistrot à 2 pas des bains Király. En été, la petite terrasse ombragée par un grand érable est bien agréable. En hiver, prenez place dans l'une des 2 petites salles voûtées décorées dans un style anglais. Super rapport qualité-prix le midi. C'est nettement plus cher le soir mais le jeu en vaut encore la chandelle. Réduite, la carte propose aussi bien les plats locaux que ceux du Bassin méditerranéen (petite prédominance de l'Italie). Service agréable qui s'y connaît en vin. Bons desserts.

Où manger d'excellents gâteaux ?
Où déguster une glace ?

Auguszt (plan A3, **150**) : *Fény u. 8. ☎ 316-38-17. Lun-sam 10h (9h sam)-18h.* Derrière le gros centre *Mammut* qui écrase tout le quartier, on vient volontiers faire une pause dans cette délicate courette, pavée et tranquille, cachée à l'arrière. Un auguste salon de thé fondé en 1896, et largement modernisé depuis. On vous recommande le *krémes* et les gâteaux au *marcipan* (massepain), bien sûr, mais il y a du choix. Excellent service.

Ruszwurm (plan A4, **166**) : *Szentháromság u. 7. ☎ 375-52-84. Tlj 10h-19h (18h sam-lun).* Sur la colline du Château, un salon de thé minuscule et charmant avec son décor baroque et sa micro-terrasse plein sud. Fondée en 1827, cette maison est si fameuse que les riches Viennois envoyaient leur personnel y faire leurs courses. Délicieux ! On peut aussi y lécher des glaces.

Où boire un verre ?

Bastion Café (plan A-B4, **200**) : *ouv seulement en hte saison.* Élégante terrasse sous les arcades du bastion des Pêcheurs. Sans doute l'une des plus belles vues de Budapest. Des musiciens viennent souvent y donner la sérénade aux touristes... Toujours bondé en saison !

Angelika Kávéház (zoom B3, **165**) : *Batthyány tér 7. ☎ 225-16-53. Juste à la sortie du métro. Tlj 9h-23h.* En 1720, c'était un troquet pour les marins du Danube... Aujourd'hui, les touristes boudent les salles voûtées empruntées à la crypte de l'église voisine pour squatter en masse la terrasse axée sur le fleuve et le Parlement. Très touristique, donc, alors oubliez le sourire du serveur !

Marxim Pub & Pizzeria (plan A3, **194**) : *Kisrókus u. 23. ☎ 316-02-31. Dans une rue qui part de la gauche de Margit krt en descendant le bd à partir de Széll Kálmán tér. Tlj 12h (18h dim)-1h (2h ven-sam). Pizzas 1 100-1 850 Ft selon taille.* Face à une ancienne usine réhabilitée en lieu culturel (voir le Millenáris Park dans « Où écouter de la musique ? »), ce bar se repère à l'étoile rouge qui lui sert d'enseigne. Il se veut détournement ironique du socialisme, avec des tables séparées par du fil de fer barbelé et des noms de pizzas tels « CCCPizza », « Gulag » (à l'ananas...) ou « Marximalist » ! Pas de la grande cuisine, loin s'en faut, mais juste des pizzas histoire (pardon, Histoire) de se caler un bout...

Sörmanufaktúra (plan B3, **198**) : *Ganz u. 4. ☎ 338-10-08. Tlj sauf dim 15h (12h sam)-23h.* Anne, ma *sör* Anne, ne vois-tu rien venir ? Oui, c'est l'heure de boire une bière dans ce café croquignolet qui se planque derrière les bains Király, contre un square (repérez les petits lampadaires bleus). Quelques tables en fer forgé posées sur une terrassette encadrée de lierre.

Où écouter de la musique ?

Millenáris Park (plan A3, **199**) : *Kisrókus u. 16-20. ☎ 336-40-00. • millenaris.hu • Tlj 6h-23h ; expos mar-dim 10h-18h (certaines seulement jeu-dim 11h-19h). Entrée à l'espace enfant 2 000-2 300 Ft selon sem ou w-e, adulte 1 000 Ft.* Ensemble culturel semblable à une ruche, en lieu et place d'une ancienne usine socialiste, ou comment transformer l'héritage des grands rassemblements populaires et gratuits du communisme en machine à faire du blé. On y trouve plusieurs bars de jour avec d'agréables terrasses en bordure d'une rafraîchissante pièce d'eau, une salle de concerts, des expos temporaires de photos (entre autres), l'expo scientifique interactive du palais des Miracles, une méga aire de jeux couverte pour faire plaisir à vos têtes blondes et un théâtre contemporain en langue hongroise déjà fort réputé... C'est aussi un grand parc où les enfants du quartier viennent jouer.

Où se baigner en d'excellents thermes ?

Bains Lukács (plan B2, **220**) : *Frankel Leó u. 25-29. ☎ 326-16-95. • fr.lukacsfurdo.hu • Bus n°s 6, 60 ou 86 ; sinon Ⓜ Batthyány tér (ligne n° 2) puis HÉV direction Szentendre (ligne n° 5) jusqu'à l'arrêt suivant Margit híd. Tlj 6h-22h (sauna 14h-21h le lun et 9h-21h les autres j.). Entrée : 3 700-4 300 Ft selon casier ou cabine, horaire, sem ou w-e ;* ***gratuit avec la Budapest Card.*** *Bonnet obligatoire pour la piscine (on peut l'acheter sur place et aussi louer maillot et serviette). Service de massages.* Vieille source du XIIe s et buvette à l'entrée, où les curistes viennent boire un coup pour calmer leurs maux d'estomac. Tôt le matin, rendez-vous du showbiz de la ville. Ces bains, rénovés dans un style assez années 1970, ne manquent pourtant pas d'attrait. Autour de la piscine découverte, des salles avec des bains jusqu'à 36 °C et une *steam room* à 50 °C, sans oublier les petits saunas. La piscine thermale, elle, est à 21-24 °C. Ambiance agréable, due à la mixité. Dans la cour (au fond à gauche), des plaques offertes par les miraculés de l'eau thermale... En hongrois, en allemand, en russe, en anglais et même en arabe !

Bains Király (plan B3, **221**) **:** *Fő u. 84.* ☎ *202-36-88.* • *fr.kiralyfurdo.hu* • Ⓜ *Batthyány tér (ligne nº 2). Tlj 9h-21h. Entrée : 2 500-2 800 Ft (cabine ou casier) ; réduc (avec la Budapest Card également). Bains interdits aux moins de 14 ans ! Massages. Moins de monde à l'ouverture ou à l'heure du déj.* Construit par le pacha turc **Arslan** en 1565, il fut acquis par la famille royale Király en 1796. Ce complexe très authentique – hélas assez vétuste – est célèbre pour sa coupole percée d'oculi, au-dessus du grand bassin octogonal. Si vous optez pour le hammam, choisissez plutôt celui situé au fond à droite du bassin principal, il est plus chaud que ceux situés près des douches.

À voir

Széchenyi-Lánchíd *(pont des Chaînes ; zoom B4)* **:** c'est le 1er pont (long de 380 m) à avoir enjambé le Danube. Avant lui, on utilisait des bacs ou des pontons flottants, héritage de l'époque turque. Il fut construit entre 1839 et 1849 sur une idée et avec les fonds du ***comte Széchenyi,*** qui demanda à l'architecte écossais *William Terney Clark* de le concevoir, et à *Adam Clark* de le construire. Au milieu du XIXe s, seuls les Anglais étaient capables de maîtriser la technique nécessaire. Le câble, composé de doubles chaînes, est suspendu entre les 2 grands arcs de triomphe des 2 piles. Deux lions de pierre gardent chaque tête du pont.

Pendant la Seconde Guerre mondiale, le pont des Chaînes fut détruit par les bombes, puis reconstruit à l'identique en 1949, pour son centenaire. C'est un monument emblématique qui représente le mieux Budapest, celui qui relie telle une agrafe historique les 2 rives longtemps rivales, aujourd'hui réunies : Buda et Pest.

UN PONT FUNESTE

On raconte que, vers 1840, le comte Ferenc Széchenyi, l'un des plus importants personnages de la mouvance indépendantiste, était pressé de voir un pont franchir le Danube, car il voulait être sûr d'arriver à temps pour l'enterrement de son père, qui vivait sur la colline. On dit aussi que le sculpteur János Marschalkó se serait suicidé après s'être aperçu que les lions, de part et d'autre du pont, n'avaient pas de langue (alors qu'ils en ont une, mais toute petite) ! On raconte en fait beaucoup de... bêtises !

Budavári Sikló (funiculaire de Buda ; zoom B4) **:** *au bout de la pl. Clark-Adam et au pied de la colline du Château, après le pont des Chaînes.* ☎ *201-91-28. Fonctionne tlj 7h30-22h. Tarifs : 1 200 Ft l'aller ; 1 800 Ft l'A/R ; réduc enfants.* Permet de monter rapidement au sommet de la colline pour les personnes qui éprouveraient des difficultés avec les escaliers. Et encore, quand on dit rapidement, c'est une image car il y a souvent la queue en saison. Beaucoup moins au retour, évidemment... Belle vue, mais pas donné.

Várhegy *(colline du Château ; plan B4)* **:** *le funiculaire dépose juste devant l'entrée du château (à droite, les quartiers du président de la République).* Ⓜ *Széll Kálmán tér (ligne nº 2 ; plan A3). Bus nº 16 (descendre à Dísz tér).*
Tout le quartier du Château est classé et se distingue, autour de l'église Mathias, par de délicieuses maisons baroques peintes de couleurs vives, le long desquelles il fait bon flâner (voir un peu plus loin notre description détaillée).
C'est au milieu du XIIIe s, après les invasions tatares, que les habitants de Budapest se réfugient sur la colline, plus sûre qu'Óbuda. Des marchands allemands

s'installent et bâtissent une église ; les Hongrois les imitent, et les ordres religieux débarquent à leur tour. Un château voit le jour au sud de la colline au milieu du XIVe s : il connaît bientôt une époque florissante sous le roi ***Mathias Corvin*** et son épouse ***Béatrice d'Aragon,*** qui importe en Hongrie les idéaux de la Renaissance. Mais l'invasion turque et la guerre de libération ne l'épargnent pas. La cité libérée, il faut tout reconstruire. C'est alors que naît le quartier baroque. Ravagés en 1849, puis à nouveau durant la Seconde Guerre mondiale, la colline et le château ne sont plus que ruines au sortir du conflit. Les bombes russes, déversées sans discontinuer pour déloger les nazis, n'ont pas épargné grand-chose. Il a fallu 20 ans pour que le lieu retrouve un aspect engageant ! Aujourd'hui comme hier, on y bénéficie d'une vue panoramique sur Pest d'un côté, et sur les collines verdoyantes de Buda de l'autre.

Sándor Palota *(palais royal ; plan A-B4)* **:** *plusieurs entrées ; la principale en venant de Dísz tér, où avaient jadis lieu les parades de la garnison.* 2 musées très riches occupent les ailes de l'édifice. Attention, ce n'est pas Versailles ! Le palais ayant été détruit (sauf les murs), l'intérieur reconstruit n'abrite plus que les collections.

– La visite terminée, offrez-vous donc un coup à boire sur la terrasse du petit café posé au pied du grand portail faisant face à l'arrivée du funiculaire. La vue sur Pest et le Danube y est imprenable.

REVANCHARD

Une statue équestre du palais royal représente Eugène de Savoie, « Prinz Eugen » pour les intimes. Pour se venger de Louis XIV qui lui refusa un commandement, ce fils d'Olympe Mancini (nièce de Mazarin et grand amour du roi de France) se mit au service des Habsbourg, les pires ennemis du Roi-Soleil, et devint l'un des plus grands stratèges de l'histoire militaire.

BUDAPEST

Magyar Nemzeti Galéria *(Galerie nationale hongroise ; zoom B4)* **:** *Dizt tér 17. • mng.hu • Mar-dim 10h-18h. Attention, dernière admission à 17h pour l'expo permanente, à 16h30 pour les expos temporaires. Entrée : 1 800 Ft ; supplément pour les expos temporaires ; réduc ; gratuit avec la Budapest Card (sauf expos temporaires) et 3e sam du mois pour les moins de 26 ans originaires de l'UE ainsi que pour les moins de 6 ans et les plus de 70 ans. Audioguide : 800 Ft. En été, la clim est mise à fond ; prévoir un lainage.*

Complément des grands musées de Pest consacrés à l'art, cette gigantesque galerie accueille les œuvres d'artistes locaux depuis l'Antiquité romaine, mais surtout du XVe s à nos jours. Notons au passage la dichotomie entre la façade classique et l'aménagement intérieur, très années 1970. Organise des expos temporaires de dimension internationale. Fin 2019, la galerie accueillera les collections post-1800 du musée des Beaux-Arts.

Rez-de-chaussée

Côté gauche (en traversant la boutique), on découvre un ensemble d'éléments lapidaires des XIIe-XVe s, avec quelques chapiteaux et frises, et des statues et morceaux de flèches gothiques. On voit aussi d'émouvantes sculptures polychromes, mais rien d'incontournable.

Entresol

Grandes fresques et personnages historiques, à l'instar de la célèbre *Bataille Szigetvár en 1565 contre les Turcs* de Peter Krafft (1825). Du même ordre, mentionnons la *Reconquête de la citadelle de Buda en 1686,* œuvre de Gyula Benczúr (1896).

1er étage

C'est ici que les choses sérieuses débutent. On ne saurait trop vous conseiller de filer vers la section 4. On y reste pantois devant une extraordinaire collection de maîtres-autels gothiques d'une finesse inouïe, véritable dentelle de bois doré. Datant de la fin du XVe s et du début du suivant, ils furent cachés pendant l'époque turque (1541-1686). Beaucoup proviennent de *Kisszeben* (Sabinov), une bourgade du nord-est de l'actuelle Slovaquie. Parmi eux, une fantastique *Annonciation.* Mentionnons aussi l'autel de Marie-Madeleine, où elle est représentée entourée d'angelots dont certains ont le corps recouvert de plumes ! Voir aussi le grand autel au centre de la salle.

– La galerie de la Coupole offre un large panorama du XIXe s romantique et pré-impressionniste. Salles 6 et 7, voir notamment *La découverte du corps de Louis II* et *Les femmes d'Eger,* de **Bertalan Székely.**

– Dans la section 9, arrêtez-vous devant les œuvres de ***Mihály Munkácsy,*** notamment cette *Femme barattant du beurre* et le *Dernier jour du condamné à mort* (qui obtint une médaille d'or en 1870). Son travail le rapproche du réalisme des « Ambulants » russes de l'époque, sur des tonalités plus sombres – comme en témoignent de nombreux paysages orageux. Sur le tard, pour faire plaisir à sa mécène, il ajouta un peu de couleur, comme dans l'impressionniste *Route poussiéreuse.*

– Dans le bâtiment C, on découvre aussi des toiles de ***Csontváry*** (la majeure partie de son œuvre est au musée de Pécs) et un *Pique-nique en mai* (1873) de ***Pál Szinyei Merse,*** qui a quelque chose du *Déjeuner sur l'herbe* de Manet. Pas besoin de nudité, le tableau fit scandale du seul fait que 2 femmes y sont représentées aux côtés de 4 hommes... Ses autres toiles virent clairement vers l'impressionnisme. Mentionnons encore ***Károly Lotz*** pour ses portraits. Plusieurs toiles sont influencées par le début de l'Art nouveau, comme cette *Baigneuse* de 1901 et la *Muse* voisine.

2e étage

Ne perdez pas courage face à l'immensité du lieu et montez au niveau supérieur.

– Les salles 10 à 13 du bâtiment C couvrent l'art hongrois de 1896 à 1945. Très belle et vaste section qu'il est bien difficile de résumer en quelque lignes....

Première plongée bien agréable dans l'Art nouveau avec le sémillant *Âge d'or* de ***János Vaszary,*** au cadre floral élégant. Du même ordre, jetez un coup d'œil à la tapisserie de la *Femme assise aux roses* d'***Aladár Körösfői Friesch*** et à la *Symphonie* d'***Aladár Kacziány.***

Jószef Rippl-Rónai livre un joli *Joueurs de boules* du temps où, venu en France, il commence à fréquenter les postimpressionnistes, une élégante *Femme au voile noir (Mme Mazet)* et un amusant (ou désespérant ?) *Mon père et mon oncle Piacsek buvant du vin rouge.* Après avoir rencontré Maillol et le soleil de Banyuls, il se met à la couleur, qu'il dépose par touches – des « grains de maïs », dit-il –, un peu à la façon des pointillistes. Remarquons également la délicate toile de ***Lajos Gulácsy,*** *L'enchantement ou le jardin du magicien* et le très contrasté *Octobre,* de ***Ferenczy.***

Les années passent et les grands courants internationaux s'expriment à travers la peinture hongroise : expressionnisme, cubisme... On aime bien le *Nu couché* de Béla Czóbel. Et tant pis s'il n'est pas nu !

3e étage

L'art du XXe s, après 1945. À réserver aux spécialistes de l'art contemporain. Pas de réalisme soviétique...

👁👁 ***Budapesti Történeti Múzeum*** *(musée d'Histoire de Budapest ; zoom B4) :* *Szent György tér 2. ☎ 487-88-00. ● btm.hu ● Mar-dim 10h-18h (16h nov-fév, 18h le w-e). Entrée : 2 000 Ft (2 400 Ft de mi-avr à début sept, et début nov-fin fév) ; réduc ; gratuit avec la Budapest Card. Audioguide en anglais ou en allemand seulement : 1 200 Ft ; droit photo : 1 000 Ft.*

Un autre immense et labyrinthique espace, qui retrace dans un certain désordre (et même dans un désordre certain) 2 000 ans d'histoire de la ville. Globalement, peu d'explications et un certain manque de perspectives malgré les aménagements

récents. Du musée, accès au chemin de ronde et aux jardins *(fermés en hiver)*, qui conduisent à la sortie sud.
D'abord, allez vous perdre dans les salles voûtées du sous-sol, qui datent du Moyen Âge, jusqu'à la petite chapelle baignée de chants liturgiques. On vous présente le château et la vie quotidienne dans ce dernier avant l'invasion turque. Presque un musée-oubliettes, même s'il ne faut pas oublier la salle des chevaliers, datant de la même époque.
Le rez-de-chaussée est consacré à l'histoire de Budapest, après la reconquête de la ville sur les Turcs en 1686. Mobilier, peinture bourgeoise, gravures, quelques machines et un beau lampadaire doré déclinent époques et styles à vitesse grand V.
Tout au fond, derrière le hall baroque, se planque la ***salle des statues gothiques.*** Elle renferme, dans un décor de velours bleu, une collection de 72 morceaux de statues du XIVe s retrouvés dans le sous-sol de la colline en 1974. Ces statues représentent principalement des personnages civils : clercs, écuyers, femmes, enfants... Presque tous les personnages ont été décapités, sans doute par les Turcs. Au bout, dans une petite salle climatisée cachée aux regards, sont exposés quelques chausses médiévales et un vénérable drapeau des Anjou hongrois, découverts en 1999 dans un puits abandonné.
Les étages remontent dans le temps : ils couvrent la période s'étendant de la Préhistoire à l'arrivée des Avars.

Mátyás Templom *(église Mathias ; plan A4)* **:** *Szentháromság tér. ☎ 489-07-16. (20h mai-mi oct). ● matyas-templom.hu ● Lun-ven 9h-17h, sam 9h-12h et dim 13h-17h. Entrée : 1 500 Ft ; réduc. Supplément pour monter dans la tour (tlj 10h-17h) : 1 500 Ft ; réduc.*
L'église, qui domine la ville de son haut clocher ajouré, frappe d'abord par son toit couvert de magnifiques tuiles vernissées qui contraste si bien avec la blancheur de ses pierres. Le roi ***Mathias Corvin*** eut l'audace de s'y marier 2 fois ! Par la suite, plusieurs souverains hongrois et empereurs d'Autriche-Hongrie y ont reçu la couronne de saint Étienne, symbole de légitimité hongroise. Du temps de l'occupation turque, l'église fut transformée en mosquée mais conservée, car elle suscitait l'admiration de ***Soliman le Magnifique.*** Seules ses fresques et peintures furent endommagées. Le 30 décembre 1916, le dernier empereur des Habsbourg, ***Charles IV,*** et son épouse ***Zita*** ont été couronnés ici même, en grande pompe. Un incident a voulu que la couronne soit posée de travers sur la tête du souverain : certains y ont vu un mauvais présage annonçant sa destitution en 1919, après le démembrement de l'Empire austro-hongrois.
L'église date en grande partie du XIIIe s, mais a subi (c'est le mot) de nombreuses restaurations. De 1879 à 1893, ses murs intérieurs ont été entièrement peints, d'une manière qui n'est pas sans rappeler les restaurations outrancières dues à Viollet-le-Duc. En partie détruit par les bombardements de la Seconde Guerre mondiale, le sanctuaire a été longuement restauré, jusqu'en 1968. Le décor est encore plus chargé, les couleurs chatoyantes, bref, c'est magnifique ! Remarquez les vitraux et la rosace dont les bleus rappellent ceux de Chartres.
À gauche de la nef, la chapelle de la Sainte-Trinité abrite le tombeau de ***Béla III*** et de sa 1re épouse, ***Anne de Châtillon,*** ainsi qu'une copie de la Sainte-Couronne. Du même côté, à l'étage, le ***musée du Trésor*** a été restauré et présente une belle collection d'orfèvrerie religieuse et de vêtements liturgiques. On donne parfois dans l'église des concerts d'orgue : acoustique formidable et grand moment d'émotion.

Hálaszbástya *(bastion des Pêcheurs ; plan A-B4)* **:** *Szentháromság tér. Tlj 9h-19h (20h de mai à mi-oct). Accès payant (1 000 Ft) pour le 1er étage de mi-mars à mi-oct ; gratuit en hiver !* Économisez vos sous, la vue est la même que depuis le niveau inférieur... Le bastion, élevé dans les années 1900, forme un hommage néoroman (un peu lourd) aux pêcheurs chargés de défendre, au Moyen Âge, ce côté des remparts. Ses 7 tours symbolisent les 7 tribus magyares fondatrices de la Hongrie. Le bastion tient à peu près la même fonction touristique que le Sacré-Cœur à Paris : un point de vue pour la photo-souvenir. On peut boire un verre sous les arcades (accès gratuit, là...), un bon moyen de profiter du panorama tout en écrivant ses cartes postales (voir le *Bastion Café* dans « Où boire un verre ? »). De là, on peut rejoindre le Danube par des escaliers (320 marches), en passant d'un jardin à l'autre.

Les rues baroques *(plan A-B4)* **:** des abords de la place *Szentháromság,* plusieurs jolies rues, pavées ou non, se ramifient vers le nord-ouest : *Táncsics, Fortuna, Országház* et, légèrement décalée vers l'ouest, *Úri.* Toutes sont bordées de demeures baroques colorées, dont certaines ont été rebâties sur les ruines médiévales du quartier après que les Turcs furent chassés de Budapest. On devine ainsi, à travers les encorbellements des nos 18-20-22 d'***Országház utca,*** l'allure que pouvait avoir la colline à cette époque. Les maisons aux toits de tuiles rouges de ***Fortuna utca*** étaient plutôt celles de marchands. ***Úri utca,*** la rue des Seigneurs, aligne les plus nobles façades. Devant le *café Miro* se dresse la statue d'un hussard. Tous les guides qui font visiter la ville ne manquent pas de faire remarquer aux dames la partie la plus honorée de l'anatomie de son étalon... ***Táncsics utca*** fut la rue des juifs jusqu'à l'époque turque.

Sziklakórhaz *(Hôpital dans la roche ; plan A4,* ***253****)* **:** *Lovas u. 4. 06-70-701-01-01. • sziklakorhaz.eu/en •* Ⓜ *Szell-Kalman ou bus n° 16 (arrêt : Disz tér). Tlj 10h-20h (dernière entrée à 19h). Visite guidée obligatoire de 1h, ttes les heures, en anglais. Interdit aux enfants de moins de 6 ans (et déconseillée jusqu'à 8 ans). Tarif : 4 000 Ft ; réduc (30 % avec la* Budapest Card*) ; gratuit moins de 6 ans et plus de 70 ans.*

Une visite insolite et émouvante animée par une jeune équipe de passionnés. Pour commencer, une projection vidéo de 10 mn (sous-titrée) détaille l'histoire de cet hôpital militaire souterrain, creusé sous la colline du Château à partir d'un réseau de caves préexistantes. Inauguré en février 1944, ce labyrinthe de 10 km de long abritait un hôpital moderne pour l'époque, doté de 200 lits et de matériel de pointe : rayons X, bloc opératoire, machines à redresser les membres...

Mais lors du siège de 1945, jusqu'à 650 blessés s'y entassèrent dans des conditions effroyables : surpeuplé, privé d'eau et de matériel médical suite aux bombardements, l'hôpital devint un mouroir. Les pansements usagés étaient récupérés sur les morts afin d'être réutilisés sur les vivants, et le taux de mortalité grimpa en flèche... Après 1945, la structure fut louée par un laboratoire puis transformée en complexe secret par les troupes soviétiques. La crise des missiles de Cuba, en 1962, précipita sa reconversion en abri antiatomique... qui ne servit jamais. Mais ce secret fut (très bien) gardé jusqu'en... 2002 !

Le point fort de ce musée est d'avoir su recréer une atmosphère réaliste et angoissante, grâce à des mannequins de cire, grimaçants et sanguinolents, en pyjama d'origine. Tous les objets exposés sont authentiques : mobilier, outils chirurgicaux, énormes bonbonnes de chloroforme, cuisine et sanitaires de fortune... Une expérience certes pas donnée, mais riche en émotions et qui remporte un franc succès parmi les touristes.

Zenetörténeti Múzeum *(musée d'Histoire de la musique ; plan A3-4,* ***259****)* **:** *Táncsics Mihály u. 7. ☎ 214-67-70. • zti.hu • Ouv seulement pour les expos temporaires, mar-dim 10h-16h. Entrée : 600 Ft.* Dans ce superbe palais baroque *Erdődy* séjournèrent Beethoven (en 1800) et ***Béla Bartók.*** Avant toute chose, demander les feuillets d'explication à la personne qui garde les salles. Ils sont en anglais, mais c'est déjà ça. Ce petit musée (trop faiblement éclairé) expose des partitions originales de Bartók ainsi que des ouvrages en relation avec le maestro. La 2de salle, dont les murs sont rehaussés de superbes lithographies, expose de vieux instruments : des claviers, des cordes et des cuivres. Un ordinateur (en hongrois, faites-vous aider) permet d'écouter un air joué par chaque instrument. Une visite complémentaire au musée Liszt, qui intéressera surtout les mélomanes.

Le quartier de Víziváros** (plan A3) :* étiré entre le bas de la colline du Château et le Danube, *Víziváros* était à l'origine un quartier plutôt populaire, où logeait le petit personnel d'une noblesse postée, elle, sur les hauteurs. Son artère principale, *Fő utca,* longe le Danube en suivant l'ancienne voie romaine. À *Batthyány tér (plan B3)* se dresse la jolie ***église Sainte-Anne, considérée comme l'une des églises les plus baroques de Budapest. De la place, vue directe sur l'imposant bâtiment du Parlement, sur l'autre rive.
Ce qui fait le charme de *Víziváros* tient en fait surtout aux escaliers qui grimpent sur le flanc de la colline. N'hésitez pas à les emprunter pour rejoindre l'église Mathias (ou vice versa).

Öntödei Múzeum** (musée de la Fonderie ; plan A-B3, **234**) : Bem József u. 20. ☎ 693-34-08. • mmkm.hu • Mar-sam 11h-19h (seulement jeu-sam en hiver). Entrée : 800 Ft ; réduc ; gratuit pour les ressortissants de l'UE de moins de 6 ans et de plus de 70 ans.* Le *musée des Sciences, de la Technologie et des Transports,* actuellement en rénovation, comprend aussi ce musée installé dans une authentique fonderie construite par ***Ábrahám Ganz en 1858 et qui fut en activité jusqu'en 1964. La charpente en shed est en elle-même une œuvre d'art. On y voit d'intéressantes pièces de fonderie de style Art nouveau : balustrades, candélabres, mais aussi des pièces de train, des cloches, ainsi que des poêles coiffés d'un aigle, fabriqués sous licence américaine en 1930. Demandez à descendre à la cave pour voir la forge.

Le tombeau de Gül Baba** (plan A-B2, **235**) : Mecset u. 14, 2e arr. De Margit krt, après avoir franchi le Danube, prendre Margit u., puis à droite dans Mecset ; le tombeau est en haut des escaliers partant sur la gauche. Tlj 10h-18h (17h nov-avr).* Seuls quelques bains et ce tombeau, dont le site a été récemment restauré : voilà tout ce qui reste de 150 ans d'occupation turque (si on fait abstraction de leur cuisine, évidemment). Dominant le Danube, il s'agit du mausolée non d'un puissant prince oriental, mais d'un poète et derviche soufi qui participa à la prise de Buda en 1541 armé d'une épée en bois. Il y aurait introduit la culture des roses, donnant son nom à la colline *(Rózsadomb).* ***Gül Baba est mort avant de pouvoir fêter la victoire de l'Empire ottoman sur les Magyars. Comme tous les mystiques, il a choisi un joli site où reposer pour l'éternité. L'édifice octogonal, coiffé d'un croissant de lune couché, est entouré d'ifs et de nombreux rosiers en pots. Il est aujourd'hui encore placé sous la protection du gouvernement turc, qui en a la charge. C'est aussi un lieu de pèlerinage pour les musulmans. À côté du mausolée, une statue du derviche, la main sur le cœur.

AUTOUR DU MONT GELLÉRT (BUDA XI)

Culminant à 139 m d'altitude, le *mont Gellért* (Gérard en hongrois...) n'est pas le point le plus haut de la ville (c'est le mont János, à 526 m), mais il n'en revêt pas moins une importance stratégique : accidenté et boisé, il domine de sa masse le cours du Danube, coiffé par les vestiges de la citadelle bâtie au XIXe s par les Autrichiens. C'est au pied du mont que jaillissent d'une faille géologique les fameuses eaux thermales (bains *Gellért, Rácz* et *Rudas* à proximité). Au large, quartiers plutôt populaires et universitaires sans charme.

BUDAPEST

Où se baigner ?

Bains Gellért (plan C6, **93**) : *Szent Gellért tér 1 ; dans l'hôtel du même nom. ☎ 466-61-66. • gellertspa.com • Le bus nº 7 s'arrête juste devant. Accès sur la droite de l'hôtel. Tlj 6h-20h. Tarifs : 6 300-6 900 Ft selon sem ou w-e avec casier ou cabine ; réduc de 10 % avec la Budapest Card. Bonnet 700 Ft (obligatoire seulement pour la piscine intérieure). Achat du ticket en ligne. Également tte une flopée de traitements allant du massage ayurvédique à l'aromathérapie. Possibilité de privatiser un sauna ou un bain avec corbeille de fruits et bouteille de champ' (6 000 Ft pour 2 pers).* Sa source était déjà connue au XIIIe s. L'établissement thermal le plus célèbre, le plus cher et le plus touristique de Budapest doit son succès à son superbe décor Art nouveau devant lequel les stars (comme Ryan Gosling pendant le tournage de *Blade Runner 2049,* par exemple) viennent régulièrement faire des *shootings*... Dans les années 1930, lorsque le palace accueillait le bal des débutantes, la piscine était recouverte d'un plancher de verre. Entourée d'une colonnade et coiffée d'une verrière, elle se pare de faunes et de lions crachant une eau fraîche. En contraste, un bassin chaud. De mai à septembre, une autre piscine extérieure fraîche fabrique de fausses vagues (ce fut la 1re du genre en Europe), en alternance avec les bouillonnements et hydromassages du 2d bassin chaud, au-dessus (le pied !).
Les bains sont désormais mixtes, donc plus de tenue d'Ève ou d'Adam. *Dress code* détaillé sur le site. Attention : une fois que l'on sort, pas de retour possible. Gardez minimum 1 000 Ft en poche pour boire un verre tout en vous dorant sur la terrasse.

UN ÉVÊQUE QUI A UNE BONNE DESCENTE

Le saint qui tend une croix dans la main droite sur la colline de Gellért, c'est Gérard. Il christianisa une partie des Hongrois. Le pauvre est mort tristement. En 1046, des réfractaires à la conversion n'avaient pas trouvé mieux que de l'enfermer dans un tonneau et de le lâcher du haut de la colline. C'était en quelque sorte mettre la charrue avant les bœufs, car au XVIIIe s la colline de Gellért était couverte de vigne. On y produisait d'ailleurs, paraît-il, un excellent vin de messe.

Bains Rudas (zoom B5, **222**) : *Döbrentei tér 9 (au pied du pont Erzsébet). ☎ 356-13-22. • fr.rudasfurdo.hu • Bains de vapeur tlj 6h-20h, plus nocturne ven-sam 22h-4h (sauf saunas). Piscine tlj 6h-22h. Saunas tlj 8h-22h. Réservé aux hommes lun et mer-ven ; aux femmes mar ; mixte w-e. Tarifs : bains de vapeur seuls 3 500-4 000 Ft selon j. avec cabine ; billet combiné avec piscine : 4 200-4 700 Ft ; nocturne : 5 100 Ft ; réduc de 20 % avec la Budapest Card. Bains thermaux interdits aux moins de 14 ans.* Alors que les bains étaient réservés exclusivement aux hommes depuis 1936, le maire de Budapest a donné son autorisation, en 2006, pour « un traitement paritaire » un jour par semaine... c'est un début ! Au bord du Danube, le bâtiment, austère, abrite l'un de nos bains préférés, avec sa piscine octogonale coiffée d'une coupole percée d'oculi, par lesquels les rayons du soleil filtrent à travers la vapeur. Cette architecture remontant au XVIe s, héritage des bâtisseurs ottomans, est, avec le café, l'une des rares choses dont les Hongrois se sentent redevables envers les Turcs ! Peu de touristes. Évidemment propice aux rencontres entre personnes du même sexe aux jours qui leur sont dédiés.

À voir

Gellért-hegy (mont Gellért ; plan B5) : *au sud de la colline du Château. Ⓜ Móricz Zsigmond körtér (ligne nº 4), puis bus nº 27 (ttes les 7-8 mn). Tlj 8h-23h,* *mais accès dans l'enceinte de la citadelle jusqu'à 19h seulement.* Les Autrichiens ont bâti cette forteresse en 1854 pour mieux surveiller les Hongrois. Pas de doute, c'était le bon choix, la vue d'en haut (235 m) est impressionnante. Depuis 1947 s'y dresse la ***statue de la Liberté,*** devenue l'un des symboles de Budapest. Du haut de ses 14 m, elle a de quoi impressionner. Gigantesque et majestueuse, faisant face au fleuve et dressant au-dessus de sa tête une longue palme, elle commémore la libération de la ville par l'Armée rouge.

– Des abords de la statue de la Liberté, sentiers et escaliers permettent de redescendre vers les ***bains Gellért*** (voir « Où se baigner ? »). Idéal pour une balade au clair de lune.

RÉCUPÉRATION

La statue de la Liberté juchée au sommet du mont Gellért n'est pas celle que l'on croit... Elle fut commandée par l'amiral-régent et homme fort de la Hongrie Miklós Horthy, pour en faire un monument à la mémoire de son fils, décédé dans un accident d'avion (sans doute saboté par les nazis) pendant la guerre... À l'origine, la statue ne devait pas tenir une palme, mais un moteur !

BUDAPEST

À L'OUEST DE BUDA (BUDA XII et XXII)

Où manger ?

De prix moyens à chic (2 000-5 000 Ft – 6,20-15,50 €)

Náncsi Néni *(hors plan par A3, **152**)* **:** *Ördögárok út 80.* ☎ *397-27-42. Aux confins de Buda, derrière un petit bois. Ⓣ n° 61 (fréquent) depuis la gare de Déli ou Széll Kálmán tér, jusqu'au terminus, qui est aussi celui du « train des enfants », dont on parle plus loin, puis bus n° 157 pour 3 arrêts. En voiture, compter 30 mn depuis le centre. Tlj 12h-22h. Plats 2 700-4 800 Ft.* Ce resto créé par un ancien loup de mer en l'honneur de sa grand-mère est une véritable institution. Très belle cour où crisse le gravier, avec des jeux pour amuser les petits. On choisit sur l'ardoise géante parmi les plats du jour. Spécialités : les *bableves* (soupe aux haricots), la cuisse de porc au paprika et l'épaule d'agneau. Pour les poissons, du sandre et du poisson-chat. Un peu loin de tout, mais typique, et les portions sont généreuses. Très fréquenté par les expatriés français, car le lycée français n'est pas loin...

À voir. À faire

Gyermekvasút *(chemin de fer pour enfants ; hors plan par A3)* **:** *Hűvösvölgy et Széchenyi-hegy.* ☎ *397-53-92 ou 94. • gyermekvasut.hu • Les 2 gares terminus sont accessibles en Ⓣ n° 61 pour la 1re, depuis la gare de Déli ou Széll Kálmán tér ; en Ⓣ n° 60 pour la 2de, depuis Városmajor, à 700 m à l'ouest de Széll Kálmán tér en longeant Szilágyi Erzsébet fasor. Le train fonctionne tlj (sauf lun sept-mai).*

En haute saison, départs ttes les heures (ttes les 45 mn w-e et j. fériés) 9h05-17h05 de Hűvösvölgy, dans le 2e arr., près du resto Náncsi Néni *(hors plan par A3,* **152***), et, à l'autre bout, de Széchenyi-hegy (hors plan par A6) 10h-18h. Trains supplémentaires w-e en été.*
Pour être sûr des horaires de départ, consulter le planning en ligne. Compter 700 Ft/enfant l'A/R, 1 400 Ft/adulte ; billet familial 4 000 Ft ; réduc de 50 % avec la Budapest Card ; gratuit moins de 6 ans. Survivance du communisme – il s'appelait alors « train des Pionniers » –, cet adorable petit train rouge ou bleu, parfois tiré par une locomotive à vapeur *(supplément 200 Ft/adulte, 100 Ft/enfant),* serpente dans les collines de Buda. Superbe parcours de 45 mn dans la verdure. Des enfants de 10 à 14 ans assurent l'essentiel du service, mais, qu'à cela ne tienne, des adultes restent quand même aux commandes du train !

Libegő *(télésiège ; hors plan par A3)* **:** *départ de Zugligeti út 97, 12e arr., à côté du camping du même nom, au terminus du bus no 291 depuis Nyugati Pályaudvar (gare de l'Ouest). ☎ 394-37-64. Fonctionne, si les conditions météo le permettent, ttes les 15 mn dans les 2 sens mai-août 10h-19h ; avr et sept 10h-18h ; nov-janv 10h-15h30 ; les autres mois, ferme 16h-17h. Tarifs : 1 000 Ft l'aller ; 1 400 Ft l'A/R ; réduc enfants.* Ce télésiège plan-plan qui tutoie la cime des arbres et des habitations grimpe doucement jusqu'au sommet du mont János (527 m) en 15 mn. À l'arrivée, une buvette, quelques bancs et une petite aire de jeux pour enfants. Des sentiers de randonnées disparaissent dans la montagne. On recommande la courte montée vers l'***Erzsébet-Kilátó,*** une tour circulaire de 4 étages offrant un panorama magnifique sur la campagne environnante. On peut redescendre par le télésiège : on vous le conseille pour profiter de la vue (il faut évidemment repayer ou avoir pris un aller-retour). Sinon, on peut rejoindre le « train des enfants » en 15 mn de marche à la station János-hegy. Une bonne façon d'essayer les 2.

Dans la banlieue sud-ouest de Budapest

Memento Park *(parc des statues du communisme ; hors plan par A6)* **:** *Balatoni út (angle Szabadkai u.), 22e arr. ☎ 424-75-00. • mementopark.hu • Si vous en avez les moyens, prendre le Memento Park Busz, qui vous y mène directement. Départ tlj à 11h de Deák Ferenc tér (nov-mars, seulement sam-lun). Bus de retour à 13h (soit env 1h30 sur place). Compter 4 900 Ft l'A/R avec le billet d'entrée (mais grosse remise en achetant son billet via Internet) ; réduc étudiants et de 20 % avec la Budapest Card. Sinon, plus économique et plus souple : Ⓜ Kelenföld vasútállomás (ligne no 4), puis bus nos 101B ou 101E (ttes les 10 mn en sem, un peu moins le w-e) ou no 150 (un poil plus long), direction Budatétény vasútállomás, arrêt Memento Park. Site ouv tlj de 10h au coucher du soleil. Fermé 25 déc. Entrée : 1 500 Ft ; réduc étudiants et enfants ;* ***gratuit avec la Budapest Card*** *(sauf Memento Park Busz) et pour les moins de 6 ans.*
Passé le kiosque à souvenirs marxistes près duquel sommeille une vieille Trabant, on pénètre dans un grand terrain vague où ont été reléguées les statues qui occupaient autrefois les places de Budapest. Au lieu de les détruire, les Hongrois ont eu la bonne idée de les conserver et de les exposer, considérant que la période communiste fait partie de leur histoire, tout comme la période turque au XVIIe s. Seulement une vingtaine de statues, sans explications (cela dit, des tours guidés de 40 mn en anglais sont possibles), mais quel morceau d'Histoire ! On y voit bien sûr les camarades *Marx, Engels* et *Lénine* figés dans l'austérité de la pierre massive. Prolétaires triomphants, énergiques soldats de l'Armée rouge, bureaucrates au visage terne... Petites ou énormes, en pierre, en bronze ou en métal, les statues et les sculptures se détachent nettement sur le ciel, silhouettes fantomatiques d'une époque révolue. Surréaliste !

Dans le baraquement face au parc, une exposition en photos mais surtout un film documentaire sur les pratiques des services secrets hongrois sous le régime communiste.

ÓBUDA (Buda III)

• Fő tér • Vasarely Múzeum • Aquincum

Sur la rive droite du Danube, au nord des collines de Buda, ce quartier très urbanisé, hérissé de barres d'immeubles de l'époque communiste, conserve quelques îlots de charme comme la place Fő tér. En arrière-plan, les petites collines, desservies par des routes sinueuses, mènent à des quartiers résidentiels noyés dans la verdure où se cachent de paisibles pensions.

➢ ***Pour s'y rendre :*** T nº 1, arrêt *Szentlélek tér* (1er arrêt après avoir traversé le Danube, en face du musée Vasarely). Sinon, M *Batthyány tér* (ligne nº 2), puis train HÉV en direction de *Szentendre* vers les stations *Árpád híd* (de là, suivre *Korvin Ottó tér* jusqu'à *Fő tér*), *Filatorigát, Kaszásdűlő, Aquincum* ou *Római Fürdő.* Pas de supplément, puisqu'on reste dans les limites de la ville.

Où manger ?

Très chic (plus de 5 000 Ft – 15,50 €)

|●| ***Kéhli Vendéglő*** *(hors plan par B1,* ***151****) : Mókus u. 22. ☎ 368-06-13. Tlj 12h-23h (cuisine). Résa conseillée. Plats 3 000-7 000 Ft. Musique ts les soirs à partir de 20h : piano ou guitare lun, tzigane mar-sam et accordéon dim.* Une institution touristique ? Certes, mais une adresse incontournable. Il faut dire que depuis 1899, écrivains (Gyulia Krùdy), cinéastes (Woody Allen), acteurs (Schwarzenegger et Jean-Claude Van Damme !) et hommes politiques (Helmut Kohl, Giscard d'Estaing...), tous sont venus s'y restaurer tout en nourrissant une certaine nostalgie qui flotte toujours dans l'air... Superbe cuisine hongroise, mais aussi française et italienne. On déjeune dans le jardin en été ou l'on dîne dans l'une des salles, tantôt rustiques, tantôt croquignolettes, avec musique chaque soir. Parfois même, on y danse... Belle cave voûtée pour les groupes. Excellent service.

À voir

Fő tér : autant *Flórián tér* illustre l'urbanisme sauvage dont a été victime le vieux Buda, autant *Fő tér* émerveille. La place a été magnifiquement restaurée, et plusieurs jolis cafés-restos la bordent. Voir le palais *Zichy (Fő tér 1),* datant du début du XVIIIe s ; c'est l'ancien château d'Óbuda. Il abrite aujourd'hui un petit musée consacré à l'histoire industrielle d'Óbuda *(☎ 250-10-20 ; tlj sauf lun 10h-18h ; entrée : 800 Ft, réduc, gratuit 1er sam du mois).* On y découvre des intérieurs Art nouveau, du fer forgé et une histoire des jeux. En été, concerts dans la cour. Juste derrière, la *galerie Kassák* expose les œuvres d'artistes du début du XXe s. Autour de *Fő tér,* voir le petit square avec ses dames au parapluie en bronze, œuvre du célèbre sculpteur contemporain hongrois Imre Varga, l'*église paroissiale* d'Óbuda *(Óbudai ut.),* pour sa très belle chaire baroque, et la *vieille synagogue* (1820).

Vasarely Múzeum : *Szentlélek tér 6. ☎ 388-75-51. • vasarely.hu • HÉV : Árpád híd. Derrière la vieille synagogue, dans une aile du palais Zichy. Mar-dim 10h-17h45. Entrée : 800 Ft ; 1 000 Ft avec l'expo temporaire en cours ; réduc.* **Győző Vasarely** est le créateur de l'op art. Né en Hongrie en 1908, il continua sa carrière en France à partir de 1930 sous le nom de Victor Vasarely. Le musée, rénové en 2016, abrite 400 de ses œuvres, plus des expositions temporaires.

LA MARQUE AU LOSANGE

En 1972, Renault confie à Victor Vasarely le soin de dépoussiérer son emblème vieillot. La métamorphose est radicale, le Hongrois propose un losange épuré et plus dynamique. Quand il n'est pas sur une calandre, le logo conserve ses couleurs : jaune pour les automobiles, rouge pour les camions, vert pour les engins agricoles.

Aquincum : *Szentendrei út 135, à la sortie nord d'Óbuda. ☎ 430-10-81. • aquincum.hu • HÉV : Aquincum. Musée ouv mar-dim : avr-oct 10h-18h ; nov-mars 10h-16h. Entrée : 1 600 Ft (1 000 Ft en hiver) ; réduc ; gratuit avec la Budapest Card. Parc archéologique ouv avr-oct, tlj 9h-18h ; le reste de l'année, ouv seulement par temps sec (risque de glissade !). Entrée : 1 000 Ft ; réduc ; gratuit avec la Budapest Card. Visite guidée en français possible sur résa à l'avance, compter 6 000 Ft pour 1 à 25 pers.* C'était, à l'époque romaine, la capitale et principale garnison de la Pannonie inférieure. 2 légions y furent stationnées à partir de 214, favorisant l'éclosion d'une véritable ville de 60 000 âmes. Mais dès la fin du siècle, les Romains durent se retirer sous la pression des Barbares. Il ne reste pas grand-chose d'*Aquincum,* juste un vaste champ de ruines le long de *Szentendre út* (d'ailleurs, ce n'est pas idiot d'y passer en allant à *Szentendre*...) : des bases de murs et un *lapidarium* à la colonnade de béton, sous laquelle s'entassent de nombreuses dalles funéraires et des sarcophages en assez mauvais état.

À l'entrée du site, le ***musée,*** moderne, s'avère plus intéressant. Il illustre la vie quotidienne de l'époque et possède un étonnant petit orgue pneumatique et hydraulique romain en bronze. Une vidéo permet d'en entendre le son. Quelques objets mis au jour dans des tombes scythes et de l'âge du bronze sont aussi exposés.

LES ENVIRONS DE BUDAPEST

- Pour se repérer, voir la carte des environs de Budapest sur le plan détachable en fin de guide.

SZENTENDRE

25 000 hab. IND. TÉL. 26

- Plan *p. 135*

À une vingtaine de kilomètres au nord de Budapest, sur la rive droite du Danube, Szentendre (prononcez « Saint-André ») est un joli petit village aux ruelles pavées bordées de demeures baroques. Très apprécié par les touristes pour son côté pittoresque, il constitue pour pas mal de groupes l'objectif d'une visite à la journée. Qu'à cela ne tienne, dès que les derniers bateaux qui les ramènent vers Budapest ont largué leurs amarres, la ville retombe alors dans une délicate torpeur empreinte de romantisme.

UN PEU D'HISTOIRE

Bloquée entre un amphithéâtre de vignobles et la rive droite du Danube, Szentendre marquait à l'époque des Romains la limite est de l'Empire. Au IXe s, les Magyars accaparent les restes des installations militaires romaines. Christianisée aux alentours de l'an 1000, elle se développe grâce à sa position stratégique sur le fleuve et s'enrichit principalement au moyen des taxes qu'elle perçoit. Les Turcs s'en emparent en 1541. Libérée en 1684 après un siècle et demi d'occupation, Szentendre voit débouler quelques années plus tard près de ***800 familles serbes et croates,*** elles-mêmes en fuite pour échapper aux persécutions de l'Empire ottoman. Ces réfugiés se mettent à bâtir des églises. D'abord en bois, elles évoluent rapidement vers la pierre, puis dans un style typiquement baroque à mesure qu'elles passent du rite orthodoxe au christianisme romain.
Au XVIIIe s, grâce au commerce florissant du vin, la ville s'embourgeoise et se pare de ravissantes demeures. Sa partie basse est partiellement détruite par une crue dévastatrice du Danube en 1838. Mais c'est la grande épidémie de phylloxéra de la fin du XIXe s qui, en anéantissant le vignoble, sonnera le glas de sa superbe. L'arrivée du chemin de fer en 1888 et la mise en service des bateaux à vapeur sur le Danube lui donnent une seconde vie. Les ***Serbes,*** qui jusque-là avaient bénéficié de privilèges, perdent de leur influence.
Au tournant du siècle, ils ne représentent qu'un quart à peine de la population. Dans le même temps, la ville, devenue le « verger » de Budapest, expédie chaque jour sa production de groseilles et de noix vers la capitale, tandis qu'une partie de ses habitants part y travailler en train. En 1928, on voit éclore le ***cercle des***

peintres de Szentendre, ce qui incite pas mal d'artistes à venir s'installer en ville (dans les années 1930, on compte plus d'une trentaine de peintres résidant à l'année).
Au lendemain de la Seconde Guerre mondiale, Szentendre sert de refuge aux « dissidents » du nouveau régime, et, tandis qu'elle s'oriente vers le tourisme, on y crée des musées, on y programme des événements. Aujourd'hui, Szentendre est une sorte de petit Montmartre hongrois (toutes proportions gardées, évidemment !). On vient de Budapest le week-end y arpenter les galeries ou prendre le soleil en terrasse, avec verres de blanc, petites douceurs au massepain et tout le tintouin...

Arriver – Quitter

➢ ***En voiture :*** de Budapest, direction Esztergom par la N 11 (par Óbuda). Env 30 mn de trajet.
➢ ***En train :*** trains de banlieue HÉV ttes les 20-30 mn depuis Budapest (départ de Batthyány tér). Dernier train (vers la capitale) vers 23h. Trajet : 30-40 mn. Attention, si vous utilisez la *Budapest Card,* supplément à payer à partir de Békásmegyer (limite de la ville).
➢ ***En bus :*** depuis *Ujpest-Varoskapu* (avant-dernière station au nord de la ligne 3), bus ttes les 30 mn, 5h35-22h55 (4h45-22h dans l'autre sens), avec *Volánbusz (☎ 382-08-88) • volanbusz.hu • menetrendek.hu •* Trajet : 25 mn. Sinon (mais moins pratique), départs ttes les heures de la gare routière d'*Árpád híd* à Budapest *(plan détachable D1).* Dernier bus pour rentrer à 22h20.
➢ ***À vélo :*** et pourquoi pas ? Si vous avez de bons mollets et un bon vélo, allez donc visiter les ruines d'*Aquincum* (c'est sur la route ; possibilité de mettre le vélo dans le HÉV), d'où part une piste cyclable pour *Szentendre* sur environ 10 km. Et là-bas, jolie balade en perspective également. Pensez au retour, évidemment, à moins de dormir sur place...
➢ ***En bateau :*** avec la compagnie *MAHART PassNave (☎ (01) 484-40-13 à Budapest ; • mahartpassnave.hu/en •).* En avr et sept-oct, seulement 1 bateau le sam (départ de *Vigadó tér* à Pest ou de *Batthyány tér* à Buda à 10h30 et 10h40), retour à 17h. Mai-août, 2 bateaux/j. mar-dim *Budapest-Szentendre.* Départ à 9h et 10h30 de Budapest (*de Vigadó tér* à Pest puis 10 mn après de *Batthyány tér* à Buda), retour à 17h ou 19h. 1 bateau supplémentaire juil-août mar-dim à 14h, retour à 19h. Pas de bateau le 20 août. Compter 1h30 dans un sens et 1h dans l'autre (selon qu'on remonte ou qu'on descend le fleuve). *On peut y apporter son vélo moyennant 50 % du prix d'un passager. Prix : 2 200 Ft l'aller, 3 300 Ft l'A/R ; réduc (20 % avec la Hungary Card).*

■ Adresses utiles

- Tourinform (B2)
- 1 Embarcadère (B1)
- 2 Bac pour l'île Sziget (hors plan par B1)
- 3 Hôtel Waterfront (location de vélos ; B1)
- 15 Hôtel Róz (location de vélos ; B3)

Où dormir ?

- 10 Pap-Sziget (hors plan par B1)
- 11 Zita Panzió (A3)
- 12 Ilona Panzió (A1)
- 14 Horváth Fogadó Panzió (hors plan par B1)
- 15 Hotel Róz (B3)
- 16 Mathias Rex Panzió (B2)

Où manger ?

- 20 Kedvenc Kifözde (A2)
- 22 Rab Ráby (A1)
- 23 Határcsárda (hors plan par B1)
- 25 Aranysárkány Vendéglö (B1)

Où déguster une pâtisserie ? Où lécher une glace ?

- 30 Szamós (B2)

À voir

- 41 Kovács Margit Múzeum (B1)
- 42 Czóbel Béla Múzeum (A1)
- 43 Szerb Egyházi Múzeum (musée serbe d'Art sacré ; A1)
- 44 Ámos Imre-Anna Margit Múzeum (B1)
- 45 Mémorial juif Szántó (B1)

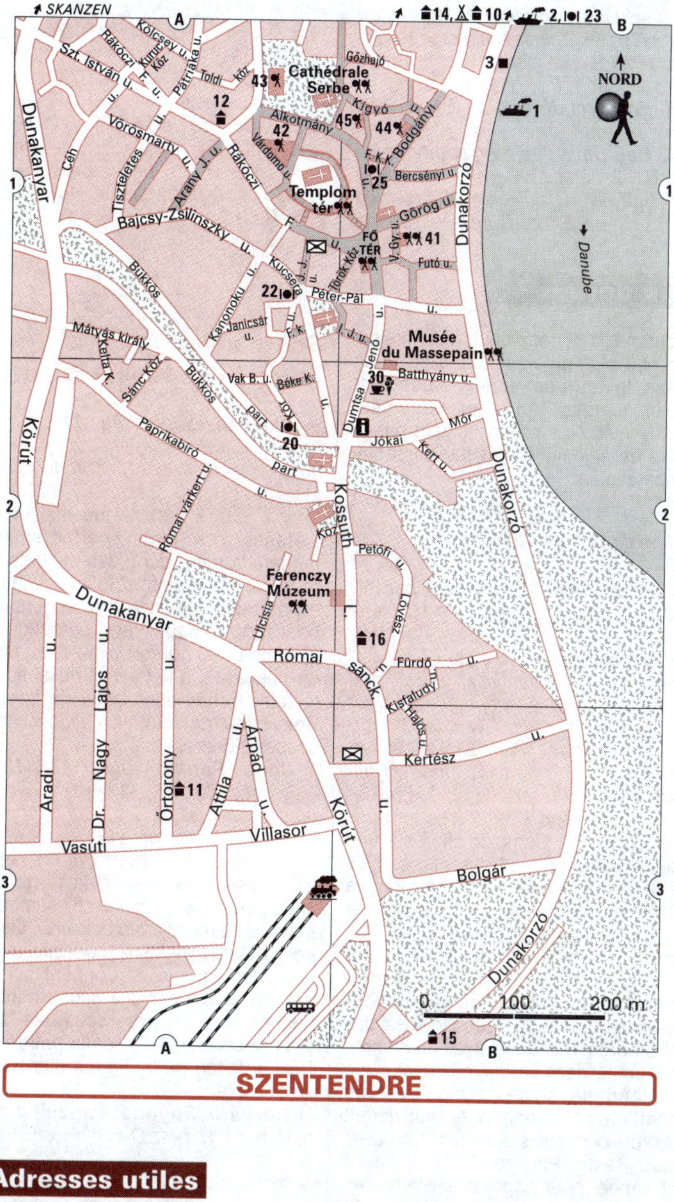

SZENTENDRE

Adresses utiles

Tourinform (plan B2) : *Dumtsa Jenő u. 22. ☎ 317-965. • szentendre.hu • iranyszentendre.hu • Dans le centre, à 200 m au sud de Fő tér. Mar-dim 10h-18h (pause de 30 mn à 13h).* Aimable et efficace. Prenez-y le plan gratuit de la ville.

Gares routière et ferroviaire (plan A3) : *les 2 gares sont presque côte à côte au sud de la ville. Pour rejoindre le centre, prendre Kossuth Lajos u.*

Embarcadère (plan B1, **1**) **:** *en plein centre.*

Bac pour l'île Sziget (hors plan par B1, **2**) **:** *à env 2-3 km au nord de la ville, au niveau du resto Határcsárda (GPS : Ady Endre/Som u.). Départs non-stop 6h-20h30 en été (19h30 puis 18h30 hors saison). Compter 10-15 mn d'attente. Prix : 260 Ft ; réduc. Vélo 200 Ft, voiture 370 Ft.* Bac de faible capacité.

■ ***Location de vélos*** (plan B1, **3**) **:** *si vous n'êtes pas venu avec votre vélo, l'hôtel Waterfront en loue pour env 2 000 Ft/j. Également à l'Hotel Róz (plan B3, **15**).*

Où dormir ?

Pour celles et ceux qui envisageraient un peu plus qu'un simple aller-retour dans la journée depuis Budapest, voici quelques adresses pour passer la nuit. Nos prix n'incluent pas la taxe de séjour : 420 Ft par personne et par nuitée.

Camping et *hostel*

Pap-Sziget (hors plan par B1, **10**) **:** *sur l'île du même nom, à env 1,5 km au nord de Szentendre. ☎ 310-909. • pap-sziget.hu • De Budapest, préférer le bus Volánbusz, car il s'arrête pile poil devant le camping. Accès par un petit pont depuis la route 11. De mi-avr à mi-oct. Pour 2 pers, compter env 5 000 Ft au camping avec une tente, 3 700 Ft/pers ou 5 200 Ft pour 2 pers à l'hôtel et 9 200 Ft en bungalow double.* Camping situé sur une petite île (*sziget* veut dire « île »), mais à ne pas confondre avec la très longue Szentendrei Sziget, juste derrière (et encore moins avec le festival de Sziget !), cependant accessible d'ici par une piste cyclable. Beau terrain de camping le long des berges sablonneuses du Danube. Propose aussi des chambres basiques avec sanitaires communs dans un long bâtiment genre préfabriqué et des bungalows sur pilotis avec cuisinette, le tout datant de l'ère communiste, certes, mais avec vue. Resto. Piscine. Club de kayak et canoë, pour pagayer sur le fleuve. Snack-bar et resto juste en face. Et oui-oui-oui, un excellent accueil de l'adorable Eva, qui se débrouille pas mal en français et se met toujours en 4 pour vous renseigner.

Bon marché (jusqu'à env 10 000 Ft – 31€)

Zita Panzió (plan A3, **11**) **:** *Örtorony u. 16. ☎ 313-886. • zitapanzio.hu • Derrière la gare, à droite de la station-service. Compter 9 000 Ft pour 2. CB refusées.* Une maison à 2 étages avec jardin, certes située derrière la gare, donc pas centrale ni dans un quartier très folichon, mais à prix raisonnable. 6 grandes chambres (dont 2 pour 3 et 4 personnes), propres et au confort simple, au rez-de-chaussée, à l'étage et aussi sous le toit ; toutes avec salle de bains. Possibilité de faire la cuisine. Bon accueil d'Endre.

Ilona Panzió (plan A1, **12**) **:** *Rákóczi u. 11. ☎ 313-599. • ilonapanzio.hu • Dans le centre, à 2 pas de Főtér. Compter 8 000 Ft pour 2, 12 000 Ft pour 4, petit déj en plus. CB refusées.* Sonnez à la porte de cette petite maison jaune ; 6 chambres fraîches au mobilier en bois clair, équipées de salle de bains, certaines avec frigo. 2 d'entre elles donnent sur la rue, les autres sur une courette intérieure. Petite terrasse sous une lanterne. Accueil réservé de la patronne. Seul le fiston parle 3 mots d'anglais. Très simple.

Horváth Fogadó Panzió (hors plan par B1, **14**) **:** *Darupiac 2 (GPS : Dézsma u./Egrés u.). ☎ 313-950. • horvathfogado.hu • À 2 pas du cimetière juif et à 10 mn à pied du centre. Double env 12 000 Ft, sans le petit déj-buffet (env 1 500 Ft/pers). Parking.* Dans un coin résidentiel au nord du centre, 6 chambres pour 2 à 6 personnes, toutes avec salle de bains, TV et frigo. Elles sont plaisantes et bénéficient d'un embryon de déco maison, parfois de lambris. La climatisation est en option et payante *(1 500 Ft/j.)*. Tenu par un couple accueillant. Une très bonne adresse.

Prix moyens (moins de 20 000 Ft – 62 €)

Mathias Rex Panzió *(plan B2,* ***16****) : Kossuth Lajos u. 16. ☎ 505-570. • mathiasrexhotel.hu • Double 16 500 Ft, petit déj inclus. Parking.* Très bien situé, dans une agréable rue à 2 pas du centre. Cet établissement propose une douzaine d'unités (chambres doubles, studios et apparts), sans charme particulier mais propres et modernes, dotées d'une excellente literie et d'une salle de bains. De plus, on est fort bien accueilli, et le petit déj – un buffet – est soigné, à prendre sur la terrasse si le temps le permet.

Hotel Róz *(plan B3,* ***15****) : Pannónia út 6B. ☎ 311-737. • hotel rozszentendre.hu • En arrivant de Budapest, prendre à droite juste avt la gare. Doubles 15 000-19 000 Ft selon saison, petit déj compris. Parking.* À l'entrée de la ville, donc un peu bruyant, mais c'est calme à l'arrière. Plutôt pour nos lecteurs motorisés. 11 chambres (doubles ou triples) desservies par de longs couloirs, assez grandes et très confortables avec sanitaires nickel, TV, clim et un petit effet de serviettes pour faire plaisir au client. Fait aussi resto. Location de vélos. Bon accueil.

Où manger ?

De bon marché à prix moyens (moins de 3 500 Ft – 11 €)

Kedvenc Kifőzde *(plan A2,* ***20****) : Bükköspart 21. ☎ 302-126. Tt près du Tourinform. Lun-sam 11h30-16h (15h sam).* Ce self tout blanc, simple comme une cantine familiale, sert une bonne tambouille hongroise débitée au comptoir. Si ça vous paraît appétissant, pointez du doigt l'assiette d'un des habitués attablé là en regardant le cuistot et dites : « *Akarok* » !

Rab Ráby *(plan A1,* ***22****) : Kucsera Ferenc u. 1A. ☎ 310-819. Au sud de Fő tér et en face de l'église Péter-Pál. Tlj 12h-22h. Plats 1 600-5 000 Ft.* Un vrai musée fourre-tout qui attire le touriste grâce à son bric-à-brac assez kitsch. Cela dit, on y mange pas mal. Au menu, les classiques goulasch, soupe de poisson (ou de champignons en saison), ragoût de bœuf au paprika ou cuisse d'oie. Café provenant d'un antique percolateur caréné de porcelaine. Accueil courtois.

De prix moyens à chic (2 000-5 000 Ft – 6,20-15,50 €)

Határcsárda *(hors plan par B1,* ***23****) : Ady Endre (inter Som u.). ☎ 310-311. À env 2-3 km au nord de la ville, pile sur la route 11, côté droit en venant du sud, au niveau du bac qui traverse le Danube. Sinon, on peut y aller à vélo par la piste cyclable qui part du camping* Pap-Sziget *(voir plus haut). Tlj 12h-20h. Plats 2 500-5 800 Ft.* Une auberge à l'écart de la ville et du circuit touristique. On y mange très bien. Sur une terrasse rustique à l'arrière, avec vue sur les eaux tranquilles du fleuve, ou dans une salle à la déco typiquement hongroise. À la carte, une cuisine de terroir qui tient chaud au corps, comme le cuissot d'oie au chou, la dinde au roquefort ou le sanglier à l'ail, excellent ! Mais aussi quelques plats végétariens, de la carpe et du silure. Soupes servies comme il se doit dans leur petit chaudron émaillé.

Aranysárkány Vendéglő *(plan B1,* ***25****) : Alkotmány u. 1A. ☎ 301-479. À 2 pas de Fő tér. Tlj 12h-22h (21h30* *cuisine). Fermé pour les fêtes de fin d'année. Menus 3 900-9 600 Ft.* Une petite salle à manger à l'ancienne dans des murs modernes (attention si un groupe débarque !), voilà le cadre qui sert d'écrin au « dragon d'or ». Ici, tout est mijoté à la commande. Cuisine inventive et de qualité. La carte est traduite en français, avec quelques mots d'explication pour chaque plat. Elle varie au fil du temps, sans toucher à certains plats sous risque d'émeute (tels le bouillon du dragon ou les quenelles au fromage blanc). Goûtez un foie gras braisé (céleste), un jarret d'agneau bourguignon ou encore le chevreuil (on ne trouve plus nos mots)... Tout cela à des prix plus que corrects. Prévoir quand même un peu d'attente, le frais, ça prend du temps...

Où déguster une pâtisserie ? Où lécher une glace ?

Szamós *(plan B2,* ***30****) : Dumtsa Jenő u. 14. ☎ 311-931. Tlj 9h-19h. 15 % de service facturé d'office.* Un café « à l'ancienne », avec vieux carrelage, miroirs et mosaïques, où se trouve également le musée du Massepain (voir plus loin). L'endroit idéal évidemment pour savourer, avec un bon cappuccino, ledit massepain, ou alors l'aérien et traditionnel *krémes,* une tuerie à la vanille. Également des glaces.

À voir

Il existe un ***billet forfaitaire*** (valable le même jour) ***à environ 1 500 Ft*** qui vous permettra de visiter les principaux musées pour beaucoup moins cher. Valable surtout en été *(avr-sept)* et du mardi (mercredi hors saison) au samedi. En dehors de cette période, beaucoup de petits musées sont fermés. Infos sur tous les musées de la ville : • *muzeumicentrum.hu* •

Fő tér *(plan B1) : à 10 mn à pied de la gare en remontant la rue Kossuth-Lajos.* La place principale. Véritable décor de théâtre du XVIIIe s. Si vous arrivez à surnager dans le flot de touristes (en juillet-août surtout – dès septembre, c'est nettement plus tranquille), jetez un coup d'œil sur la croix érigée en 1763 par les marchands serbes afin de remercier Dieu d'avoir épargné la ville d'une terrible épidémie de peste. Pompe à eau juste devant pour les jours de canicule. Tout autour de la place, de nombreuses façades baroques des maisons qui appartenaient aux riches commerçants (nos 8 et 19).

Ferenczy Múzeum *(plan A-B2) : Kossuth Lajos u. 5. 📱 06-20-77-96-657. Tte l'année, mar-dim 10h-18h. Entrée : 1 500 Ft ; réduc.* Une rétrospective assez bien conçue de ce qu'a produit une famille de peintres hongrois de la 1re moitié du XXe s : les **Ferenczy.** *Károly,* d'abord, un des membres fondateurs de la colonie de *Nagybánya,* qui avait la particularité de peindre en plein air. De l'artiste, un très émouvant *Petit Jardinier* (notez le regard hagard). Après avoir fréquenté l'école napolitaine, il émigre à Paris où il poursuit ses études chez les académistes comme Bouguereau avant d'être influencé par les impressionnistes. Plus loin une série de portraits brossés par son fils *Valér.* Nous sommes en plein romantisme.
Du coq à l'âne, on revient au père avec *Un couple d'acrobates,* assez novateur à l'époque. En 1912, le thème du cirque n'était pas bien vu dans une société bourgeoise ultraconservatrice. Une autre salle est consacrée à *Noemi* et à son frère jumeau *Béni,* tous 2 enfants cadets de *Károly* et d'*Olga Fialka,* son épouse, elle-même peintre (tout du moins jusqu'à son mariage). La dernière salle est dédiée aux 8 peintres qui fondèrent le *cercle de Szentendre* en 1926. Nous, on aime bien les caricatures de *Jeges Ernö,* le style cubiste d'*Henrik Heintz,* ainsi que le style de *Pandy Lajos (Portrait de femme),* qui n'est pas sans évoquer Hopper dans sa manière d'isoler son sujet. Expos temporaires.

Kovács Margit Múzeum *(plan B1, **41**) : Vastagh György u. 1, entre Fő tér et le fleuve. 06-20-779-66-57. Tlj 10h-18h. Entrée : 1 200 Ft ; réduc.* Cette maison baroque du XVIIIe s a connu toutes les affectations : grenier à sel, bureau de poste, paroisse, avant d'accueillir les magnifiques personnages tourmentés de la céramiste Kovács Margit (1907-1977). Un voyage onirique aux racines religieuses et folkloriques de l'âme hongroise. Café et boutique.

Czóbel Béla Múzeum *(plan A1, **42**) : Templom tér 1. Avr-sept, mar-dim 10h-18h. Entrée : 1 200 Ft ; réduc.* En face de l'église catholique, tout en haut de la colline d'où l'on jouit d'une belle vue. Musée consacré au peintre hongrois *Bélá Czóbel* (1883-1976). Jolis nus et portraits. Voir aussi sa photo en noir et blanc aux côtés d'un modèle parisien (la maigreur était déjà en vogue, à l'époque !).

Templom tér *(plan A1) :* plusieurs ruelles montent, depuis Fő tér, vers cette petite place avec vue où se dresse l'église catholique accolée à une tour du XIIIe s *(fermée au public).*

Le clocher rouge décati à l'arrière, dans la rue Alkotmány, est celui de la ***cathédrale serbe*** *(mar-dim 10h-18h ; entrée : 700 Ft, avec le musée),* dite « de Belgrade », siège depuis le XVIIIe s de l'évêché orthodoxe serbe. Beau retable et agréables odeurs d'encens. Collection d'icônes des XVIIe et XVIIIe s dans le ***musée serbe d'Art sacré*** voisin *(Szerb Egyházi Múzeum ; plan A1, **43** ; entrée au no 5 de Patriarka u. ; ☎ 312-399 ; mai-sept, mar-dim 10h-18h – 16h mars-avr et oct-déc ; janv-fév, w-e seulement 10h-16h ; entrée : 700 Ft, incluant la cathédrale ; réduc).* Pour visiter la cathédrale hors saison, demander les clés à la caissière du musée.

Ámos Imre-Anna Margit Múzeum *(plan B1, **44**) : Bogdányi út 10-12. Mars-oct, mar-dim 10h-18h. Entrée : 1 200 Ft ; réduc. Seulement des expos temporaires.* En alternance avec d'autres expositions, on retrouve régulièrement les œuvres d'Imre Ámos, peintre juif mort dans un camp de concentration en 1944, ainsi que des œuvres de sa femme, Anna Margit, dont les maîtres disaient qu'elle avait « de la peinture à la place du sang » ! Sa *Nuit de cristal* rappelle les visions de Jérôme Bosch ou de Blake. Ses marionnettes et ses autoportraits sont riches en motifs et couleurs (elle aimait beaucoup Chagall). Ses œuvres ont marqué le début de l'op art hongrois.

Le mémorial juif Szántó *(plan B1, **45**) : situé derrière la cathédrale orthodoxe (de Alkotmány u., prendre le passage V.k.). Ne pas hésiter à sonner si la porte est fermée. En théorie, d'avr à mi-nov, tlj sauf lun 11h-17h. Entrée libre (mais on peut donner un petit quelque chose). Port de la kippa obligatoire. Textes en français.* Voici sans doute la plus petite synagogue du monde ! En juin 1944, 250 à 280 juifs de Szentendre furent déportés, principalement à Auschwitz. C'est ***András Szántó,*** le petit-fils de l'un des survivants (une trentaine), qui réalisera ce lieu de mémoire. Documents et photos sur l'histoire de la communauté juive de Szentendre, de 1900 à 1944. Dans une niche au fond, la Torah rappelle la fonction liturgique du lieu.

Szamós Marzipan Múzeum *(musée du Massepain ; plan B1-2) : Dumsta Jenő u. 12 (rue partant du sud de Fő tér), angle Batthyány u. ☎ 311-931. Tlj 9h-18h (19h mai-sept). Entrée : 500 Ft.* C'est fou tout ce qu'on peut faire avec de la pâte d'amandes et du sucre ! Dans plusieurs petites salles, exposés sous vitrines, des tournesols, portraits de rois, châteaux de conte de fées ou du mobilier rococo... en massepain. Pour conserver toutes ces pièces, on les recouvre d'une fine pellicule de sucre. On peut même voir le Parlement de Budapest (4 mois de travail !). Mais les 2 stars du musée, ce sont ***Lady Di*** et ***Michael Jackson*** (ce dernier : 62 kg et 336 heures de travail), un beau couple finalement... Atelier de fabrication et vente de chocolats maison au massepain. Miam !

Fêtes et festivals

– ***Tavaszi Fesztivál :*** *3 premiers w-e d'avr.* C'est le festival de printemps, avec concerts et animations.
– ***Festival de théâtre de rue :*** *ts les w-e de mi-juin à fin août.*
– ***Festival de la culture serbe :*** *mi-août.* Concerts et danses folkloriques devant l'église de Preobrazsenszka sur Fő tér et sur Lázár Cár tér.
– ***Ejjel-nappal*** *(« Nuit et Jour ») :* *le dernier w-e d'août.* La ville s'anime encore, et de jour comme de nuit cette fois. Expos, concerts, performances diverses... dans la rue, les cafés, restos, musées, etc.
– ***Art Capital :*** *sur 2 sem en sept.* Expositions de peintures et sculptures modernes.

DANS LES ENVIRONS DE SZENTENDRE

Où dormir ? Où manger dans les environs ?

Chic (à partir de 20 000 Ft – 62 €)

🏠 |●| ***Rosinante Fogadó :*** *sur l'île de Szentendrei Sziget, en face de Szentendre. ☎ 722-000. • rosinante.hu • Accès à pied, à vélo ou en voiture par le bac qui part au niveau du resto Határcsárda (GPS : Ady Endre/inter Som u. ; voir plus haut les « Adresses utiles ») ; à l'arrivée faire 3 km en tournant à droite à chaque croisement. Sinon, par le pont vers Visegrád qui relie l'île à la rive, à 10 km au nord de Szentendre. Doubles et suites en ½ pens 28 900-40 900 Ft selon confort et saison. À la carte, plats 2 100-3 500 Ft.* Au calme, sur l'île au milieu du Danube. Un sympathique hôtel-resto de campagne tenu avec beaucoup de savoir-faire par Eszter, une jeune Hongroise francophone. Réception et couloirs chargés de livres (sa grand-mère était libraire) et chambres oscillant entre tradition et modernité, variant en taille et confort mais toutes soignées, à l'image du lieu. Préférez tout de même l'étage, plus calme. C'est aussi une bonne table pour le dîner. Repas à la carte avec d'élégantes spécialités hongroises, à des prix raisonnables. Il y a même des cours de cuisine (en hiver). Grand jardin, piscine, sauna et jacuzzi. Possibilité de faire des balades à cheval et d'acheter des confitures maison.

À voir

👓👓 ***Skanzen, Szabadtéri Néparajzi Múzeum*** *(musée en plein air ; hors plan par A1) :* *Sztaravodai út. ☎ 502-537. • skanzen.hu • À 3 km de Szentendre. Pour y aller, suivre la route 11 vers le nord depuis la gare, tourner à gauche dans Sztaravodai et continuer tt droit. Ou prendre la navette (1er départ à 11h) depuis la gare. Un taxi A/R vous coûtera env 3 600 Ft. Avr-oct, mar-dim 9h-17h ; le reste de l'année, w-e seulement 10h-17h. Congés : déc-fév. Entrée : 2 000 Ft ; réduc ; ajouter 500 Ft pour le train ou 900 Ft pour le parking. Achetez votre billet en ligne, ça vous évitera de faire la queue.* C'est le plus grand musée ethnographique en plein air de Hongrie, à ne pas manquer si cette sorte de chose vous titille. Sur plus de 60 ha, un condensé des différentes cultures traditionnelles de la Hongrie mis en scène dans plus de 312 unités. Depuis 1967, l'équipe du musée s'applique en effet à démonter, dans tous les villages du pays, les plus beaux exemples de l'habitat paysan pour les protéger des ravages du modernisme, mais aussi par fierté nationale.

Huit régions, reliées entre elles par un petit train, sont ainsi représentées (le but étant d'en ajouter encore 2), avec plus de 300 fermes, églises, moulins, etc. Mais le musée ne se borne pas aux seuls édifices. Des artisans, en tenue traditionnelle, font aussi des démonstrations d'un savoir-faire qui se perd à vitesse grand V : poterie, vannerie, tissage, etc. Ces animations se doublent tout au long de la saison de fêtes folkloriques et de festivals, à Pâques, à la Pentecôte... Programme détaillé au bureau du Tourinform de Szentendre.
Iol Bon petit resto sur place, mais aussi une pâtisserie et un bar à vins.

LA BOUCLE DU DANUBE

Tout grand fleuve qu'il est (le 2e d'Europe après la Volga), le Danube n'échappe pas aux caprices du terrain. Les montagnes de *Börzsöny* et de *Pilis,* à une quarantaine de kilomètres au nord de Budapest, le contraignent à dévier son cours pour épouser la forme parfaite d'un S. Une boucle de 120 km *(Dunakanyar),* où villes fortifiées et beautés des collines environnantes composent l'un des sites les plus bucoliques de son itinéraire. Au point que les premiers rois hongrois y établirent leur capitale, à Esztergom, puis à Visegrád. En 1977, les régimes communistes hongrois et tchécoslovaques décidèrent de concert de dévier le fleuve à Nagymaros, en face de Visegrád, pour construire une centrale électrique. Le projet fut abandonné en 1989 sur la rive hongroise, mais a été réalisé du côté slovaque (à Gabcikovo).

Arriver – Quitter

➢ ***En bateau :*** rens à Budapest au ☎ (01) 484-40-13. • mahartpassnave.hu/en • Mai-sept, liaison en hydrofoil mar-dim, départ de Budapest à 10h, retour d'Esztergom à 17h30, trajet 1h30 (1h pour Visegrád) ; sinon mai-août 1 bateau/j. (mar-dim), départ de Budapest à 9h, retour d'Esztergom à 16h30, trajet 5h depuis Budapest, 3h30 depuis Esztergom (dessert *Dömös, Nagymaros, Visegrád* et *Vác* au passage). Il existe également un bateau plus lent, départ 9h, arrivée à 12h15 à Visegrád et 14h20 à Esztergom. Pour Esztergom, 7 500 Ft A/R en hydrofoil, 5 000 Ft en bateau classique.

➢ ***En bus :*** avec *Volánbusz* (☎ 382-08-88), • volanbusz.hu • menetrendek.hu • Min 1 bus/h entre la gare routière d'Újpest-Városkapu à Budapest (avant-dernière station de la ligne n° 3 du métro) et Esztergom, via Szentendre et Visegrád. Dernier retour pour Budapest depuis Visegrád à 20h (arrêt face à l'embarcadère des bateaux). Durée : 1h30 pour Visegrád et 2h pour Esztergom. Conseillé pour Visegrád (pas de trains, sauf à prendre le bac en plus), mais pour Esztergom le train est plus rapide.

➢ ***En train :*** env 1 train/h entre Budapest (gare Nyugati) et Esztergom. Durée : 1h15 à 1h30. En revanche, aucune gare à Visegrád, il faut descendre à *Nagymarosról,* la ville située en face, puis prendre le bac vers Visegrád *(voir plus loin « Traversée vers la rive gauche du Danube »).*

VISEGRÁD *(ind. tél. : 26)*

À mi-chemin de Budapest et d'Esztergom. Difficile d'imaginer que cette petite ville, qui abrita la Sainte-Couronne de 1323 jusqu'à l'invasion ottomane, fut au XVe s le siège d'une des plus brillantes cours d'Europe. Avant les fouilles des années 1930, on ignorait jusqu'à l'emplacement du château royal construit par Mathias Corvin. Il faut dire qu'entre-temps les Turcs étaient passés par là. Aujourd'hui, de cette époque glorieuse ne reste que la beauté du site dominé par le nid d'aigle de la forteresse, qui offre une très belle vue sur la boucle du Danube, entre les montagnes *Pilis* et *Börzsöny*.

INTÉRÊTS COMMUNS

Le groupe de Visegrád (appelé aussi V4) est composé de 4 pays d'Europe centrale (Hongrie, République tchèque, Slovaquie, Pologne), qui se réunissent régulièrement pour renforcer leur coopération. À l'origine, en 1991, cette association leur a permis de négocier le départ des troupes soviétiques et leur intégration à l'OTAN et à l'UE. Depuis, ils constituent un groupe à dominante eurosceptique au sein de l'UE.

Traversée vers la rive gauche du Danube

Hors de Budapest, le seul moyen, depuis la rive droite du Danube, de rejoindre la rive gauche, et donc le nord-est du pays, est de prendre l'un des ferries qui traversent le fleuve, par exemple en face de Vác ou à Visegrád. *À Visegrád (au niveau de l'Hotel Visegrád), ferries ttes les heures pour Nagymarosról 6h20-19h45 (21h20 en été) et 6h30-20h (21h30 en été) ds l'autre sens. Prix : 420 Ft/pers et 1 400 Ft/voiture.* Vous garez votre véhicule sur le ferry et vous savourez une petite promenade de 10 mn sur le Danube. Un joli moyen de tirer sa révérence à Visegrád, avec, en prime, une belle vue sur le château qui s'éloigne, qui s'éloigne...

Adresses utiles

ℹ ***Visegrád Info :*** *Duna-parti út 1. ☎ 397-188. ● visitvisegrad.hu ● Sur la route principale, à 500 m du centre du village ; arrêt Volánbusz : Királyi Palota. Tlj 10h-16h. Fermé lun hors saison.* Carte de Visegrád présentant les centres d'intérêt de la ville. Également les hébergements. Excellent accueil. Juste en face, quelques ateliers d'artisanat (forgeron, potier, papetier) et un resto (*Palotaház* ; voir « Où manger ? »).

🚗 ***Taxis locaux :*** ***City Bus :*** *☎ 397-372.* ***Heda Tours :*** *☎ 398-344.* Taxis de 9 à 12 places.

Où dormir ?

Camping

⛺ ***Jurta Kemping :*** *Mogyoróhegy. 📱 06-26-398-227. ● mogyorohegy-erdeiiskola.hu ● Un peu avt d'arriver à la forteresse en prenant la route qui part près de la tour Salomon (juste au-dessus des pistes de ski). Ouv seulement mai-début sept. Bungalows tte l'année. Compter 5 000 Ft pour 2 avec tente et voiture. Nuit en chalet (12 pers) 2 500 Ft (mai-sept)-3 000 Ft (en hiver)/pers (draps et couvertures en loc), plus 460 Ft/pers de taxe locale. Électricité en supplément.* Entièrement réaménagé ces dernières années, ce camping perché sur la colline des noisetiers (vous aurez su traduire *mogyoróhegy*, n'est-ce pas ?) propose une belle vue et de beaux emplacements pour planter sa guitoune ou garer son camping-car. On y trouve également 10 grands chalets qui sentent les batailles de polochons à plein nez. Couchages compartimentés, frigo pour y caler ses boissons et plaques électriques disponibles. Barbecues et braseros collectifs. Le petit déj est à prendre au resto situé en bord de route à (au moins !) 2 mn de marche. Un séjour vivifiant dans un environnement serein. Bon accueil de Csaba et sa femme.

De prix moyens à chic (jusqu'à 20 000 Ft et plus – 62 €)

Pas mal de ***chambres chez l'habitant*** : il suffit, en gros, de repérer les panneaux *« Zimmer frei »,* en particulier dans *Fő utca,* la route qui croise, au niveau de l'église, celle qui monte vers le château. Sinon passer à *Visegrád Info* en arrivant. Compter 10 000-15 000 Ft pour 2, sans le petit déj.

Hotel Honti : *Fő u. 66. ☎ 398-120. • hotelhonti.hu • Pas loin de l'embarcadère des ferries. Selon saison, petit déj et accès au spa compris, doubles 15 000-17 000 Ft en pens, 22 000-30 000 Ft à l'hôtel, et 14 000-18 000 Ft en appart.* Un hôtel dans une grosse maison aux allures de chalet, un peu en retrait de la route qui longe le Danube. Chambres lumineuses et très soignées, avec AC, mobilier en bois clair et une excellente literie, le tout devant être de nouveau rénové prochainement. Propose aussi une pension à l'arrière, avec des chambres plus simples, un peu moins chères et disposant d'une cuisine. Le plus ici, c'est le spa avec hammam, jacuzzi et sauna finlandais. Piscine intérieure et extérieure. Agréable terrasse pour prendre le petit déj, et jardin que borde un ruisseau. Superbe accueil de Tomás, le propriétaire. Vélos *(2 000 Ft/j.).* Animaux acceptés.

Hotel Visegrád : *Rév u. 15. ☎ 397-034. • hotelvisegrad.hu • En face de l'embarcadère des ferries. Doubles 20 000-22 000 Ft selon type de chambre et saison, petit déj-buffet compris. Promos Internet.* Un grand faux chalet moderne, qui fonctionne surtout avec les groupes car il recèle plus de 70 chambres fonctionnelles depuis qu'il a subi une petite cure de rajeunissement. Tout confort, donc (clim, TV), avec balcon et pour la vue, c'est le Danube ou le château. Les férus de trempette trouveront 2 piscines (celle de l'intérieur est chauffée) et 2 jacuzzis. Resto. Accueil professionnel.

Hotel Silvanus : *à 5 km du centre et seulement quelques centaines de mètres de la forteresse. ☎ 398-311. • hotelsilvanus.hu • Ts les w-e mai-sept, bus n° 883 (9h30-17h30). Doubles 34 000-44 000 Ft/pers en ½ pens (obligatoire) avec spa inclus, suites 50 000-78 000 Ft/pers.* Bien que construit dans les années 1970, ce grand ensemble de 150 chambres, genre « sanatorium pour cadre méritant du Parti », un rien désuet mais restauré depuis, domine le paysage. Il accueille inévitablement tous les groupes de passage dans le coin. Plus cher côté Danube, évidemment. La *standard* est un peu... standard. Préférez la supérieure si possible (et on ne vous parle pas des superbes suites !). Bien sûr, on vient aussi ici pour profiter du spa (2 piscines, sauna, jacuzzi). Belle vue sur le Danube.

Où manger ?

Bon marché (jusqu'à env 2 000 Ft – 6,20 €)

Pik Nik Falatozó : *angle Rév u./Fő u. (face à l'église). 📱 06-70-550-69-69. Tlj 11h-19h (21h ven-sam). Plats 950-1 900 Ft. CB refusées.* Pas cher, mais basique. Soupe, porc et poulet grillés, burger... Sur le trottoir, quelques tables et à peine plus à l'intérieur.

Palotaház : *Duna-parti út 1 (à côté de l'office de tourisme). ☎ 597-000. Mar-dim 10h-16h. Buffet de salades 700 Ft et plats env 1 600-2 500 Ft.* Un resto sur 2 niveaux tout en bois (profitez-en pour détailler la belle charpente), prolongé par une petite terrasse extérieure dès que le soleil se pointe. Nourriture 100 % hongroise type « self ». Pâtisseries maison. Tout autour, quelques ateliers d'artisans.

De prix moyens à chic (2 000-5 000 Ft – 6,20-15,50 €)

Gulyás Csárda : *Nagy Lajos Kir u. 4. ☎ 398-329. Peu après l'église, dans la rue qui monte vers le château. Tlj 12h-22h. Plats 2 000-4 600 Ft.* Outre une terrasse, le resto possède une petite véranda et une pièce avec nappes rouges où l'on se sustente sur fond de crucifix. Pour la cuisine : porc à la boulangère, ragoûts, truite, poulet au paprika et toutes sortes de goulaschs. Gardez une place pour la crêpe Gundel !

Resto de l'hôtel Vár : *Fő u. 9. 06-20-431-83-01. Face au Danube, à env 500 m de l'église. Tlj 12h-21h. Plats 2 500-4 000 Ft.* À droite de cet hôtel au fumet nostalgique (chambres un poil surévaluées quand même), une petite terrasse (genre *Biergarten*) vraiment agréable en été et de coquettes petites salles. Essayez donc le poulet ou la carpe.

À voir

Királyi Palota (palais royal et musée Mathias) **:** *derrière l'office de tourisme. ☎ 597-010. Bus depuis Visegrád, arrêt de bus Királyi Palota. Mar-dim 9h-17h (10h-16h nov-fév). Entrée : 1 300 Ft ; réduc ; gratuit pour les membres de l'UE de moins de 6 ans et de plus de 70 ans, plus le 3e sam du mois, le 15 mars, le 20 août et le 23 oct. Audioguide en anglais, italien ou allemand : 500 Ft. Quelques panneaux en anglais.* Entièrement réhabilité en 2009, c'est un petit coin de France en Hongrie, puisque c'est **Charles Robert d'Anjou** qui fit, au XIVe s, transformer cette forteresse en un château. Mais il fallut attendre le roi **Mathias Corvin** pour qu'il devînt, au XVe s, l'un des plus beaux palais d'Europe avec plus de 300 pièces. Pour peu de temps : un siècle plus tard, l'invasion turque, en 1544, se chargea de brouiller tout ça, au point qu'il devint même difficile de le localiser. Grâce aux archéologues, on découvre aujourd'hui les fondations et quelques vestiges plus élevés. Certaines pièces ont même été reconstituées avec leur ameublement, comme la cuisine royale du XVe s ou les appartements ducaux sous le règne de Mathias. Plusieurs salles, avec objets trouvés lors des fouilles, relatent aussi l'histoire du site et de la région. Voir, dans l'arrière-salle située tout au fond de la cour à gauche, la célèbre fontaine d'Hercule... en morceaux. Celle de la cour d'honneur n'en est qu'une copie. Également de belles tuiles vertes de Ratisbonne. Enfin, ne pas manquer l'élégant *lapidarium,* accessible par l'escalier à vis du café ou par le jardin.

– Pour amuser les bambins, petit parc de jeux à l'esthétique traditionnelle juste en face. *Mar-dim 10h-18h ; 500 Ft pour les moins de 18 ans ; 200 Ft par adulte et gratuit pour les moins de 2 ans.*

Fellegvár (citadelle ou château des Nuages) **:** *on y accède, entre autres, par la route qui démarre en face de l'embarcadère des ferries et grimpe en tournant sur 5 km ; ou encore à pied, en 45 mn : du bateau, aller à l'église puis à gauche jusqu'à la poste, tourner à droite dans Zach Klára et prendre l'escalier de Kálvaria-lépcső. Tlj 9h-18h mai-sept, 17h mars-avr et oct ; 10h-16h nov et seulement ven-dim 10h-16h déc-fév (fermé en cas de gel ou d'intempéries). Entrée : 1 700 Ft ; réduc ; gratuit pour les*

UN HERCULE BIEN JEUNOT

Vous remarquerez que l'Hercule qui terrasse l'hydre au centre de la cour d'honneur du château a l'allure d'un enfant. Ce fut une exigence de Mathias Corvin auprès du sculpteur, car le bon roi souhaitait rendre hommage à János, son fils naturel, entré en grande pompe avec lui à Vienne le 1er juin 1485, alors que ce dernier n'avait pas 11 ans. János ne régna jamais, car la reine Béatrice, pourtant stérile, s'y opposa farouchement.

membres de l'UE de moins de 6 ans et de plus de 70 ans. Malgré l'assaut des armées turques au XVIe s, ses vestiges en partie restaurés demeurent l'attraction de la ville. Elle fut le coffre-fort des bijoux de la couronne hongroise jusqu'au XVIe s. La promenade le long des remparts persuade de la pertinence du choix royal. Du haut des 350 m, la boucle du Danube n'est quasi plus qu'un plan-relief. Elle fut aussi du goût de Freddy Mercury, le chanteur du groupe Queen, qui se proposa de l'acheter ! À l'intérieur, plusieurs petites expos : sur les armes, les armoiries, la chasse, avec également une copie de la couronne royale et des personnages de cire (reconstitution du congrès de Visegrád de 1335 et d'une scène de festin à la cour).

Zugfözde Pálinkamúzeum : *Rév u. 1. ☎ 597-026. Mai-sept, mar-sam 14h-18h. Entrée : 600 Ft.* Étant donné que, depuis 2010, tout Hongrois qui se respecte est en droit de produire sa propre eau-de-vie à la maison, ça valait bien un musée ! Ici, toute l'histoire de la *pálinka,* avec bien sûr des alambics de fortune comme un bidon de lait et une Cocotte-Minute. Boutique, évidemment...

La tour Salomon : *accès à pied par un escalier qui monte à droite de l'hôtel Vár, face au Danube (puis prendre à gauche le chemin en pierre). On peut aussi y accéder en voiture depuis le parking Salomon situé sur la route qui monte à l'*Hotel Sylvanus. *Mai-sept, mer-dim 9h-17h. Entrée : 700 Ft.* On la surnomme le « château du bas » en référence à la citadelle décrite plus haut. Cela dit, Salomon ne fut qu'un obscur roi hongrois emprisonné dans cette ex-forteresse du XIe s. C'est à se demander pourquoi cette ancienne tour d'observation du XVIIIe s est obligée de porter sa mémoire ! À l'intérieur, sur 3 étages, le produit des fouilles archéologiques effectuées dans la région (objets romains et turcs), avec des explications sur l'histoire du coin. On peut aussi accéder à la terrasse pour une belle vue sur le fleuve et les environs. Animations médiévales *(payantes)* durant la saison estivale.

Fêtes

- ***VisegRock :*** *3e w-e de juin.* Concerts de rock hongrois au *Rendezvénytér,* à côté de l'église.
- ***Fête médiévale au palais royal :*** *2e w-e de juil.* Combats et tournois de preux chevaliers cascadeurs sur leurs fiers destriers. Une superproduction avec moult figurants harnachés et costumés comme au cinéma. Tous les ans, sauf faillite !

ESZTERGOM *(ind. tél. : 33)*

Pour un œil contemporain, cette petite ville baroque se résume à une énorme basilique, la plus grande de Hongrie, perchée tel un phare au-dessus de la ville. La cité est le centre du catholicisme hongrois depuis la conversion du ***roi Étienne*** au XIe s. Résidence royale jusqu'au XIIIe s, elle sombra dans l'oubli avec l'invasion turque et le repli de la cour à Buda. Sa renaissance date seulement du siècle dernier, lorsque le lobby catholique lança une campagne de collecte de fonds pour la reconstruction de la basilique. Un grand lifting général, qui vit la multiplication d'édifices baroques et néoclassiques.
Son centre historique autour de *Schéchenyi tér,* pas franchement vilain avec ses maisons basses colorées, n'inspire pas pour autant la villégiature. Vous pouvez faire une incursion sur la rive slovaque de l'autre côté du Danube via le pont métallique *Maria-Valeria,* financé par les fonds européens.

Adresses utiles

Gare routière : *au sud de la ville, sur Simor János u.* Heureusement, les bus s'arrêtent près de la basilique, un peu avant la place principale.

Gare ferroviaire : *à 1 km au sud de la ville, sur Baross Gábor. De là, bus pour le centre ou 20 mn à pied.*

Où dormir ?

On ne voit pas trop pourquoi vous choisiriez de séjourner à Esztergom, mais au cas où cela vous prendrait, on ne va pas vous laisser sans point de chute.

De bon marché à prix moyens (moins de 20 000 Ft – 62 €)

Kaleidoszkóp Ház Hostel : *Pázmány Péter u. 7. 06-30-334-60-24. Double 6 600 Ft (4 500 Ft pour 1 pers). CB refusées.* Un petit *hostel* foutraque mais sympa, le seul du coin. 5 chambres privées, décorées de manière assez originale, le tout étant de toute façon très dépareillé ! Sanitaires communs, machine à laver et cuisine accessible. Joli bistrot, plus une courette et une cave-grotte pour les concerts ! Ambiance rock'n'roll, cela va de soi.

Szent Anna Panzió : *Erzsébet Királyne u. 2. 06-20-391-44-07. • szentannapanzio.hu • À env 1 km au sud du centre (1re à gauche après l'église Hősök tere en descendant Kossuth Lajos) et 10 mn à pied de la gare ferroviaire. Double 10 500 Ft et appart 18 000 Ft pour 2 pers ; petit déj en sus. CB refusées.* Bienvenue chez Gabriella, qui a aménagé 4 chambres proprettes avec des dessus de lits colorés, le tout donnant sur une cour intérieure littéralement dévorée par la végétation. Pas très cher, et pourtant tout le confort et le charme y sont : joli carrelage, sanitaires étincelants, TV écran plat, minifrigo et même une bouilloire. Également 2 apparts impeccables avec clim. Notre adresse préférée à Esztergom.

Où manger ?

De prix moyens à chic (jusqu'à 5 000 Ft – 15,50 €)

Padlizsán : *Pázmány Péter u. 21. ☎ 311-212. Tlj 12h-22h. Menu midi en sem 1 300 Ft ; plats 2 000-2 500 Ft.* Cette « aubergine » est plantée dans une salle plutôt élégante, aux tables garnies de nappes en tissu où repose même une rose fraîche. Fréquenté davantage par les locaux que par les touristes, notamment pour son menu du jour, d'un très bon rapport qualité-prix. Soirée en musique de temps à autre.

Csülök Csárda : *Batthyány Lajos u. 9. ☎ 412-420. Tlj 12h-22h. Plats 2 300-4 700 Ft.* L'une des meilleures tables de la ville. Les jolis murs de pierres enserrent des tables en bois séparées les unes des autres par des croisillons couverts de lierre. S'il fait beau, on peut aussi s'installer en terrasse. À la carte, spécialité de jambon à l'os, mais aussi bœuf, truite, poisson-chat et sanglier, avec un petit commentaire sur chaque plat. Belle carte des vins pour accompagner les mets. Les petits budgets se contenteront d'un *lecsó* (la ratatouille locale avec du chou et de la saucisse).

Où manger un bon gâteau ? Où boire un verre ?

Szamós : *Vörösmarty u. 2. Tlj 9h-19h.* Au carrefour principal, une succursale du fameux salon de thé budapestois. Belles terrasse et salle à l'ancienne, avec quelques vitrines de saynètes en massepain. Parfait pour un

cappuccino ou un chocolat chaud (en hiver), avec un *krémes* ou un gâteau en massepain. Glaces.
Maláta Bár : *Lőrinc u. Tlj 12h-3h.* Un café chaleureux à l'intérieur tout de bois et brique avec quelques photos de famille. On y sert pas moins de 11 sortes de bières à la pression. Bien aussi pour rencontrer de jeunes locaux.
Également quelques jolies terrasses sur la place centrale de *Széchenyi tér.*

À voir

La basilique Saint-Adalbert : *Szent István tér. ☎ 402-354. • bazilika-esztergom.hu • Attention, ça grimpe ! Pour ceux qui sont à pied et fatigués, possibilité de grimper avec le bus nº 223 ou le petit train touristique en saison. Tlj 8h-18h (19h mai-août, 17h en mars et 16h nov-fév). Entrée libre pour l'église, mais ttes les « annexes » sont payantes, y compris le Panorama Hall (point de vue). Tarifs détaillés ci-après, mais il peut être plus judicieux d'acheter le billet combiné à 1 500 Ft (réduc) si l'on veut tt voir.*
Ses dimensions (114 m de long et 100 m de haut) en font la plus grande église de Hongrie. Elle s'offre même le luxe d'avoir eu les faveurs de l'épouse du pourtant très mécréant camarade Khrouchtchev. Sa construction a duré plus de 45 ans, mais les architectes ont à l'évidence fait l'impasse sur l'esthétique.
À l'intérieur, grand dôme de style byzantin, laissant toute sa place à la lumière naturelle. Sur la gauche, la chapelle Renaissance *Bakócz* fut démontée pour être incorporée à la basilique. Au-dessus de l'autel principal, une copie de *L'Assomption* du Titien.
– L'un des clous de la visite est assurément le ***trésor*** *(Kincstár ; à droite de l'autel ; 9h-18h – 17h mars-avr et sept-oct, 16h en hiver ; dernière admission 30 mn avt ; fermé janv-fév ; 900 Ft).* ***En rénovation.*** Objets religieux et garde-robe ecclésiastique de plusieurs siècles, et la bimbeloterie qui va avec : ostensoirs, crosses d'évêques, croix pectorales de plusieurs kilos, calices et hanap en corne de bison richement ouvragé. Et pas du toc !
– ***La crypte :*** *à droite en entrant dans la basilique. Mêmes horaires que la basilique mais ferme 1h plus tôt avr-oct. Entrée : 300 Ft.* On y voit les colonnes de soubassement de la basilique. Massif et impressionnant ! Outre un magnifique ange funéraire, voir la tombe de József Mindszenty, cardinal-primat de Hongrie de 1945 à 1975.

UN FAROUCHE OPPOSANT AUX DICTATURES

József Mindszenty fut ordonné prêtre en 1915. Il s'opposa à la révolution communiste et fut arrêté en 1919. Cardinal-primat de Hongrie en 1945, il symbolisa la liberté et le courage pour avoir lutté activement contre les dictatures nazie et communiste. Il connut les geôles des 2 régimes. Contraint de quitter son pays en 1971 après s'être réfugié (en 1956) pendant 16 ans à l'ambassade américaine de Budapest, il mourut à Vienne 4 ans plus tard à 75 ans, sans avoir renoncé à sa charge. Il fait toujours figure de héros pour ses concitoyens.

– On peut aussi grimper jusqu'à la base du ***dôme*** *(mêmes horaires que l'église mais fermé en cas d'intempéries et janv-fév ; accès à droite juste après la crypte ; 700 Ft),* d'où la vue plonge sur la ville, le Danube et le pont vers la Slovaquie. Bien sûr, il faut alors affronter plus de 400 marches !
– Et, pour parfaire la visite, on peut monter dans le petit train et aller faire un tour en Slovaquie pendant une trentaine de minutes. Départ du parvis de la basilique *(de mai à mi-oct seulement ; 600 Ft).*

Le musée du Château et les ruines du palais royal : *Szent István tér 1. ☎ 415-986. Derrière la basilique. Musée tlj sauf lun 10h-18h (16h nov-mars). Visites guidées*

plus ou moins longues : 8 000 Ft pour une visite en anglais. Entrée : 1 600 Ft ; réduc ; gratuit pour les membres de l'UE de moins de 6 ans et plus de 70 ans, et dernier dim du mois pour les moins de 26 ans. Supplément pour les photos !
Les architectes de cette résidence royale du XIIe s étaient français, ce qui ne dissuada pas les Turcs de la raser partiellement au XVIe s. Il a fallu attendre les fouilles de la fin des années 1930 pour redécouvrir le site, dont le musée installé à l'intérieur conte un peu l'histoire. Ainsi, sous vos pieds, à travers un sol en verre, vous apercevrez les restes des vestiges du palais royal et ceux du *castrum* remontant à l'époque romaine. Certaines parties sont légendées en anglais.
D'autres salles voûtées abritent, entre autres, des reliques des premiers rois hongrois... et les restes de la porte d'honneur. Dans la salle du fond, une copie de la couronne de saint Étienne, dont l'original se trouve au Parlement de Budapest. Également des expos temporaires.

Balassa Bálint Múzeum : *Mindszenty tér 5. ☎ 500-175. Avr-oct, mar-dim 10h-18h (16h nov-mars). Entrée : 1 200 Ft ; réduc ; gratuit pour les membres de l'UE de moins de 6 ans et plus de 70 ans.* À 2 pas du Musée chrétien, une petite collection d'objets anciens collectés auprès des riches institutions du coin (surtout religieuses). Section archéologique allant de la période romaine aux ottomans : cratères, verrerie, armes, poteries. Intéressants tampons en bois permettant d'imprimer les tissus, porcelaine. Maquettes de bateaux, livres anciens allant du XVe au XIXe s, mais rien de bien mis en valeur. Vite vu quand même.

Keresztény Múzeum *(Musée chrétien)* **:** *Mindszenty tér 2. ☎ 413-880. • keresztenymuzeum.hu • Mer-dim 10h-17h. Fermé déc-fév. Entrée : 900 Ft ; réduc. Audioguide.* Installé dans le palais de l'archevêché, il abrite l'une des plus belles collections d'art religieux de Hongrie. Œuvres de différents peintres d'Europe du XIIIe au XIXe s. Au menu, Hongrois, Allemands, Flamands et Italiens, en particulier des XVe et XVIe s. Poignant *Ecce Homo* de petite taille attribué à **Hans Memling.** Notre préféré : une *Tentation de saint Antoine* de **Jan Wellens de Cock,** un peintre maniériste de l'école d'Anvers nettement influencé par Jérôme Bosch. Au 2e étage, voir le Saint-Sépulcre des Bénédictins *(Garamszentbenedek)* exhibé depuis le XVe s lors des processions de Pâques : il représente les 12 soldats qui montent la garde devant le tombeau du Christ. Également une remarquable collection de tapisseries flamandes... et de Fontainebleau.

En sortant du Musée chrétien, les rues baroques et colorées de la ville basse *(Viziváros)* conduisent naturellement à la **promenade le long du Danube,** un bras paisible et endormi formé par l'île du Primàs. Sur celle-ci, de nombreuses balades vers le bras principal du fleuve. On y trouve aussi des piscines thermales ouvertes en été.

GÖDÖLLŐ *(ind. tél. : 28)*

Petite bourgade à une trentaine de kilomètres à l'est de Budapest, célèbre pour son **château royal.** À 50 mn en train HÉV depuis Budapest (Örs Vezér tér, métro et station HÉV Szabadság).

Adresse utile

Tourinform : *à l'intérieur du château (mêmes horaires que ce dernier). ☎ 415-402. • gkrte.hu •* Infos sur les balades à faire dans le coin.

À voir

Le château royal : *☎ 420-331. • kiralyikastely.hu • En été, tlj 9h-17h en sem (10h-18h ven-dim) ; en hiver, tlj 10h-16h (17h ven-dim). Fermé 1er nov et 23-26 déc.*

Entrée : 2 600 Ft ; réduc. Explications en français. Longtemps considéré comme un mini-Versailles hongrois, ce palais en forme de U est le plus grand château baroque de Hongrie. Construit en 1735 par *Antal Grassalkovich,* grand seigneur du XVIIIe s et homme de confiance de Marie-Thérèse, impératrice d'Autriche et reine de Hongrie, il devint dès 1867 le lieu de villégiature de ***François-Joseph Ier*** et de la reine Élisabeth, la turbulente ***Sissi.*** Ce fut aussi la résidence de l'***amiral Horty*** entre 1920 et 1944. Pillé à la fin de la guerre par les troupes allemandes puis par les Soviétiques, le château fut ensuite occupé par les Russes durant un demi-siècle (jusqu'en 1990). Il retrouve aujourd'hui peu à peu de sa superbe, grâce aux travaux de restauration qui ont démarré après le « changement politique ».
On visite surtout le 1er étage, composé d'une bonne vingtaine de salles recréant les appartements (bureau, salon, chambres...) de François-Joseph Ier et d'Élisabeth, avec leur mobilier d'époque. Également une aile consacrée aux Habsbourg. De la salle no 10, on peut voir l'intérieur de l'église du château à travers une baie vitrée. Au rez-de-chaussée, un studio qui ravira les visiteuses aux rêves de princesses : des robes d'époque et leurs accessoires (jupons, gants, chapeaux, ombrelles et bijoux), à revêtir le temps d'une photo. Petite cafét' avec douceurs sucrées à déguster en terrasse. Enfin, le week-end, possibilité de se joindre à une visite guidée (en hongrois) pour découvrir le théâtre baroque, les écuries et l'école d'équitation.

Gödöllői Városi Múzeum : *Szabadság tér 5. ☎ 422-003 ou 002. En face du château royal, derrière la gare. Mer-dim 10h-16h. Entrée : 800 Ft.* Sur l'histoire de la ville. Fresques, vitraux et œuvres des nombreux artistes qui habitèrent Gödöllő de 1901 à 1920. Cabinet de barbier. Épicerie. Jamboree mondial de 1933. Beaux exemples d'architecture Art nouveau.

HOMMES, CULTURE, ENVIRONNEMENT

BAINS

Dans le bassin des Carpates (dont, d'un point de vue géologique, la Hongrie fait partie), l'écorce terrestre est très mince, si bien que l'eau de la nappe phréatique bouillonnante remonte à la surface sans avoir eu le temps de se refroidir (un peu comme en Islande). Cette singularité de la nature fait que l'on dénombre pas moins de 3 000 sources jaillissantes en Hongrie. Budapest, quant à elle, compte 123 de ces sources thermales. Certaines sources datent de l'époque romaine, mais c'est aux Turcs, pour lesquels les bains constituaient l'endroit incontournable afin de pratiquer les grandes ablutions indispensables à la prière, que l'on doit l'architecture de la plupart des bains.

TOUT BAIGNE

En 2008, des spéléologues hongrois ont découvert sous le cœur de Budapest un lac souterrain aux eaux chaudes (28 °C) – le plus grand du monde à ce jour. Il fait partie de l'ample réseau Molnar, qui s'étend sur 5,5 km à une profondeur de 80 m, source d'alimentation des thermes de la ville.

Surgissant à des températures comprises entre 21 et 76 °C, les sources sont riches en calcium, en magnésium, en soufre et autres minéraux... Un bon remède naturel pour rhumatisants et autres anxieux, lesquels viennent prendre les eaux dans des décors orientaux ou Art nouveau. Les Hongrois ne s'en privent pas, car ils bénéficient d'un excellent système de santé (hérité de la période communiste) qui leur permet d'aller aux bains « sur ordonnance », donc gratis ou presque. Beaucoup y vont le matin. Le terme « bains » se traduit par *fürdő* (prononcer « furdeux ») en hongrois (pluriel : *fürdők*). Variez votre bain thermal comme vous l'entendez : piscine froide puis bain chaud, puis encore plus chaud (hmm !), suivi de quelques allers-retours au hammam (bain de vapeur), avant de céder à un massage ou à des soins esthétiques. Vous en sortirez sur les genoux, mais rajeuni(e) de 10 ans ! La plupart des grands bains affichent les différentes options (nombreuses !) en anglais et/ou en allemand. En été, des étudiants parlant des langues étrangères sont en poste à l'accueil, ce qui facilite l'accès. Hors saison, c'est à peine plus compliqué, car le personnel est rompu à l'exercice du touriste égaré sur le sentier du bain. Si besoin, adressez-vous aux clients, beaucoup se débrouillent en anglais (on est à Budapest !).

– ***Maillots et bonnets de bain :*** bien qu'il soit de plus en plus recommandé dans les autres bains, seuls les bains mixtes exigent l'usage du maillot (on peut toutefois en louer presque partout, même si souvent le style de celui-ci risque de vous faire ressembler à de Funès dans le hammam de *La Grande Vadrouille*). Les femmes doivent laisser une caution supérieure aux hommes (2 000-4 000 Ft) ! Pour les bains non mixtes (cas des bains Rudas par exemple), le prêt d'une sorte de pagne, qui laisse déborder les fesses façon bébé sumo, est compris dans l'entrée. Les pudiques préféreront le maillot. Le bonnet de bain est obligatoire dès qu'on veut nager en piscine. Pour les thermes proprement dits, on peut s'en passer. On peut en acheter sur place... pas très seyants là non plus. On ne saurait trop vous conseiller d'***apporter votre serviette personnelle,*** car si vous pouvez en louer une (prix élevé et caution de 1 000-4 000 Ft selon la taille et le lieu), l'attente pour la récupérer après avoir payé peut être très longue en cas d'affluence.

En général, on accède au bain de la manière suivante : après avoir payé, le personnel vous remet un bracelet-montre en plastique que vous devez « pointer ». Ce pointage enregistre votre heure d'arrivée au bain tout en vous affectant un numéro de cabine ou de casier (en fonction de votre choix) dans lequel vous vous changerez (si c'est une cabine, évidemment, car pour le casier mieux vaut être contorsionniste !). Vous y laisserez vos affaires. Vous filerez ensuite au bain non sans avoir pris une bonne douche. Après avoir barboté, vous rouvrirez la cabine (ou le casier) avec votre bracelet. Vous vous changerez, puis, au moment de sortir, vous glisserez votre bracelet dans l'urne située à côté des tourniquets de sortie. Là, 2 cas de figure. Ou vous êtes resté moins de 2h et votre bracelet ressortira pour vous permettre d'aller vous faire rembourser une partie du temps non consommé (si les bains en question l'autorisent, mais ce n'est pas toujours le cas). Ou vous êtes resté plus de 2h, et dans ce cas c'est directement la sortie. À quelques exceptions près, la plupart des bains fonctionnent de cette manière.

– ***Tarifs :*** en général, les bains thermaux accessibles aux non-curistes sont ouverts de 6h à 19h ou 20h (21h aux bains Király, 22h pour la piscine des bains Széchenyi). Les bains Rudas sont en outre ouverts en nocturne (22h-4h) les vendredi et samedi ! Les droits d'entrée oscillent grosso modo entre 2 000 et 5 500 Ft en fonction du jour (semaine ou week-end) et du confort (casier ou cabine). Des tarifs réduits existent pour les lève-tôt ou pour ceux qui viennent un peu avant la fermeture.

NETTOYAGE À SEC !

Afin que les Budapestois puissent se baigner bon marché, le conseil municipal avait décrété la construction de bains dans tous les arrondissements de la capitale. C'était en 1928... Oui mais voilà, à cette époque-là, les bains Dandár n'avaient pas d'eau, on était obligé de l'acheminer en camion citerne depuis les bains Széchenyi. Le manège a duré 50 ans ! Ce n'est que depuis 1978, après forage, que ces bains disposent enfin de leur propre source.

BOISSONS

L'eau

À ne pas confondre avec l'*eau de Hongrie,* qui reste une subtile fragrance ! Pas facile d'obtenir une simple carafe d'eau dans les restos. Vous aurez plutôt le choix entre la bouteille d'eau plate ou celle d'eau gazeuse. Il faut dire qu'en Hongrie l'eau du robinet a souvent très mauvais goût.

Le vin

À déguster dans les *borozó,* caves à vins, où l'on sert également des plats simples et des assortiments de cochonnaille et fromage.

Historiquement, la Hongrie est le principal producteur de vin d'Europe de l'Est. Dès le XVIIe s, les monarques locaux favorisèrent l'implantation de viticulteurs lorrains et wallons expérimentés.

Il y a officiellement 22 régions viticoles en Hongrie, mais on peut simplifier en n'en retenant que 4, celles qui correspondent aux 4 vins les plus typés. Depuis la fin du communisme, les viticulteurs se sont retroussé les manches et tentent de redonner aux vins hongrois

LE PETIT BLANC DU PORTIER

À l'apéro, les Hongrois prennent volontiers un verre de vin blanc allongé d'eau de Seltz, le fröccs, qui n'est autre que l'onomatopée du bruit que fait l'eau gazeuse quand on remplit le verre. Quand il s'agit d'un doigt, on dit « kisfröccs » (le petit fröccs), mais quand il est franchement bien servi, on dit « házmester », ce qui signifie « le concierge » !

la renommée qui fut la leur pendant des siècles. De nombreux investisseurs étrangers les y ont aidés. La qualité est bien là, mais cela a un prix. On peut quand même faire des affaires : dans les petits vignobles, le vin se vend au litre pour environ 400 Ft. À noter : vous reconnaîtrez un mauvais vin à son goût caramélisé, synonyme d'addition excessive de sucre.

– ***Tokaj :*** région du nord-est de la Hongrie où l'on produit le plus célèbre des vins hongrois, le plus cher aussi. On distingue les *aszú,* c'est-à-dire les tokajs liquoreux, des *furmint* ou *szamorodni,* qui sont plus secs. Il s'agit dans tous les cas de vins blancs. Les bons *aszú* offrent un excellent rapport qualité-prix comparé à nos sauternes.

– ***Eger :*** on trouve du blanc et du rouge. Surnommé « le bourgogne hongrois », car son vignoble se trouve à la même latitude que la Bourgogne et qu'il est également composé de pinot noir. Goûter l'*Egri bikavér* ou « sang de taureau », rouge sombre et très corsé, l'un de nos préférés, et l'*Egri leànyka* (« la fillette d'Eger » !), un blanc sec.

– ***Villány :*** surnommé « le bordeaux hongrois », car il se trouve à la même latitude que Bordeaux ! Comparaison n'est pas raison, mais ces vins ont le vent en poupe et ils le méritent. Ce petit village du sud de la Hongrie bénéficie d'un ensoleillement exceptionnel. On y produit un vin rouge corsé et fruité, presque doux, mais le blanc est très bien aussi.

– ***Balaton :*** surtout vers Badacsony et dans l'arrière-pays. Les sols volcaniques donnent d'excellents vins blancs. Plusieurs cépages sont à l'origine des *kéknyelü* ou *olaszrizling* (un peu plus doux), qui accompagnent à merveille les poissons du lac. Tihany produit aussi un vin rouge très réputé.

Comme partout, les producteurs ont tendance à céder à la mode du vin de cépage ; vous trouverez donc chardonnay, sauvignon, cabernet, merlot, syrah...

La bière

Très consommée dans le pays, où les bars à bières se nomment *söröző* (bière = *sör*). Les bières hongroises les plus courantes sont la *Borsodi,* la *Dreher,* la *Soproni* (en hommage à la ville de Sopron mais fabriquée par Heineken), la *Arany-Aszok* sans compter les microbrasseries régionales. On trouve également des bières tchèques comme la *Bernard,* la *Staropramen* et la *Starobrno* (fabriquée à Brno).

EGÉSZSÉGEDRE !

Soit « À votre santé ! ». Cela dit, attention, les Hongrois ne trinquent jamais à la bière. Référence à la victoire des Autrichiens en 1848 sur les Hongrois, où l'ennemi célébrait bruyamment l'exécution de chaque général hongrois en descendant une mousse. Toutefois, 170 ans ont passé et, hormis quelques vieux patriotes, personne ne vous cassera la figure pour avoir lancé un toast à la bière ! Et ce tabou ne s'applique pas au vin ni aux alcools forts. Ouf !

Les eaux-de-vie

– ***La barack pálinka*** (eau-de-vie d'abricot) *:* à l'automne, dans presque tous les villages de Hongrie, quelques litres d'eau-de-vie maison sont distillés, pour lesquels des taxes sont payées ou non. On sirote une *pálinka* par un froid matin d'hiver ou on en prend pour une rage de dents ou des maux de ventre ; ses grandes qualités antiseptiques sont très appréciées. La pálinka la plus courante, appelée ironiquement *kerítésszaggató (briseur de clôtures),* est composée de toutes sortes de fruits tombés des arbres... Un dicton révèle que « *le paysan boit sa pálinka le matin, l'homme du monde le midi et l'idiot la nuit* ».

– ***L'Unicum :*** boisson amère, préparée à base de 40 plantes différentes et conditionnée dans une flasque ronde marquée d'une croix rouge. Curieuse mixture aux vertus digestives, et efficace... contre la gueule de bois.

CUISINE

Terrienne par excellence, très consistante, calorique et copieuse, la cuisine hongroise peut se révéler savoureuse lorsqu'elle est bien préparée, mais lourdaude et grossière dans le cas contraire. Les plats courants ne sont pas épicés, mais relevés de paprika et parfumés d'aneth, d'origan, d'estragon...
Chaque région a ses spécialités : ragoûts et goulaschs dans la Puszta, gibier et truite dans les forêts de Hongrie septentrionale, poissons autour du lac Balaton. Cela dit, comme partout, le vent du changement souffle sur de nouveaux chefs qui ont à cœur de revisiter leurs traditions culinaires dans une version allégée et expérimentale en gardant les ingrédients de base, pour des recettes plus saines et plus intéressantes.

Le paprika

Que serait la cuisine hongroise sans la précieuse poudre rouge ? Les Hongrois en consomment plus de 500 g par an et par personne ! Il faut dire que l'on retrouve cette poudre de poivron rouge absolument partout, dans les viandes, les poissons et même certains desserts... Probablement rapporté des Amériques, le poivron semble avoir été acclimaté en Hongrie vers le XVIIe s, sous l'occupation turque. Fabriqué à partir du fruit seul (sans les graines), le paprika est doté de multiples vertus : riche en vitamines C et D, il regorge également de sucres, de minéraux et de fibres. Sans oublier la fameuse capsaïcine (c'est elle qui arrache !), alcaloïde qui varie en quantité selon les variétés.
On confond souvent l'épice et le légume. Ce dernier existe sous des formes et couleurs diverses, mais il est différent du poivron connu chez nous. Le paprika cerise est petit, rond, rouge et (très) piquant, mais assez peu utilisé ; le vert est doux, de forme allongée, souvent plutôt jaune très pâle que vert ; le *bácskai* a la même forme allongée, mais il est vert très clair et très légèrement piquant ; le paprika tomate, lui, est rond, plutôt grand, rouge et doux. Vous pouvez à présent faire votre marché !

LES VERTUS DU PAPRIKA

Au Mexique, le paprika est considéré comme un aphrodisiaque puissant. Au XVIIe s déjà, utilisé dans la pharmacopée, il combattait le choléra, le scorbut et la malaria. Les scientifiques s'intéressaient à lui, comme Albert Szent-Györgyi, Prix Nobel de médecine en 1937 pour avoir découvert la vitamine C cachée dans le paprika ! La capsaïcine, le principe actif irritant, est utilisée pour ses propriétés décongestionnantes et calmantes.

Sur le pouce

Pour les petits budgets, possibilité de se restaurer en avalant un ***lángos*** (« flamme »), sorte de *focaccia* italienne mais en plus gras, soit une galette de pain frite avec fromage, crème, jambon et divers ingrédients (avec du merlu autour du lac Balaton). Peu diététique, certes, mais nourrissant.

Les soupes

Qu'on se le dise, été comme hiver, tout repas en Hongrie commence par une soupe. Extrêmement variées, elles sont plus ou moins épaisses, plus ou moins garnies. La soupe au poulet d'Újház est la plus aimée des Hongrois. Mais bien sûr, la reine des soupes est le goulasch, servi dans un petit chaudron émaillé placé au-dessus d'une bougie chauffe-plat qui le maintient à température.
– ***Gulyásleves :*** la plus connue des soupes hongroises, car il ne faut jamais oublier que le goulasch, au départ, est un potage. Il contient de la viande, des poivrons, des haricots, des oignons, des pommes de terre et du paprika. Très différent d'un resto à l'autre.
– ***Bableves :*** potage aux haricots secs.

– ***Magyaros gombaleves :*** soupe aux champignons.
– ***Cseresznyeleves :*** soupe froide à la cerise, généralement servie avec de la crème.

Les poissons

La plupart des poissons sont d'eau douce, bien sûr ; ils sont généralement servis frits *(ràntott)*, panés ou en ragoût, plus rarement grillés. On vous proposera le plus souvent de la *ponty* (carpe) et du *pisztránz* ou *fogás* (sandre) en provenance du lac Balaton. Encore plus fréquent parce que plus économique : le poisson-chat ou silure.
– ***Halászlé :*** bouillabaisse au paprika, spécialité du Sud et du bord de la Tisza.

Les viandes

Les amateurs de viande et de cuisson parfaite oublieront le temps de leur séjour les pavés et les entrecôtes. Il est impossible de trouver un steak bleu ou même saignant en Hongrie. Remplacez-les par un ragoût ou par l'incontournable *schnitzel* (escalope panée).
– On trouve le *marha* (bœuf), le *sertés* (porc) et le *kacsa* (canard), souvent rôtis *(sült)*, servis avec des pommes de terre *(burgonya)* ou des champignons *(gomba)*. Également du gibier en saison : *vaddisznó* (sanglier), *szarvas* (cerf)...
– ***Pörkölt :*** plat de campagne très courant. Ragoût qui peut accommoder plusieurs viandes et dont la sauce incorpore saindoux, paprika, oignons et crème aigre. Pas vraiment léger mais délicieux !
– ***Paprikás csirke :*** poulet au paprika, souvent servi avec des *galuskas* ou *tarhonyas* (sortes de petits gnocchis).
– ***Hortobágyi palacsinta :*** une entrée assez typique. Il s'agit d'une crêpe en sauce fourrée à la viande, aux oignons et aux champignons.
– ***Hidegtál :*** assiette de cochonnaille que l'on sert dans tous les bars à vins. La région de Sziget est réputée pour ses saucissons au paprika.
– ***Libamáj :*** la Hongrie est un gros producteur de foie gras d'oie ou de canard. Ses produits très concurrentiels et de bonne qualité ont envahi le marché européen. Consommé cru, il s'accompagne d'un Tokaji aszú, liquoreux. Mais on retrouve plus souvent au menu le foie frit ou grillé accompagné d'oignons.

Les légumes

Ils sont traditionnellement servis marinés dans une préparation fermentée à base de vinaigre sucré. Et ça se limite souvent au chou (farci ou non), à la carotte et au concombre. Les Hongrois mangent très peu de légumes. D'ailleurs, l'OMS affirme qu'ils n'en consomment pas assez...
Une exception tout de même : le ***lecsó,*** la ratatouille hongroise qui existe sous diverses formes mais généralement mijotée avec tomates, poivrons, oignons, parfois du chou, des œufs, du paprika et quand même... de la saucisse ou du lard, on ne se refait pas ! Comme dirait feu Tony Curtis, « certains *lecsó* » !

Les desserts

Peu de fromages. Il vaut mieux terminer par du sucré, que les Hongrois consomment plutôt l'après-midi, dans les salons de thé. Héritage de la période autrichienne, les pâtisseries sont abondamment garnies de crème. Certaines sont délicieuses, d'autres plus surprenantes au palais...
– ***Krémes :*** une sorte de millefeuille à la crème de vanille, délicieux et aérien !
– ***Gundel palacsinta :*** crêpes fourrées aux noisettes, raisins secs, écorces d'oranges confites et chocolat. Peuvent être flambées (moyennant un supplément).
– ***Rétes :*** version hongroise du strudel, souvent servi chaud.
– ***Túróspalacsinta :*** crêpes au fromage blanc et aux raisins.
– ***Madártej :*** île flottante.
– ***Somlói galuska :*** génoise recouverte de sauce chocolat et de chantilly.

Gundel

Vous verrez que de nombreuses recettes font référence à un certain Gundel... Ragoût à la Gundel, tripes à la Gundel, soupe à la Gundel, foie gras à la Gundel... Gundel était un célèbre cuisinier du début du XXe s, d'origine allemande, qui a révolutionné en son temps la cuisine hongroise, un peu comme l'ont fait chez nous Escoffier ou Carême. C'est lui qui a mis au point les *Gundel palacsinta,* les « crêpes à la Gundel », sans doute sa recette la plus fameuse. Son resto, ouvert dans le Városliget, le Bois-de-la-Ville, à Budapest, était le rendez-vous des élégants et des gastronomes. Il existe toujours. Le décor, fort dégradé sous le régime communiste, a été restauré. La cuisine, elle, s'est un peu allégée... mais pas la note !

CURIEUX, NON ?

– Selon une loi de 2011, la nationalité hongroise peut être octroyée à tout citoyen européen qui parle le hongrois (ou prétend le parler !) ou qui se réclame d'origine hongroise. Cette « générosité » a permis à environ 700 000 ressortissants des pays limitrophes de l'obtenir facilement... Des Roumains et des Slovaques, mais aussi des extra-communautaires comme les Serbes et les Ukrainiens, se sont ainsi ouvert à bon compte les portes de l'UE. Dans le même temps, un enfant né en Hongrie de parents étrangers n'a, lui, quasiment aucune chance d'obtenir la naturalisation un jour.
– La Hongrie est un petit pays et il arrive souvent que des personnes qui se rencontrent pour la 1re fois aient au moins une connaissance commune. Les Hongrois vivent en effet dans un réseau de relations beaucoup plus serré que chez nous. Ils ont une façon un peu particulière de se saluer : ils se serrent vigoureusement la main, se regardent droit dans les yeux, et se présentent par leur nom puis leur prénom. De plus, ils écrivent toujours leur patronyme de la même manière : nom puis prénom, non l'inverse.
– En Hongrie, le patriotisme se retrouve aussi dans l'assiette : à la carte des restaurants, il est rare de trouver des légumes, des poissons de mer et autres produits importés. On ne mange pratiquement que les poissons qui frétillent dans les lacs et rivières de Hongrie (carpe, sandre, silure), les viandes élevées sur place et les quelques légumes d'hiver adaptés au climat local : choux, carottes, pommes de terre...
– En ville, il existe une coutume appelée ***lomtalanitás,*** qui consiste à se débarrasser, quartier par quartier, de tous les encombrants en les empilant sur le trottoir. La nuit, des groupes de Roms, ces rois de la débrouille et du recyclage, se répandent dans la ville et récupèrent les tas les plus intéressants, qu'ils s'empressent de s'approprier en campant dessus, jusqu'à ce qu'une succession de va-et-vient avec fourgonnette, remorque ou même poussette les fasse disparaître peu à peu. À 4h du matin, il ne reste plus rien.
– Prénommer son enfant nécessite une approbation de la part des autorités. Si un prénom n'existe pas dans la liste officielle, il faut au préalable le soumettre à l'Institut national de linguistique pour validation !
– La peinture des œufs fait partie des traditions de Pâques, et c'est l'activité favorite des enfants.
– À Pâques, les garçons arrosent les filles de parfum tout en récitant un petit poème.

IMPÔT CANIN

Pour faire rentrer l'argent dans les caisses, le gouvernement de l'ineffable Viktor Orbán avait instauré une taxe plutôt cocasse : taxer les propriétaires de chiens de race... non hongroise. Il fallait y penser ! Mais ont-ils pensé au risque d'abandons massifs ?

GÉOGRAPHIE

La « perle du Danube »

Ainsi surnomme-t-on la capitale de la Hongrie. Comme le Rhône à Lyon, la Seine à Paris ou la Tamise à Londres, le grand fleuve impose sa marque en plein cœur de la ville, qu'il traverse, noble et majestueux, séparant la colline de Buda (rive droite) de Pest, étalée sur la rive gauche. De la Forêt-Noire à la mer Noire, ce géant liquide irrigue toute l'Europe centrale. Venu d'Allemagne, d'Autriche et de Slovaquie, le Danube passe d'abord à Vienne (où il coule loin du centre-ville), puis à Bratislava, avant de paresser dans la plaine hongroise. C'est à Budapest qu'il est le plus présent, et « c'est dans les plaines hongroises que le Danube devient un grand fleuve », souligne l'écrivain István Bart. Capable de crues dévastatrices comme celle de 2013 (limitées aujourd'hui par des berges et, beaucoup plus en amont, par une série de barrages en Autriche), il y décrit une grande courbe élégante au pied des collines.

Obstacle redouté de tous les envahisseurs (Huns, Mongols, Turcs), il fut un atout géographique pour les empereurs d'Autriche, qui pouvaient en quelques heures de bateau descendre de Vienne.

DANUBE PAS SI BLEU

Duna en hongrois (*Donau* en allemand et en tchèque, *Dunav* en serbe et en bulgare) *est, avec 2 850 km, le plus long fleuve d'Europe après la Volga. Il atteint parfois 600 m de large. Sa température, supérieure à celle de l'air, ne l'empêche pas de geler lors des hivers très rudes.*

HISTOIRE

Budapest ne s'est pas faite en un jour. Son histoire remonte au moins aux Romains, qui l'appelaient *Aquincum* et en firent un *castrum* sur les frontières de l'Empire. Des ruines, à Óbuda, témoignent de cette présence passée. Faite capitale de la Pannonie inférieure en 106, la cité atteignait au moins 30 000 habitants à la fin du siècle. Tombée aux mains des Avars et des Huns au IVe s, elle vit bientôt débarquer Attila et ses hordes de cavaliers, qui s'y installèrent pour mieux achever de détruire l'Empire romain.

La ronde des envahisseurs

La ville entra dans une période obscure. Période formatrice, en vérité, marquée par l'arrivée de 7 tribus hongroises en provenance des pentes sud-ouest de l'Oural au IXe s et par l'avènement, vers l'an 1000, du royaume christianisé de Hongrie. La cité fut détruite par les Mongols en 1241, se releva doucement, pour être finalement consacrée capitale en 1361. Un siècle et demi plus tard, un nouvel ennemi se présenta à ses portes : les Ottomans s'emparèrent de Pest en 1526, puis des collines de Buda 15 ans plus tard. Des mosquées furent érigées, des hammams furent construits. Mais la cité, désormais

LE GRAND MÉCHANT HONGROIS

Au haut Moyen Âge, les Hongrois étaient assimilés aux terribles Huns qui déferlèrent vers l'Occident en dévastant les villages et se nourrissant (bien sûr !) de chair humaine. Au cours des siècles, le terme de « hongrois » se serait transformé en « ogre », qu'on invoquait autrefois pour menacer les enfants qui ne mangeaient pas leur soupe...

sous la férule d'un gouverneur qui la maintint dans un statut de bourgade provinciale, végéta. En 1686, Charles V de Lorraine la reconquit pour le compte des Habsbourg d'Autriche.

Lorsque Buda rejoint Pest

Partiellement germanisée (l'allemand devint langue officielle en 1790), la ville connut une croissance fulgurante grâce à sa position stratégique sur les routes commerciales de l'Empire. Au pied des collines de Buda, la plaine de Pest se développa plus vite encore. La grande inondation de 1838 favorisa l'émergence d'une cité moderne, aux grandes avenues ponctuées de lampes à gaz. En 1849, le gouvernement révolutionnaire réunit une 1re fois les 3 villes sœurs sous une même houlette : *Pest, Buda* et *Óbuda* (le vieux Buda). La ville prit sa physionomie à peu près définitive après 1890, en s'inspirant des travaux du baron Haussmann.

MAGNATS

Du latin magnus, ce titre était donné aux membres de l'aristocratie polonaise et hongroise qui disposaient d'une grande puissance économique. Propriétaires terriens, ils possédaient châteaux, villages et terres agricoles. Le mot est resté.

Le compromis austro-hongrois

En 1867, un compromis entre opposants conduisit à la reconnaissance de l'identité hongroise. On entra dans l'ère de la double monarchie : *Császíari és Királyi,* impériale et royale. Budapest disposait alors d'un port de mer à Fiume sur l'Adriatique.

L'entre-deux-guerres

L'effondrement de l'Empire austro-hongrois en 1918 fut catastrophique pour la Hongrie. Elle obtint certes son indépendance, mais, en vertu du ***traité de Trianon*** (1920), elle perdit 71 % de son territoire et 57 % de sa population. La Hongrie devint un pays paradoxal : royaume sans roi, sur lequel régnait un amiral sans accès à la mer et sans flotte ! Le régime réactionnaire et ultraconservateur de ***Miklós Horthy*** dura jusqu'à la Seconde Guerre mondiale.

NOSTALGIE

Dans la vitrine de boutiques, sur les murs de salons privés, on voit encore souvent des cartes de la Grande Hongrie, celle d'avant le traité du Trianon, le 4 juin 1920.

Les années noires

Aux élections de 1939, le parti des ***Croix fléchées,*** avec une base ouvrière importante, obtint plus de 25 % des voix ainsi que 30 sièges au Parlement. Leur emblème était proche du drapeau du IIIe Reich. L'idéologie du parti était similaire à celle des nazis : nationalisme, anticapitalisme, anticommunisme, antisémitisme profond et une conception de l'ordre fondée sur le droit du plus fort. Elle souscrivait également au concept d'une race supérieure qui comprenait les Hongrois, les Allemands et les Japonais.
Proche idéologiquement de l'Allemagne d'Hitler et de l'Italie de Mussolini, en juin 1941, la Hongrie se joignit aux forces de l'Axe dans l'espoir de récupérer les territoires perdus en 1920. Elle participa à l'opération Barbarossa contre l'URSS. Après Stalingrad, pressentant l'issue de la guerre, Horthy tenta de négocier une paix séparée avec les Alliés, mais les nazis occupèrent le pays en mars 1944. Une

partie des 725 000 juifs de Hongrie, qui avaient jusqu'alors été épargnés par le gouvernement national, furent déportés vers Birkenau et Auschwitz.
Des mois durant, le vieil amiral Horthy essaya de limiter le nombre de déportations au titre de l'« effort de guerre ». Le consul suisse ***Charles Lutz*** et le diplomate suédois ***Raoul Wallenberg,*** de leur côté, distribuèrent 10 000 passeports, ce qui permit à autant de juifs d'échapper à une extermination certaine.
À la fin de la guerre, Budapest fut transformée en camp retranché à l'approche des Soviétiques : 25 000 civils périrent sous les bombes, 74 % des habitations furent endommagées, 97 % des usines détruites. Le quart des 470 000 juifs de la ville survécut. Le 4 avril 1945, l'Armée rouge « libéra » finalement tout le pays, mais un pays considéré par eux comme un ennemi.

La Hongrie socialiste

Entre 1945 et 1948, le pays fut dirigé par un gouvernement de coalition assez libéral qui entreprit une réforme agraire. Mais les communistes éliminèrent peu à peu leurs partenaires au gouvernement et sortirent grands vainqueurs, ô surprise !, des élections de 1949.
Comme dans d'autres démocraties populaires s'installa alors un régime de type stalinien, sous la direction de ***Mátyás Rákosi.*** Au programme des réjouissances : collectivisation forcée, déplacement des populations, purges et omniprésence de la police politique. En février 1956, Khrouchtchev amorça la déstalinisation, et en juillet, *Mátyás Rákosi* « démissionna », soulevant des espoirs de réformes et de démocratisation.

La révolution de 1956

Après la révolte de 1956, qualifiée par le nouveau gouvernement de « contre-révolution », ***János Kádár*** présida aux destinées du pays. Dans les années 1960, il introduisit quelques réformes. Les entreprises s'ouvrirent à la participation étrangère en 1972. On appela ce régime particulier de *gulyaskommunizmus* le « communisme du goulasch ». En parlant de leur pays à cette période, les Hongrois disaient que « la Hongrie était la baraque la plus joyeuse du camp socialiste ». Les magasins étaient bien fournis, ou plutôt mieux (tout est relatif) que dans les autres pays « frères ». Kádár pensait sans doute que, avec l'estomac plein, les Hongrois allaient oublier leurs idées révolutionnaires. Mais, dès la fin des années 1970, il apparut évident que le parti communiste était incapable d'assurer la croissance économique, l'emploi, le logement et les retraites. La politique de Kádár conduisit au surendettement et plongea le pays dans une spirale inflationniste. Résultat : le parti se divisa de plus en plus. L'arrivée de ***Gorbatchev*** au pouvoir en 1985 ouvrit la voie aux « réformateurs », qui mirent en marche la perestroïka hongroise.

DU SANG DANS LA PISCINE

Lors des J.O. de 1956 à Melbourne, quelques semaines après la répression soviétique de l'insurrection, l'équipe hongroise de water-polo se retrouva en demi-finale contre les Russes. Le match dégénéra rapidement en règlement de compte, et les coups plurent. Les spectateurs prirent fait et cause pour les Hongrois. Finalement, l'équipe hongroise fut déclarée vainqueur par 4-0 et remporta la médaille d'or en finale. L'honneur était vengé.

L'après-communisme

Dès le début des années 1980, un groupe de dissidents revendiqua des changements radicaux. En mars 1988 eut lieu la 1re manifestation d'ampleur non réprimée par le pouvoir. En mai 1988, János Kádár fut éjecté de la direction du PC.

Avec son départ, une tornade de réformes s'abattit très vite sur le pays. En 1988, le mouvement d'opposition ***Forum démocratique*** réclama le multipartisme. Au printemps 1989, le gouvernement promit des élections libres pour l'année suivante, le Parlement autorisa les syndicats libres et, en mars, plusieurs milliers de participants défilèrent pacifiquement à Budapest.

La Hongrie apparaissait alors comme une exception unique en Europe centrale, car c'est le parti communiste qui, confronté à la faillite du système, était l'initiateur de tous les changements. Les réformateurs tentèrent de prendre de vitesse les autres courants et de rehausser leur prestige auprès de l'opinion publique en réclamant le départ des troupes russes. Tous les journaux purent alors paraître librement. Aux élections de 1990, les communistes n'obtinrent que 8 % des voix. C'est le Forum démocratique (mouvement de centre droit) qui l'emporta, avec 42 % des suffrages. Il forma un gouvernement de coalition (conservateurs et centre droit) avec le parti des petits propriétaires et les chrétiens-démocrates.

Les troupes russes quittèrent définitivement le pays en 1991 – un départ célébré par une grande fête à Budapest. La Hongrie adhéra à l'OTAN en 1999 et à l'Union européenne en 2004.

UN TROU DANS LE RIDEAU DE FER

À la fin des années 1980, la Hongrie était le lieu de villégiature le plus apprécié des touristes du bloc de l'Est, surtout autour du lac Balaton. À l'été 1989, des dizaines de milliers d'Allemands de l'Est étaient massés dans des campements de fortune en attendant de pouvoir franchir la frontière avec l'Autriche. Ces images ont fait le tour du monde. 3 semaines plus tard, Budapest ouvrit définitivement et sans restriction la frontière. Plus de 100 000 Allemands de l'Est se précipitèrent vers la liberté.

Et depuis ?

En septembre 2004, ***Ferenc Gyurcsány*** fut nommé Premier ministre. Issu du milieu ouvrier, le « Tony Blair magyar » entendait incarner une gauche moderne. Son programme : redressement des finances publiques, intégration à l'espace Schengen et adhésion future à l'euro. Reconduit dans ses fonctions après les législatives de 2006, il avoua avoir trompé les électeurs pour se faire réélire et avoir caché la politique d'austérité qu'il avait l'intention de mener... Des milliers de manifestants de droite et d'extrême droite défilèrent dans les rues de Budapest. En 2009, Gyurcsány fut renversé par une motion de censure. Il fut remplacé par ***Gordon Bajnai,*** ministre sortant de l'Économie, à la tête d'un gouvernement socialiste minoritaire. Mais la rupture avec la base des électeurs socialistes était consommée et, lors des législatives de 2010, son parti s'écroula, ne retrouvant que 59 sièges au Parlement sur 386. C'est le ***Fidesz-Union civique hongroise,*** une coalition de droite, antimondialisation, qui sortit victorieux du scrutin, remportant 68 % des sièges.

Dérive nationaliste...

Le scrutin de 2010 avait aussi révélé la montée en puissance du ***Jobbik*** (« mouvement pour une meilleure Hongrie » – 16,7 % des voix et 47 sièges), un parti ultraconservateur marqué par la nostalgie de la Grande Hongrie, à la fois fascisant et antisémite. La doctrine du mouvement affichait un nationalisme militant, un christianisme fervent, le rejet de l'Europe et du libéralisme, la défense des minorités hongroises dans les pays voisins, ainsi que la lutte contre le « lobby » juif. Le mouvement a dénoncé l'injustice sociale tout en étant partisan d'une répression de la criminalité attribuée aux Roms. Au Parlement européen, le Jobbik s'est allié au FN français. Ce parti a connu un succès grandissant en fondant la « Magyar Garda » (la garde magyare), une milice paramilitaire impliquée dans pas mal d'émeutes, mais dissoute en 2009 par le gouvernement de gauche.

... et dérive autoritaire

Depuis 2011, la dérive politique qui frappe la Hongrie inquiète ses partenaires européens, qui la considèrent comme un recul démocratique.
Un paquet de réformes, votées dans l'urgence en décembre 2011 à la veille des vacances, a chamboulé les institutions hongroises. Au début 2012, une nouvelle constitution est entrée en vigueur : le nom du pays devient *Hongrie* (le mot « république » est retiré). De plus, cette loi fondamentale introduit une référence à Dieu. Dans ce nouvel ordre constitutionnel, le régime parlementaire hongrois renforce le rôle du Premier ministre, face à un président jouant le seul rôle d'arbitre. Diverses nominations à des postes-clés sont réservées à des proches, sinon des affidés du pouvoir. La Cour constitutionnelle a vu ses pouvoirs restreints.
Le droit de vote est aussi accordé aux Hongrois « de souche », mais citoyens d'autres États !
Les principes fondamentaux qu'on pensait acquis en Occident sont remis en question par ces réformes. Les partis communistes et leurs successeurs sont étiquetés « organisations criminelles » par la nouvelle Constitution et le pouvoir lance un processus de ***lustration des anciens communistes,*** sorte de dénonciation pour collaboration avec l'ancien régime. On débaptise les rues portant les noms de martyrs antifascistes et même celle de l'ancien président américain Franklin Delano Roosevelt, mais on inaugure une statue à la gloire de Ronald Reagan.

Un laboratoire pour la nouvelle droite d'Europe centrale

Si l'UE s'est alarmée de cette dérive institutionnelle, Viktor Orbán et son parti sont toujours soutenus par le PPE (Parti populaire européen, auquel son groupe appartient) et des gouvernements à orientation libérale proches de ses idées. Son projet prône la ***renaissance nationale*** : non seulement la grandeur restaurée d'une nation bafouée par le passé, mais aussi la prospérité économique qui s'appuie sur une classe moyenne entreprenante et disciplinée. Son électorat : les petits entrepreneurs, les professions libérales, les patriotes pieux, les chantres de la tradition et de l'autorité et la majorité des campagnes. À l'image des conservateurs d'Europe centrale, la droite hongroise estime que les adversaires de cette classe moyenne sont, d'une part, les multinationales, les institutions bancaires et le capitalisme financier et, d'autre part, les prolétaires, les sans-grade et les communistes. Sans se réclamer d'un racisme à l'ancienne mode, la droite hongroise s'oppose avant tout aux subventions pour les pauvres, à l'aide aux chômeurs (assimilés aux Roms) et à tous les éléments « improductifs » de la société, une catégorie qui inclut aussi les retraités.
Finies les subventions pour les arts, les musées, l'édition, la recherche, on écarte des centres de décision l'intelligentsia modérée ou gauchisante. En revanche, on finance largement le sport, réputé stimuler la combativité, l'esprit de groupe, la loyauté, la discipline personnelle, l'effort viril...
Les abondantes critiques de la presse occidentale ont déjà provoqué un retour de flamme en Hongrie : des parlementaires néo-nazis ont brûlé des drapeaux de l'UE et une majorité de la population refuse d'admettre que son gouvernement puisse à l'étranger incarner le mal absolu. Les menaces européennes ne font en somme que conforter le Premier ministre Orbán dans sa volonté de réformes, orchestrées par un gouvernement qui, on doit l'admettre après tout, est issu d'un scrutin régulier.

PURIFICATION TOURISTIQUE

Depuis 2013, les SDF hongrois peuvent être bannis des zones touristiques, notamment à Budapest, en vertu d'une loi destinée à protéger « l'ordre public, la sécurité, la santé et les valeurs culturelles ». Les organisations d'aide aux sans-abri voient surtout cette discrimination comme une criminalisation de la pauvreté.

Dernières nouvelles de Budapest

En avril 2018, le *Fidesz* remporte de nouveau les élections législatives dans les mêmes proportions que le scrutin de 2014 (48 % des voix), suivi par le Jobbik (23 %). Ces résultats lui permettent de garder 133 des 199 sièges au Parlement, soit exactement le seuil de la majorité des 2 tiers. Le *Jobbik,* principal parti d'opposition, obtient 3 sièges en plus.
Orbán est reconduit dans ses fonctions de Premier ministre pour un 3e mandat. Désormais, il vante l'***illibéralisme,*** un nouveau terme qui dénie au libéralisme la capacité de défendre les intérêts nationaux et remet l'État au centre de toute politique sur le modèle de la Russie, de la Chine ou encore de Singapour, quel que soit le prix à payer en matière de liberté individuelle. Le problème, c'est que quoi qu'il dise, ses décisions sont en principe encadrées et donc limitées par les règles de l'Union européenne.

NOUS SOMMES TOUS DES JUIFS HONGROIS !

Viktor Orbán, le Premier ministre qui n'avait peur de rien, n'hésita pas à falsifier l'histoire et à faire ériger un monument près du Parlement qui, sous prétexte de rendre hommage aux morts de la guerre, présenta la Hongrie comme une victime du fascisme alors qu'elle était l'alliée du IIIe Reich. Les écrivains antisémites furent remis à l'honneur, la haine de l'« autre » (Roms, Juifs, réfugiés) émaillait le discours officiel, et on reparla de « pureté raciale »... L'histoire bégaye.

La crise des migrants

En 2015, la Hongrie a vu transiter environ 400 000 réfugiés en provenance de Syrie et d'Afghanistan. Le gouvernement de Viktor Orbán prit alors la décision controversée de construire une clôture barbelée aux frontières sud avec la Serbie et la Croatie. En avril déjà, son gouvernement avait adressé aux citoyens un questionnaire rédigé en termes très orientés, faisant l'amalgame entre immigration et terrorisme. La dénonciation d'une « Europe multiculturelle » comme menace à l'Europe chrétienne et aux identités nationales constitue un des fils rouges du discours du *Fidesz,* appuyé par l'extrême droite.
La qualification pénale de l'entrée illégale sur le territoire a été renforcée, en permettant des condamnations à des peines de prison ferme. En septembre, plusieurs lois ont renforcé les peines encourues par les migrants « illégaux » et permis le déploiement aux frontières de militaires désormais autorisés à recourir à la force.
En réaction au plan de répartition des réfugiés mis en place par l'UE, Viktor Orbán a organisé en octobre 2016 un référendum censé lui donner la caution populaire dont il a besoin pour gagner ce bras de fer. À la question : « Voulez-vous que l'UE décrète une relocalisation obligatoire de citoyens non hongrois sans l'approbation du Parlement hongrois ? », 98,3 % des votants ont répondu non. Pourtant, ce plébiscite apparent est un camouflet pour Orbán : avec à peine 40 % de suffrages exprimés, le scrutin est invalidé. La stratégie de ses opposants, appelant à s'abstenir ou à voter blanc, a bien fonctionné. Et de toute façon, Bruxelles avait déjà rappelé que ce référendum n'avait aucune valeur juridique. Qu'à cela ne tienne, Orbán a menacé de réformer la Constitution afin de donner au Parlement hongrois la primauté sur l'UE en matière de questions migratoires. Mais l'Europe ne plie

IMMIGRATION SÉLECTIVE

Le gouvernement actuel n'aime pas les migrants musulmans, sauf... les plus fortunés. Des visas sont délivrés à ceux qui versent 300 000 € sur des comptes offshore avec frais de gestion exorbitants (50 000 €). Fin août 2016, la combine avait déjà rapporté 310 millions d'euros. Au profit de qui ?

pas : en septembre 2017, le recours déposé par la Hongrie contre la répartition des migrants en Europe est rejeté. Comme tous les autres pays de l'Union, la Hongrie devra accueillir sa part de réfugiés. Précisons que le nombre de migrants « alloué » à la Hongrie n'est que de 1 294 : une goutte d'eau dans un pays de presque 10 millions d'habitants... Tout ça pour ça !

Et rappelons aussi qu'en 1956, **lors de l'insurrection de Budapest** réprimée dans le sang par les troupes soviétiques, l'Europe occidentale avait accueilli plus de 200 000 réfugiés hongrois fuyant la terreur, et que c'est la Hongrie qui, en 1989, a permis à 100 000 Allemands de l'Est de passer à l'ouest en ouvrant sa frontière avec l'Autriche.

L'os européen

En septembre 2018, le Parlement européen a déclenché une procédure de sanction (rarissime, la 1re fois, c'était contre la Pologne en 2017) contre la Hongrie de Viktor Orbán, correspondant à l'article 7 de la constitution européenne, en raison de « risque de violation grave de ses valeurs », ce qui au terme de la procédure la priverait de ses droits de vote, voire d'abondantes subventions européennes. Comme prévu, les reproches ont porté sur l'indépendance de la justice, la liberté des médias et des universités, les droits des femmes, le traitement de l'immigration et la corruption dans les marchés publics. Après un discours où il a campé sur ses positions et chargé l'Allemagne d'Angela Merkel, Viktor Orbán s'est vu applaudi par les formations d'extrême droite mais lâché par son groupe, le PPE, au Parlement européen. La résolution a finalement été adoptée par 448 voix pour, 197 contre et 48 abstentions.

À l'approche des élections européennes de 2019, Viktor Orbán s'est donc retrouvé avec un os européen à ronger mais cela pourrait être de nouveau un os à offrir à ses électeurs. Et il a un peu plus enfoncé le coin entre les tenants d'une Europe ouverte et libérale, incarnée par Emmanuel Macron et Angela Merkel, et ceux regroupés au sein du groupe de Visegrád, qui refusent le libéralisme et son corollaire supposé, l'immigration.

D'autant plus que même si Orbán a été lâché par ses partenaires du PPE, il a depuis réuni autour de lui des pays dont les gouvernements partagent les mêmes idées, du moins sur la question des migrants : au sein du *groupe V4,* avec la Pologne, la République tchèque et la Slovaquie, mais aussi, depuis 2018, l'Italie de Matteo Salvini...

MÉDIAS

Avec la prise de contrôle croissante des médias par Viktor Orbán, le paysage médiatique hongrois est aujourd'hui plus proche du modèle russe que du modèle ouest-européen. Dès son retour en 2010, l'homme fort de Budapest avait fait main basse sur l'audiovisuel public, qu'il a transformé en machine de propagande. Il a acquis des médias privés comme la chaîne commerciale TV2 ou le 1er portail du pays, *Origo,* par l'intermédiaire d'oligarques de son entourage. Le paysage radiophonique a été complètement transformé : les radios jugées « libérales » ont

LIBERTÉ DE LA PRESSE MENACÉE

En 2011 entra en vigueur une nouvelle loi très controversée sur les médias. Elle prévoit des amendes pour des chaînes de radio-télévision en cas d'atteinte à « l'intérêt public, l'ordre public et la morale », ou encore en cas de diffusion d'« informations partiales », sans que, pour autant, ces concepts aient été clairement définis. Toutes les conditions sont réunies pour brider, punir et, à terme, museler toute personne qui ne partage pas l'opinion du parti au pouvoir.

perdu leur fréquence au profit d'ondes aux ordres du pouvoir. De nouveaux journaux et sites internet de droite et d'extrême droite sont apparus et vivent des annonces publicitaires passées par les entreprises d'État. Dans ce marché faussé, il ne reste quasi plus de journaux indépendants.
À défaut de lire le hongrois, vous pourrez vous rabattre sur un hebdo en anglais, le *Budapest Times*. Le *Journal francophone de Budapest* (voir « Sites internet » dans « Budapest utile ») paraît tous les 15 jours.

Votre TV en français : TV5MONDE, la première chaîne culturelle francophone mondiale

Avec ses 11 chaînes et ses 14 langues de sous-titrage, TV5MONDE s'adresse à 360 millions de foyers dans plus de 190 pays du monde par câble, satellite et sur IPTV. Vous y retrouverez de l'information, du cinéma, du divertissement, du sport, des documentaires...
Grâce aux services pratiques de son site voyage • *voyage.tv5monde.com* • vous pouvez préparer votre séjour et, une fois sur place, rester connecté avec les applications et le site • *tv5monde.com* • Demandez à votre hôtel le canal de diffusion de TV5MONDE et contactez • *tv5monde.com/contact* • pour toutes remarques.

PERSONNAGES

Personnages historiques et hommes politiques

– ***Árpád*** (mort vers 907) **:** chef hongrois fondateur de la dynastie des Árpád qui règne sur la Hongrie de 904 à environ 1301.

– ***Attila* :** roi des Huns (434-453), venu d'Asie, il envahit les plaines de la Hongrie et se dirige vers l'Occident avant d'être battu près de Troyes. Même si son prénom est souvent porté aujourd'hui en Hongrie, Attila n'est pas du tout un Magyar (ceux-ci n'ont envahi le pays que 4 siècles après).

ATTILA A-T-IL ÉTÉ TUÉ ?

Après une campagne en Italie durant laquelle Rome fut menacée, Attila mourut subitement, au printemps 453, lors de son repas de noces avec une nouvelle épouse de son harem... Son entourage pensa qu'il avait été empoisonné par la mariée. Ses médecins pratiquèrent une autopsie et établirent qu'il était mort d'une trop grande absorption de nourriture et d'alcool et qu'il avait sans doute eu une hémorragie consécutive à sa goinfrerie. La vie de sa jeune veuve fut épargnée. On a eu peur pour elle !

– ***Lászlo Bercsényi*** (Hongrie, 1689-France, 1778) **:** inspiré par l'efficacité des régiments hongrois de hussards, le roi de France Louis XIV ordonne la création de 3 régiments hongrois dans sa grande armée. Le comte Lászlo Bercsényi fonde le corps des hussards français. Promu général à la suite de la guerre de Succession de Pologne, Louis XV le nomme inspecteur général de la cavalerie, puis maréchal de France en 1756.

– ***Le roi Mathias Ier Corvin*** (vers 1440-1490) **:** un corbeau tenant un anneau dans son bec, tel est son emblème. D'origine roturière, il est élu roi en 1458 et reste le plus aimé des souverains hongrois. Grand stratège, il gagne toutes les guerres, donnant une image forte de la Hongrie, et il introduit la Renaissance dans son royaume (son épouse est italienne). Pour éblouir sa cour, des flots de vin hongrois coulent de fontaines destinées à étancher la soif de ses hôtes. Il meurt sans descendant.

– ***Le roi Étienne* :** appelé aussi saint Étienne. En 1001, il est couronné roi de Hongrie. Une des grandes figures historiques du pays pour l'avoir christianisé. La cathédrale de Pest porte son nom.

– ***Miklós Horthy*** (1868-1957) **:** cet amiral conservateur et controversé dirige d'une manière autoritaire la Hongrie entre les 2 guerres mondiales. Il réprime le mouvement communiste de Béla Kun en 1919, puis devient ministre de la Guerre dans le gouvernement de 1920. Mais Horthy ne choisit pas les bons alliés. Pour récupérer les territoires hongrois perdus en 1920 au traité de Trianon, il croit bon de s'allier avec les forces de l'Axe, ce qui entraîne la Hongrie dans la spirale de la revanche, de la guerre, puis de la défaite. Il meurt en exil à Estoril (Portugal).

– ***János Kádár*** (1912-1989) **:** dirigeant du parti communiste hongrois et chef du gouvernement après l'écrasement de l'insurrection de 1956. Même s'il incarne pour certains « la voie du milieu » et du bon sens, il reste l'« Homme de Moscou », le défenseur de la terreur politique. « Il faut être capable de battre quelqu'un pour obtenir ce que l'on veut », clamait-il.

– ***Lajos Kossuth*** (1802-1894) **:** l'un des grands hommes politiques de la Hongrie du XIXe s. Avocat luthérien, journaliste réputé pour ses idées patriotiques et libérales, brillant orateur, il prend la tête de la révolution hongroise de 1848 et proclame l'indépendance de la Hongrie. Après l'échec de celle-ci en 1849, il s'exile et termine sa vie à Turin.

– ***Imre Nagy*** (1896-1958) **:** Premier ministre hongrois de 1953 à 1955. Membre influent du parti communiste, il en est exclu par les staliniens, qui lui reprochent son libéralisme. Au moment de l'insurrection antisoviétique d'octobre 1956, on le rappelle au pouvoir. Arrêté en novembre, il est jugé, condamné à mort, puis exécuté en 1958. Son corps est jeté dans une fosse commune. Comme Kossuth au XIXe s, Imre Nagy est le Hongrois emblématique du XXe s, symbolisant le combat pour l'émancipation et la liberté de la Hongrie. Il est réhabilité par la Cour suprême en 1989.

– ***Sándor Petőfi*** (1823-1849) **:** poète national hongrois mort à 26 ans sur le champ de bataille, en combattant l'armée des Habsbourg au nom de l'indépendance et de la liberté de son pays.

– ***Le comte István Széchenyi*** (1791-1860) **:** il figure sur le billet de 5 000 Ft. Un homme exceptionnel qui fait entrer la Hongrie dans le monde moderne. Parmi ses nombreuses réalisations, il construit le pont des Chaînes, 1er vrai pont sur le Danube, financé sur son immense fortune personnelle. Il met en place un nouveau système bancaire, écrit un livre sur le crédit et lance le sport hippique. Il trace la route du développement de la Hongrie. Effondré par le cours tragique des événements de 1848 et par l'échec de la révolution, il se retire à *Döbling* (Autriche), où il se suicide.

Artistes

– ***Béla Bartók*** (1881-1945) **:** considéré comme l'un des grands musiciens avant-gardistes du XXe s. En s'inspirant de la tradition musicale et folklorique de la Hongrie, ce génie hors norme invente l'ethnomusicologie, un nouveau style musical où la modernité se nourrit de l'ethnologie. Chassé par la montée du nazisme, il s'exile aux États-Unis et meurt à New York.

– ***Miklós Jancsó*** (1921-2014) **:** l'un des plus célèbres cinéastes hongrois contemporains, avec István Szabó. Il a réalisé plus de 30 films, dont *Les Sans-Espoirs* (1965), *Vices privés, vertus publiques* (1976) et *Rhapsodie hongroise* (1978). Dans les années 1940, il connaît les prisons soviétiques. Dans les années 1970, il est considéré comme le meilleur cinéaste d'Europe centrale. De 1970 à 1979, il vit en Italie, puis enseigne à Harvard de 1990 à 1992.

– ***Franz (Ferenc) Liszt*** (1811-1886) **:** son nom signifie « farine » ! Mais rien à voir, donc, avec ses fameuses *Rhapsodies hongroises* (morceaux pour piano), hymne magnifique à son pays natal. Il débute à 12 ans par un concert à l'hôtel des Sept Princes Électeurs qui suscite l'admiration des Pestois. Il fait ensuite carrière à Vienne et voyage en Europe. À chacun de ses retours au pays, les foules l'acclament. On peut visiter son appartement-musée à Budapest, pas loin de l'Académie de musique qu'il a dirigée pendant quelques années.

les ROUTARDS sur la FRANCE 2019-2020

(dates de parution sur • *routard.com* •)

Découpage de la FRANCE par le ROUTARD

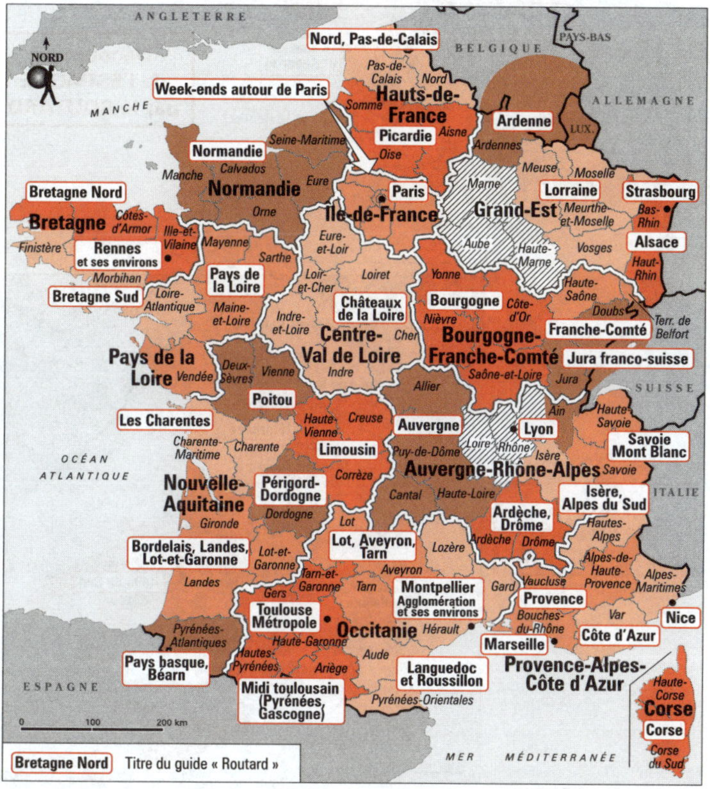

Autres guides sur la France

- Hébergements insolites en France
- Canal des 2 mers à vélo
- La Bourgogne du Sud à vélo (mai 2019)
- La Loire à Vélo
- Paris Île-de-France à vélo
- La Vélodyssée (Roscoff-Hendaye)
- Nos meilleurs campings en France
- Nos meilleures chambres d'hôtes en France
- Nos meilleurs restos en France
- Les visites d'entreprises en France

Autres guides sur Paris

- Paris
- Paris balades
- Paris exotique
- Restos et bistrots de Paris
- Le Routard des amoureux à Paris
- Week-ends autour de Paris

les ROUTARDS sur l'ÉTRANGER 2019-2020

(dates de parution sur • **routard.com** •)

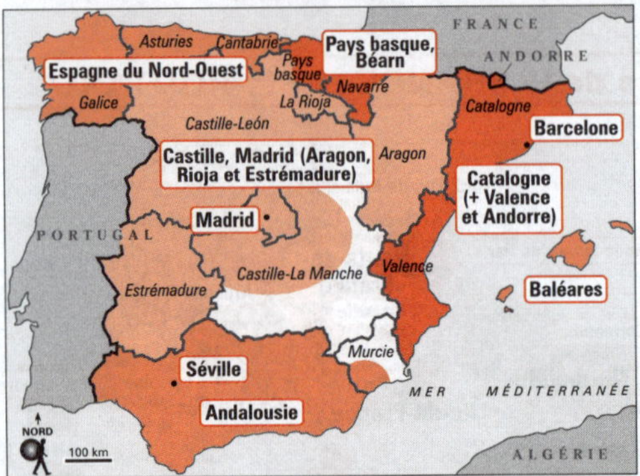

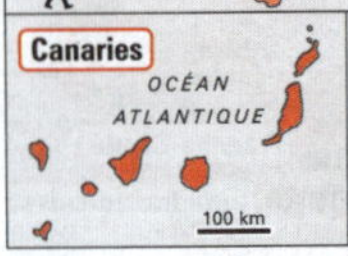

Découpage de l'ESPAGNE par le ROUTARD

Découpage de l'ITALIE par le ROUTARD

Autres pays européens

- Allemagne
- Angleterre, Pays de Galles
- Autriche
- Belgique
- Bulgarie
- Crète
- Croatie
- Danemark, Suède
- Écosse
- Finlande
- Grèce continentale
- Hongrie
- Îles grecques et Athènes
- Irlande
- Islande
- Madère
- Malte
- Norvège
- Pays baltes : Tallinn, Riga, Vilnius
- Pologne
- Portugal
- République tchèque, Slovaquie
- Roumanie
- Suisse

Villes européennes

- Amsterdam et ses environs
- Berlin
- Bruxelles
- Budapest
- Copenhague
- Dublin
- Lisbonne
- Londres
- Moscou
- Naples
- Porto
- Prague
- Saint-Pétersbourg
- Stockholm
- Vienne

les ROUTARDS sur l'ÉTRANGER 2019-2020

(dates de parution sur • *routard.com* •)

Découpage des ÉTATS-UNIS par le ROUTARD

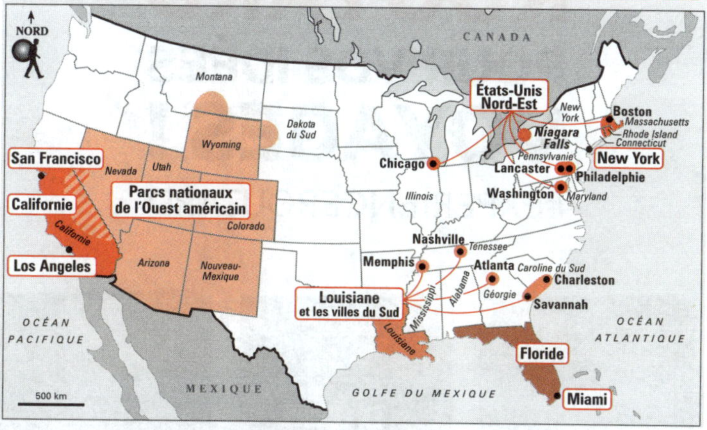

Autres pays d'Amérique

- Argentine
- Brésil
- Canada Ouest
- Chili et île de Pâques
- Colombie
- Costa Rica
- Équateur et les îles Galápagos
- Guatemala, Belize
- Mexique
- Montréal
- Pérou, Bolivie
- Québec et Ontario

Asie et Océanie

- Australie côte est + Red Centre
- Bali, Lombok
- Bangkok
- Birmanie (Myanmar)
- Cambodge, Laos
- Chine
- Hong-Kong, Macao, Canton
- Inde du Nord
- Inde du Sud
- Israël et Palestine
- Istanbul
- Jordanie
- Malaisie, Singapour
- Népal
- Shanghai
- Sri Lanka (Ceylan)
- Thaïlande
- Tokyo, Kyoto et environs
- Turquie
- Vietnam

Afrique

- Afrique du Sud
- Égypte
- Kenya, Tanzanie et Zanzibar
- Maroc
- Marrakech
- Sénégal
- Tunisie

Îles Caraïbes et océan Indien

- Cuba
- Guadeloupe, Saint-Martin, Saint-Barth
- Île Maurice, Rodrigues
- Madagascar
- Martinique
- République dominicaine (Saint-Domingue)
- Réunion

Guides de conversation

- Allemand
- Anglais
- Arabe du Maghreb
- Arabe du Proche-Orient
- Chinois
- Croate
- Espagnol
- Grec
- Italien
- Japonais
- Portugais
- Russe
- G'palémo (conversation par l'image)

Livres-photos Livres-cadeaux

- L'éphéméride du Routard (nouveauté)
- Voyages
- Voyages : Italie (nouveauté)
- Road Trips (40 itinéraires sur les plus belles routes du monde ; nouveauté)
- Nos 120 coins secrets en Europe
- Les 50 voyages à faire dans sa vie
- 1 200 coups de cœur dans le monde
- 1 200 coups de cœur en France
- Nos 52 week-ends dans les plus belles villes d'Europe
- Nos 52 week-ends coups de cœur en France (nouveauté)
- Cahier de vacances du Routard (nouveauté)

Nous tenons à remercier tout particulièrement Loup-Maëlle Besançon, Thierry Bessou, Gérard Bouchu, François Chauvin, Grégory Dalex, Fabrice Doumergue, Cédric Fischer, Carole Fouque, Guillaume Garnier, Nicolas George, Michelle Georget, David Giason, Claude Hervé-Bazin, Emmanuel Juste, Dimitri Lefèvre, Fabrice de Lestang, Romain Meynier, Éric Milet, Pierre Mitrano, Jean-Sébastien Petitdemange et Thomas Rivallain pour leur collaboration régulière.

Jean-Jacques Bordier-Chêne
Laura Charlier
Agnès Debiage
Coralie Delvigne
Jérôme Denoix
Tovi et Ahmet Diler
Clélie Dudon
Sophie Duval
Alain Fisch
Bérénice Glanger
Adrien et Clément Gloaguen
Bernard Hilaire et Pepy Frenchy Kupang
Sébastien Jauffret
Alexia Kaffès
Jacques Lemoine
Caroline Ollion
Martine Partrat
Odile Paugam et Didier Jehanno
Céline Ruaux
Prakit Saiporn
Jean-Luc et Antigone Schilling
Jean Tiffon
Caroline Vallano

Direction : Nathalie Bloch-Pujo
Direction éditoriale : Élise Ernest
Édition : Matthieu Devaux, Olga Krokhina, Gia-Quy Tran, Julie Dupré, Emmanuelle Michon, Pauline Janssens, Amélie Ramond, Margaux Lefebvre, Laura Belli-Riz, Amélie Gattepaille, Aurore Grandière, Camille Lenglet et Lisa Pujol
Ont également collaboré : Aurélie Joiris-Blanchard, Pauline Margain, Cécile Chavent, Clémence Toublanc et Dorica Lucaci
Contrôle de gestion : Jérôme Boulingre et Amina Deiboune
Secrétariat : Catherine Maîtrepierre
Fabrication : Nathalie Lautout et Audrey Detournay
Relations presse : COM'PROD, Fred Papet. ☎ 01-70-69-04-69.
• *info@comprod.fr* •, Martine Levens (Belgique) et Maureen Browne (Suisse)
Direction marketing : Adrien de Bizemont, Élodie Darty et Charlotte Brou
Informatique éditoriale : Lionel Barth
Couverture : Clément Gloaguen et Seenk
Maquette intérieure : le-bureau-des-affaires-graphiques.com, Thibault Reumaux et npeg.fr
Direction partenariats : Jérôme Denoix
Contact Partenariats et régie publicitaire : Florence Brunel-Jars
• fbrunel@hachette-livre.fr •

INDEX GÉNÉRAL

INDEX GÉNÉRAL

LISTE DES CARTES ET PLANS

INDEX GÉNÉRAL

Remarque importante aux hôteliers et restaurateurs

Les enquêteurs du *Routard* travaillent dans le plus strict anonymat. Aucune réduction aucun avantage quelconque, aucune rétribution n'est jamais demandé en contrepartie. Face aux aigrefins, la loi autorise les hôteliers et restaurateurs à porter plainte.

Avis aux lecteurs

Le Routard, ce n'est pas comme le bon vin, il vieillit mal. On ne veut pas pousser à la consommation, mais évitez de partir avec une édition ancienne. Les modifications sont souvent importantes.

Les réductions accordées à nos lecteurs ne sont jamais demandées par nos rédacteurs afin de préserver leur indépendance. Les hôteliers et restaurateurs sont sollicités par une société de mailing, totalement indépendante de la rédaction, qui reste donc libre de ses choix. De même pour les autocollants et plaques émaillées.

Avec routard.com, choisissez, organisez, réservez et partagez vos voyages !

✓ Rejoignez la plus grande communauté francophone de voyageurs : **plusieurs millions d'internautes.**

✓ Échangez avec les routarnautes : forums, photos, avis d'hôtels.

✓ Retrouvez aussi toutes les informations actualisées pour choisir et préparer vos voyages : plus de 300 guides destinations, une centaine de dossiers pratiques et un magazine en ligne pour découvrir tous les secrets de votre destination.

✓ Enfin, comparez les offres pour organiser et réserver votre voyage au meilleur prix.

Les **Routards** *parlent aux* **Routards**

Faites-nous part de vos expériences, de vos découvertes, de vos tuyaux et de vos coups de cœur. Aidez-nous à remettre l'ouvrage à jour. Indiquez-nous les renseignements périmés. Faites profiter les autres de vos adresses nouvelles, combines géniales... On adresse un exemplaire gratuit de la prochaine édition à ceux qui nous envoient les meilleurs courriers, pour la qualité et la pertinence des informations.
Quelques conseils cependant :

– Envoyez-nous votre courrier le plus tôt possible afin que l'on puisse insérer vos tuyaux sur la prochaine édition.
– N'oubliez pas de préciser l'ouvrage que vous désirez recevoir, ainsi que votre adresse postale.
– Vérifiez que vos remarques concernent l'édition en cours et notez les pages du guide concernées par vos observations.
– Quand vous indiquez des hôtels ou des restaurants, pensez à signaler leur adresse précise et, pour les grandes villes, les moyens de transport pour y aller. Si vous le pouvez, joignez la carte de visite de l'hôtel ou du resto décrit.

En tout état de cause, merci pour vos nombreux mails.

122, rue du Moulin-des-Prés, 75013 Paris

• *guide@routard.com* • *routard.com* •

Routard Assurance *2019*

Enrichie année après année par les retours des lecteurs, *Routard Assurance* est devenue une assurance voyage incontournable. Tout est compris : frais médicaux, assistance rapatriement, bagages, responsabilité civile… Vous avez besoin d'un médecin, d'un conseil médical ou d'une prise en charge dans un hôpital ? Appelez simplement le plateau *AVI Assistance* disponible 24h/24, leur réseau est l'un des plus complets actuellement. Vous avez eu des frais de santé en voyage ? Envoyez les factures à votre retour, *AVI* vous rembourse sous une semaine. Avant votre départ, n'hésitez pas à les appeler pour des conseils personnalisés. Et téléchargez l'appli mobile pour garder le contact avec l'assistance 24h/24 et disposer de l'un des meilleurs réseaux médicaux à travers le monde. *40, rue Washington, 75008 Paris.* ☎ *01-44-63-51-00.* • *avi-international.com* • Ⓜ *George-V.*

Édité par Hachette Livre (58, rue Jean-Bleuzen, CS 70007, 92178 Vanves Cedex, France)
Photocomposé par Jouve (rue de Monbary, 45140 Ormes, France)
Imprimé par Jouve 2 (Quai n° 2, 733, rue Saint-Léonard, BP 3, 53101 Mayenne Cedex, France)
Achevé d'imprimer le 13 mars 2019
Collection n° 13 - Édition n° 01
27/5326/2
I.S.B.N. 978-2-01-706730-6
Dépôt légal : mars 2019

PAPIER À BASE DE FIBRES CERTIFIÉES